함께
만든
기적,

꺼지지
않는
불꽃

나남
nanam

나남신서 2134

함께 만든 기적,
꺼지지 않는 불꽃

2023년 3월 15일 발행
2023년 3월 30일 3쇄

지은이   김기흥 · 김진홍 · 김철식 · 김춘식
          노승욱 · 박상준 · 배　영 · 백가흠
          서숙희 · 서　진 · 송성수 · 송호근
          양승훈 · 오수연 · 윤호영 · 이재원
          이종식 · 정진호 · 하창수
발행자   趙相浩
발행처   (주) 나남
주소   10881 경기도 파주시 회동길 193
전화   (031) 955-4601(代)
FAX   (031) 955-4555
등록   제 1-71호 (1979.5.12)
홈페이지   http://www.nanam.net
전자우편   post@nanam.net

ISBN 978-89-300-4134-8
ISBN 978-89-300-8655-4 (세트)

책값은 뒤표지에 있습니다.

함께
만든
기적,

꺼지지
않는
불꽃

불가능을 가능케 한
포스코 재난극복
135일의 이야기

박상준 외 지음

나남
nanam

불 꺼진 제철소

2022년 9월 6일 태풍 힌남노가 휩쓸고 지나간 후 대한민국 산업의 심장인 포항제철소가 멈췄다.

시간당 100밀리미터 폭우로 냉천이 범람하면서
채 1시간도 안 된 짧은 시간에 침수된 포항제철소 현장들

2열연공장 인근

후판부 사무실 외부

2열연공장 변압기 화재

4선재공장 내부

전기강판공장 내부

필사적인 복구 현장

스테인리스압연부 직원들이 9월 6일 아침 사무실을 나와 생수통 등에 의지해 이동하고 있다.

냉천범람으로 침수된 압연라인 지하설비에 물이 빠진 후 직원들이 진흙과 뻘을 제거하는 모습

2후판공장 직원이 설비를 뒤덮은 기름을 제거하고 있다.

포항제철소 협력사 모터수리작업장에서 침수된 모터를 수리하는 장면

두양전력 등 광양제철소 협력사 직원들도 포항으로 달려와 복구를 도왔다.
두양전력 직원들이 물에 잠겼던 연주공장 유압 펌프를 수리하고 있다.

서울에서 현장복구를 돕기 위해 달려온 포스코센터 직원들이 힘을 합쳐 뻘을 나르고 있다.

포스코홀딩스 및 사업회사 임직원 100여 명이
2후판공장 설비 주변과 후판제품야드 등에 쌓인 진흙을 열심히 치우고 있다.

포항제철소 3문 입구 초소 앞에서 직원들이 쓰러진 나무 잔해를 치우고 있다.
제철소 내 4,666주의 수목이 모두 쓰러졌으며, 압연지역에서 3,601주로 최대 피해를 보았다.

각계가 건넨 도움의 손길

STS 2제강공장 모습. 중앙119구조본부 대원들이 대용량 방사포를 이용해
공장 내부의 물을 빼내고 있다(대용량 방사포는 1분당 7만 5천 리터의 물 배수가 가능하다).

포항제철소를 돕기 위해 달려온 해병대 장병들이 수해복구 작업에 매진하고 있다.

고객사인 현대중공업과 대우조선해양, 삼성중공업에서도
소방펌프와 발전기를 지원하는 등 도움의 손길을 내밀었다.
직원들이 3후판공장에 현대중공업이 지원한 소방펌프를 긴급 투입할 준비를 하고 있다.

고객사 현대중공업이 포항제철소 복구 응원 커피차량을 지원하고 있다.

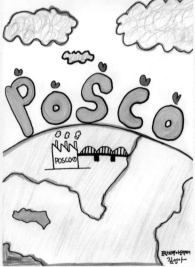

포항지역아동센터 아이들이 직접 작성한 손편지

포항제철소, 불빛을 되찾다

2022년 12월 15일 침수 피해 100일 만에 포항제철소 2열연공장을 재가동했다.

2023년 1월 19일 스테인리스 1냉연공장을 복구하며
침수 135일 만에 완전 정상조업 체제로 돌입하였다.

불빛을 되찾은 포항제철소 전경

모두가 영웅이다!

그동안 여러 권의 책을 쓰고 기획했지만, 특정 기업에 대한 책을 준비하게 되리라고는 상상도 해본 적이 없다. 그런데 포스코와 그곳에서 일하는 사람들에 관한 책을 내게 되었다. 그것도 전국에 걸쳐 여러 필자분들을 모셔서 말이다. 사정이 이러하니 이 책을 내게 된 구체적인 이유들을 밝힐 필요가 있겠다.

먼저 역사적인 사실. 2022년 9월 6일 강력한 태풍 힌남노가 포항을 강타했다. 포항제철소 옆의 냉천冷川이 범람하면서 여의도 면적의 세 배나 되는 그 넓은 제철소의 생산 라인이 침수되는 끔찍한 피해가 발생했다. 공장을 다시 돌리는 데 빨라야 6개월, 길면 2년도 걸릴 것이라는 등 온갖 예측이 난무했다. 그런데, 단 100일 만에 중요 생산 공정이 복구되고 135일 만에 전체 생산 라인이 피해 이전과 똑같이 돌아가게 되었다. 포스코의 모든 역량이 신속하고도 효율적으로 가동되어 말 그대로 기적 같은 일을 성취한 것이다. 포스코가 이렇게 복구되지 못했을 때 대한민국 경제에 끼쳤을 막대한 피해를 생각하면, 이야말로 역사적인 일이라고 하지 않을 수 없다.

이러한 기적이 이루어지는 동안 한 일이 없는 나는 그동안의 사정을 알게 되었을 때 마음의 부채를 강하게 느꼈다. 이 책을 기획하게 된 심정적인 이유다. 2022년 12월 19일 저녁 송호근 선생님, 이덕락 포스텍 대학법인 부이사장님과 식사를 했다. 그 자리에서 송 선생님께 포항제철소의 침수피해 극복 이야기를 들었고, 최정우 회장님으로부터 현장 직원에 이르기까지 포스코 식구들이 똘똘 뭉쳐 이루어 낸 기적과도 같은 이야기를 들으며 크게 감동했다. 사태를 잘 아시는 이 부이사장님의 첨언이 나의 감동을 배가했다.

두 분의 말씀을 들으면서 그동안 잊고 있었던 마음의 부채가 새삼스레 의식되었고, 지금이라도 무엇이든 해야겠다는 심정이 굳어졌다. 자리를 파하기 전에, 송 선생님께서 쓰시려는 글을 확장한 한 권의 공저를 포스텍 융합문명연구원에서 만들자는 결정을 했다. 이것이 《함께 만든 기적, 꺼지지 않는 불꽃: 불가능을 가능케 한 포스코 재난극복 135일의 이야기》가 탄생하게 된 실제적 요인이다.

이 자리를 빌려 이 책의 아이디어를 만들어 주신 송호근 선생님께 감사의 말씀을 드린다. 당신의 글을 한 꼭지로 넣어 주신 데 대해서도 사의를 표한다. 책의 큰 틀을 기획하는 중에 귀한 조언을 주신 이덕락 부이사장님께도 심심한 감사를 드린다. 태풍 힌남노로 초래된 이번 사태의 파장이 포항제철소에 국한된 것이 아니라 포스코 전체의 문제라는 점을 잘 짚어 주셨다.

이 책을 만드는 데는 관련 정보를 얻는 일이 필수적이었다. 언론에 나온 소식들을 짜깁기하면서 글을 쓸 수는 없는 노릇이니, 포스코에 책 작업을 위한 협조를 요청해야 했다. 포항제철소 견학과 인터뷰, 자료 확보 등이 필요했다. 포스코 양원준 부사장님께 책의 기획 의도와 체재안을 보내 협업 의향을 타진했다. 12월 29일의 일이다. 바로 다음 날 아침에 긍정적으로 검토하시겠다는 회신을 받았다. 이 작업의 가치를 믿고 신속히 조처해 주신 최정우 회장님께 깊은 감사의 말씀을 드린다.

12월 30일 오후, 일이 성사되겠다는 판단이 서면서 필자를 모으기 시작했다. 섭외 대상은 크게 세 부류, 사회학자와 지역학자, 소설가였다. 특별한 일이 없어도 이래저래 마음은 다 바쁜 연말연시에, 겨우 100여 일 뒤인 3월 중순에 출간할 책을 만들자는 제안을 받아들이기는 쉽지 않았을 터이다. 원고를 쓸 기간은 훨씬 짧았으니 더욱 그랬다. 그럼에도 불구하고 연락을 받은 대부분이 기꺼이 합류해 주셨다. 승낙률이 80퍼센트가 넘었던 것 같다. 내 언변이나 인맥 덕분이 아니라 포항제철소에서 일어난 일이 실로 기적 같았기 때문에 생긴 결과라 하겠다. 일정이 촉박한 제안이었에도 불구하고 귀한 시간을 내어 주신 필자분들께 말로 다 할 수 없는 감사를 표한다.

필진을 구성함과 더불어 책의 체재안을 다듬는 한편, 집필 관련 작업을 보조할 운영팀을 꾸렸다. 책의 체재를 확정하는 원칙은 간명했다. 포항제철소의 침수피해를 복구하고 포스코의 사업망에 손상이 가지 않도록 전방위적으로 노력한 사실을 시간 순서대로 훑어볼 수 있게 구성했다. 촉박한 일정상 단 하루도 허비할 수 없는 상황에서 일을 효율적으로 진행할 운영팀을 구성하는 것도 중요했다. 포스텍 융합문명연구원과 기업시민연구소, 포스코 기업시민실의 여러분이 필진과 포스코의 창구 역할을 맡아 수고해 주셨다. 포스코의 김용근 기업시민전략그룹장, 이승환 리더, 정유주 차장, 융합문명연구원의 이재원 환동해위원회 위원장께서 실무 작업을 주무하느라 특별히 고생하셨다. 깊이 감사드린다. 사진 촬영과 녹취에 더해 인터뷰에 임하는 필자 안내 역할까지 소화해 주신 김수정 사진작가와 기은혜, 김정호, 김선영, 원주영 선생들께도 따뜻한 감사의 마음을 전해 드린다.

운영팀의 협업으로 1월 6일에 포항제철소 워크숍을 개최했다. 필진 중 열한 분이 참석해서 본사 1층에 마련된 전시물을 본 뒤 브리핑을 받고, 제철소로 들어가서 침수피해를 입었던 공장 내부를 견학했다. '포항제철소 임원분들은 이렇게 말씀들을 잘하는가' 하고 놀라지 않을 수 없을 만큼 핵심을 잘 짚어 친절하게 설명해 주신 생산기술부 박찬형 리더님, 서민교 2열연공장장님, 손기완 2제선공장장님, 손병락 명장님께 이 자리를 통해 감사의 말씀을 드린다. 이분들이 명연사처럼 설명하시는 것을 보고 포항제철소의 기적이 말 그대로 기적이었음을 미루어 짐작했다. 기적 같은 복구를 지휘했다는 자부심과 뿌듯함이 진진하게 배어 있어 감동을 더했다.

집필에 들어가기 전에 본격적으로 인터뷰가 진행되었다. 1월 12

일부터 20일까지, 김학동 부회장님으로부터 현장 직원에 이르기까지 총 30여 분이 인터뷰에 응해 주셨다. 귀한 시간을 내어 성실히 답변해 주신 포항제철소와 포스코 본사 임직원분들께 필진을 대표해서 깊은 감사의 마음을 표한다. 인터뷰를 위해 서울과 제주, 전주, 춘천 등 전국에서 포항으로 발걸음을 옮겨 주신 필자분들께도 다시 한번 감사의 말씀을 드린다.

본문에서 잘 확인되듯이 《함께 만든 기적, 꺼지지 않는 불꽃: 불가능을 가능케 한 포스코 재난극복 135일의 이야기》에 실린 모든 글이 인터뷰에 기반한다. 인터뷰를 필수 요건으로 삼은 이유는 두 가지다. 포스코에서 그동안 일어난 일에 대해 필자들이 잘 모른다는 현실적인 상황이 하나다. 이는 인터뷰를 불가피하게 한 요인이지만 실상 소극적인 이유에 불과하다. 보다 적극적인 이유는, 인터뷰를 기본으로 해서 스토리텔링을 구현하고자 한 것이다. 책을 읽는 독자들이 생생한 이야기를 직접 듣는 듯한 느낌이 들도록 하자, 이것이 책을 기획한 나의 바람이었다.

인터뷰에 근거한 스토리텔링을 지향한 것은 이야기story의 힘을 믿는 까닭이다. 이야기는 추상적인 이론이나 객관적인 설명에서 볼 수 없는 고유한 효과를 발휘한다. 사태의 구체성을 생생하게 살려 주는 것이 첫손에 온다. 이야기되는 경험을 추체험하게 함으로써 공감을 자아낸다. 그 결과로 얻을 수 있는 효과들도 대단하다. 무엇보다 장기 기억을 낳는다는 점이 특기할 만하다. 이야기가 기억에 효과적이라는 사실은 구비전승되어 온 동서양의 고대 서사시나, 기억의 여신 므네모시네의 딸들이 문학, 역사 등을 주관한다는 그리스 신화 등에서 확인된다.

이야기는 전파력도 강하다. '발 없는 말이 천 리 간다' 할 때의 말이란 대개 이야기이다. 이야기가 주는 효과에서 가장 중요한 점은, 어떠한 사태가 현실에서 갖는 의미를 한층 더 깊게 그리고 명확하게 해준다는 사실이다. 언제 어떤 장소에서 무슨 일이 이루어지는가를 보임으로써 이야기는 그 일의 실제적인 의미를 새삼 깨닫게 해준다. 포스코의 재난극복 과정을 이야기로 풀어내려는 나의 바람은 이야기에 대한 이러한 믿음 때문이었다.

이러한 믿음 위에서 초고를 한 편 한 편 읽을 때마다 나는 감동했다. 이야기들을 따라가는 공감의 읽기 속에서 재난극복 135일의 기적에 대해 깊이 이해하고, 스스로 재난을 극복한 포스코인들조차 개개인으로서는 명확히 이해하지 못할 의미까지 생각하게 되었다. 그들은 단지 하나의 공장을 살린 것이 아니다. 포스코의 사업을 정상화함으로써 대한민국 경제의 위기를 예방한 데 그친 것도 아니다. 이 모두가 위대한 일임은 분명하지만, 2022년 9월 6일부터 2023년 1월 19일까지 135일에 걸쳐 최정우 회장님을 위시한 포스코인들이 행한 것은 그 이상의 의미를 갖는다. 위계와 직급, 부서 간 장벽을 넘어 다중지성多衆知性을 발휘하면서 진정한 의미의 공동체를 구현했다는 점을 나는 강조하고 싶다.

상상을 넘는 재난에 직면해서 기적 같은 복구를 이루어 내는 동안 이들이 체험한 공동체는 포스코 차원 그리고 대한민국 차원에서 심대한 의미를 갖는다. 일차적으로 이는 포스코가 지난 5년간 지향해 온 기업시민 경영이념의 구현이자 동시에 그것을 한층 발전시킬 길을 제시하는 사례로서 의미를 지닌다. '포스코 DNA'를 전 직원이 새롭게 체험한 것이기에, 포스코의 미래 100년으로 나아가는 역사적인 방향을 알려 준다고도 하겠다. 이들의 공동체 경험은 국가 차원의 의미까지 지닌다. 공론장의 심각한 분열로 특징되는 한국 사회의 갈등을 해결할 유효한 방향을 암시한다는 점에서, 향후 심도 있게 연구할 만한 중요한 사례인 것이다.

초고의 마감 기한은 1월 31일. 2023년 설 연휴를 집필로 보내야 하는 상황이었는데 인터뷰이의 피드백까지 거친 글들이 마감일 자정 전후로 모두 모였다. 책이 구상된 때로부터 불과 40여 일 만에 모든 초고가 완성된 것이다. 포스코의 기적 같은 사례를 쓰다 보니 원고 작업도 기적적으로 이루어졌다고 할 만했다. 필자분들에 대한 감사의 마음이 솟구쳐 올랐다.

화보를 배치하고 각 글과 그에 맞는 사진을 편집해서 두 차례의 교정을 거쳐 인쇄소로 넘기기까지는 20여 일밖에 걸리지 않았다. 편집과 교정에 혼신의 정열을 다해 주신 나남출판사 신윤섭 이사님, 민광호 부장님, 최하나 편집자께 마음속 깊은 곳으로부터 감사를 표한다. 책의 출간을 흔쾌히 승낙해 주신 나남출판사 조상호 대표님께도 감사의 말씀을 드린다.

이제 《함께 만든 기적, 꺼지지 않는 불꽃: 불가능을 가능케 한 포스코 재난극복 135일의 이야기》가 세상으로 나온다. 이 책이 펼쳐 보이는 이야기들을 통해서, 포항제철소 침수피해를 극복하고 포스코가 사업을 정상화한 135일의 기적 같은 여정에 독자 여러분께서 동참하시기를 희망한다. 범포스코인들이 진정한 공동체를 구현하면서 일구어 낸 재난극복이 갖는 크나큰 의미가 여러분에게 공유되면서 더 널리 확산하리라 믿고 기대한다. 범포스코인들의 이야기에 스며든 우리 사회 미래의 빛에 주목해 주실 미지의 독자분들께 감사의 말씀을 드리며 이만 맺는다.

2023년 봄, 포스텍 융합문명연구원에서
필진을 대표하여 박상준 쓰다

함께 만든 기적, 꺼지지 않는 불꽃

불가능을 가능케 한
포스코 재난극복 135일의 이야기

차례

우향우에서
기업시민으로

밤에도 불을 밝힌 포항제철소. 제철소의 야간 경관은
'포항크루즈'를 타는 관광객들이 꼭 찾는 명소로 손꼽힌다.

프롤로그 1
포스코 135일의 시련, 135일의 기적*

포스코에 다시 불이 켜졌다. 영일만 수평선을 향해 일자로 뻗은 세계 최고의 공장, 한국의 자부심이자 산업 동맥인 포스코 굴뚝에서 맑은 증기가 뿜어 나오는 풍경은 50년 동안 한 번도 멈추지 않았다. 그런데 불이 꺼졌다. 쇳물을 쏟아 내던 고로高爐, Blast Furnace(용광로)도 멈춰 섰다. 수마가 덮쳤다는 뉴스가 타전됐다.

포스코 임직원들은 물에 잠긴 현장에서 망연자실했다. 포항시민과 일반 국민은 절망과 희망이 엇갈리는 시간을 보냈다. 공장을 폐

● 이 글은 〈매일경제〉(2022. 12. 25)에 발표한 "포스코 100일의 시련, 100일의 기적"을 재수록했다. 당시에는 포항제철소가 2022년 9월 6일 침수 이후 100일 만인 2022년 12월 15일에 압연공장 중 핵심인 2열연공장을 재가동한 것을 기념하여 '100일'이라고 표현하였으나, 이후 포스코는 2023년 1월 19일 도금공장(CGL)과 스테인리스 1냉연공장을 차례로 복구하는 데 성공함으로써 침수 135일 만에 제철소 완전 정상화를 이뤄냈다. 이에 따라 이 책에서 최종 복구완료 시기는 '135일'로 전체를 통일하기로 한다.

쇄하고 다시 지어야 한다는 비탄의 신음도 들렸다. 공장 폐쇄는 한국 산업의 파산을 뜻한다. 지상 1~2미터까지 차오른 물이 지하 18미터 공간을 채우고도 모자라 땅 위로 솟구친 것임을 알아챈 시민은 거의 없었다.

세계철강사에 기록될 침수 사태에서 결국 희망을 건져 낸 것은 포스코의 저력이었다. 임직원은 공장에서 밤을 새웠다. 135일의 사투였다. 그리고 불을 켰다. 생산시설이 가동되기 시작했다. 시련 135일 끝에 기적을 건져 낸 그들의 얼굴은 눈물과 땀으로 얼룩졌다.

135일의 기적을 일궈 낸 현장을 필자가 둘러봤다. 지하엔 진흙 얼룩이 묻은 기계들이 굉음을 냈고, 작업반원의 표정은 조심스레 밝아졌다. 새로운 인생을 출발하는 심정이라고 했다. 여기에 내놓는 현장관찰기가 신년을 맞는 국민의 마음에 희망의 불빛이 되기를 바라본다.

물이 차오릅니다!

이백희 제철소장은 재직 35년 차 베테랑이다. 굴뚝 연기 색깔만 봐도 뭐가 잘못됐는지 단번에 안다. 힌남노가 포항 상공을 거쳐 울릉도로 빠져나가던 2022년 9월 6일 새벽 6시경 집무실에서 밤을 새운 이 소장은 최고경영진에게 무사함을 보고했다. 밤을 꼬박 지새운 서울 본사 최고경영진도 한숨 놓았다. 폭우도 잦아들었다. 안도감도 잠시, 이 소장은 폭발음을 들었다. 제철소 압연공장 인근에 있는 수전변전소임을 직감적으로 알아차렸다. 전등이 나갔고 공장 전역이 깜깜해졌다.

무전기에서 다급한 목소리가 터져 나왔다.

"소장님, 물이 차오릅니다!"

이 소장은 창문으로 공장을 가로지르는 중앙대로에 뭔가 넘실대는 흐름을 목격했다. 희미한 새벽 여명 속에서 그게 뭔지 정확히 가늠하기 어려웠지만, 물! 물임을 직감했다. 물은 이미 공장 전역으로 몰려들고 있었다. 주차된 자동차가 나뭇잎처럼 둥둥 떠다녔다. 창사 이래 초유의 수마水魔였다.

격류로 돌변한 냉천

포항시민들이 '찬내'로 부르는 냉천은 지난 100년간 그 존재감을 드러내 본 적이 없다. 포스코 왼편을 흐르는 형산강兄山江에 비해 그 존재 자체가 미미했다. 건천乾川이라 불릴 만큼 수량이 적었다. 주변에 수변공원을 꾸미고 산책로와 체육시설을 설치하는 것이 더 유용해 보인 까닭이다.

강폭을 좁히고 양안에 시설을 유치해도 범람을 우려하는 목소리는 거의 없었다. 형산강이라면 몰라도 '냉천'과 '범람'은 절대로 어울리지 않는 짝이었다. 그 고정관념을 비웃기라도 하듯 건천은 물을 불렸고, 급기야 격류로 돌변했다.

6일 새벽부터 쏟아진 폭우는 시간당 101밀리미터, 4시간 만에 354밀리미터를 기록했다. 기상청에 의하면 200년 기록을 갈아치운 폭우였다. 포스코 서쪽 담장에서 약 10킬로미터 떨어진 가뭄 방지 오어저수지가 물을 토해 내기 시작했다. 냉천의 수원지인 오어저수지를 떠난 물이 포스코 서쪽 3문과 담장에 도달하는 데에는 약 90분 정도, 이소장의 무전기에서 다급한 목소리가 터져 나온 그 시각이었다.

격류는 거칠 것이 없었다. 통나무와 바윗돌을 굴리고 주변 펜션을 격타했다. 통나무, 냉장고, 가재도구가 포스코 담장에서 불과 50미터 떨어진 냉천교 교각에 걸렸다. 교각이 댐으로 변했다. 물길이 막힌 격류가 새 길을 뚫었다. 왼쪽 이마트를 강타했고 포스코 담장을 무너뜨렸다. 620만 톤의 물이 인근 일대를 수장하는 데에 걸린 시간은 고작 1시간 남짓, 280만 평 부지 중 110만 평이 물에 잠겼다. 고압 15만 볼트 전압이 걸린 2열연공장 변압기가 그때 터졌고, 지하설비가 진흙물에 묻혔다. 순식간이었다.

필자가 경험한 바로 포항에는 비가 잘 내리지 않는다. 건천이 많고 저수지는 절반가량 말라 있다. 포스코 왼편을 흐르는 형산강은 수중보가 설치돼 수량과 유속이 통제된다. 냉천은 애초에 관심 대상이 아니었다. 신체 전면 근육과 옆구리가 단단한 권투선수가 등 쪽 중간 부분을 무심결에 강타당한 것이다. 권투경기라면 반칙이겠지만 기후위기가 어디 그런 걸 가리겠는가. 올해 포항 강수량이 유난

김학동 부회장 주재로 열린 복구 점검회의

히 많은 데는 기후위기 탓도 있겠는데, 냉천이 성난 격류가 될지 모른다는 상상을 아예 지워 버린 지역의 통념도 이제 점검을 필요로 한다.

신神의 한 수!

이 소장은 즉시 냉천범람 피해복구단을 꾸렸다. 그날부터 김학동 부회장 주재로 아침 8시, 오후 5시 두 차례 복구 점검회의가 계속됐다. 서울 최고경영진과 직원들도 비상대기했다. 초유의 사태 앞에 제철소 현장 임원진은 어찌할 바를 몰랐다. 전원과 에너지원이 모두 차단되고 생산시설이 물에 잠긴 공장을 어디서부터 손을 대야 할지 막막했다.

'이제 끝난 건가?' 임직원의 가슴속에 고인 두려운 질문이었다.

전날 오후 5시, 제철소 전 공장 가동을 잠시 중단한다는 경영진의 결단이 내려진 상태라서 다행히 인명피해는 없었다. 공장 컴퓨터에 조업중단 지시가 몇 차례 떴다. 최소한의 비상근무 인원만 남고 모두 귀가해서 사태를 관망해야 했다. 작업반장들도 의아해했다. '태풍을 한두 번 맞은 것도 아닌데 웬 조업중단?'

365일 24시간 돌아가야 하는 작업을 일시 중단한다는 것은 일 10만 톤의 생산 손실을 감수하는 비상 결단이었으니 현장 직원들의 의구심이 터져 나올 만했다. 그래도 현장 임원진은 조업중단을 관철했다. 고로를 세웠고, 전원을 내렸다. 그건 결국 '신의 한 수'였고, 물바다가 된 현장을 보고 다들 가슴을 쓸어내렸다. 그렇지 않았다면 전원이 걸린 설비가 폭발했을 것이다.

실제로 물바다가 된 도금공장 지하 용융아연도가니^{pot}가 6일 새벽에 폭발했다. 460도 용융아연이 물과 뒤섞이면서 두어 차례 폭발했는데 그 충격으로 로봇 팔이 떨어져 나갔고, 천장에 매달린 기계가 파손돼 무너져 내렸다. 당시 15명 작업반원은 통제실로 황급히 대피해서 다행히 인명피해는 없었다. 파괴된 도가니를 채운 물속에 오어저수지에서 떠내려온 잉어와 자라가 헤엄치는 모습이 발견됐다.

물고기는 수해공장 전역에 널려 있었다. 전원이 켜진 상태였다면 그놈들은 감전으로 죽었을 것이다. 전 공장에 설치된 전동모터 4만 4천 개, 전력으로 작동하는 설비 수만 개 역시 합선 때문에 폐기 처분해야 했을 것이다. 무엇보다 지하에서 작업하던 직원들이 감전되거나 익사하는 상상에는 몸서리가 쳐진다. 참사가 달리 없었을 것이다. 그것은 영원한 공장폐쇄를 뜻한다. 포항제철소가 폐공장이 되는 것을 어떻게 상상할 수 있으랴? 한국 산업의 동맥이 끊어진 것과 다름없다.

암흑천지 제철소

그런데 초기에는 심정이 그랬다. 직원들이 막힌 길을 돌아 물에 잠긴 작업실로 들어선 것은 정오 무렵, 지옥을 목격했다. 지상 물은 바다로 빠져나갔는데 지하엔 여전히 물이 찰랑거렸다. 내 인생의 동반자, 내 가족 생계를 책임진 '나의 기계My Machine'가 수장된 것을 목격한 마음은 어땠을까? 대책이 없었다는 말이 맞을 것이다. 재직 46년 차 손병락 전기명장名匠도 같은 심정이었다. 46년의 세월이 주마등처럼 스쳤다.

현장 작업반장이 울면서 물었다.

"명장님, 이제 어떡해요?"

명장도 막막하기는 마찬가지였다. 명장의 낙담은 모두를 주저앉힌다. 몇 초가 흘렀다. 손 명장이 목소리를 가다듬고 겨우 말했다.

"뭘 어떡해? 어찌 해봐야지!"

손 명장은 바로 2열연공장으로 달려갔다. 변압기 폭발로 변전소가 기능을 멈추고 제철소는 암흑이 됐다. 유선전화는 물론 핸드폰도 먹통이었다. 장비와 도구가 물에 잠겼다. 손전등과 촛불로 길을 밝혔다. 변전소의 물을 퍼내고, 부품을 교체하고, 흙탕물을 닦아 낸 지 3일째, 암흑천지에 불이 들어왔다. 공장 간 통화가 재개되자 복구작업이 시작됐다. 전등이 달린 안전모를 쓰고 물을 퍼내던 직원들은 그제야 한시름을 놨다. 젖은 부품을 말리는 드라이어가 속속 공수됐고, 물펌프가 가동됐다.

협력사 직원과 광양과 서울에서 한걸음에 달려온 그룹사 직원들이 삽과 양동이를 들고 지하에 내려가 뻘을 퍼 날랐다. 제철소 압연 지역, 길이 400미터 지하통로를 두더지처럼 파고들었다. 끝도 없는 수작업이었지만 침수된 설비가 속속 모습을 드러냈다. 처참한 광경이 따로 없었다고 했다.

포스코명장 제도

포스코는 세계 최고 수준의 기술력을 보유하고, 현장의 창의적인 개선활동을 선도하는 직원을 생산기술직군 최고의 영예인 '포스코명장'으로 선발하고 있다. 2015년 제도를 도입한 이후 2022년까지 총 23명이 포스코명장으로 선발되었다. 포스코명장으로 선발된 직원은 특별 직급 승진, 포상금 5천만 원, 정년퇴직 이후 재채용 등의 보상을 받게 된다. 아울러 창립요원과 역대 CEO, 역대 기성 및 명장의 이름이 새겨진 포항 포스코 본사 일원 명예의 전당에 영구 헌액된다.

포스코명장 제도는 포스코가 얼마나 기술을 중시하면서 현장 중심의 문화를 구축해 왔는지 보여 주고 있다. 포스코 명예의 전당에 헌액된 직원들은 현장 생산기술직군이 대부분이다. 이러한 기술과 현장 중심의 문화로 인해 이번에 발생한 초유의 재난 상황에서 포스코명장들은 세계 최고의 기술력을 기반으로 정교한 복구계획을 수립하고 복구방법을 결정하는 등 각자의 현장에서 포항제철소를 정상으로 회복시키는 데 크게 기여하였다.

복구 중인 포스코 2열연공장을 둘러보는 필자와 관계자들

"저걸 다시 쓸 수 있을까?"

며칠 밤을 새운 직원들의 가슴속엔 그런 근심이 물결쳤다. 잠시 쉬는 시간에 잠도 오지 않았다.

고로를 살려라!

제철소는 고로가 생명이다. 고로는 쉬지 않는다. 고로가 서면 제철 소도 정지된다. '고로를 세운다'는 말은 전원과 에너지 공급을 유지 하는 상태에서 다만 쇳물을 뽑지 않는다는 것을 뜻한다. 다행히 냉천에서 가장 먼 곳에 위치한 고로지역은 물에 잠기지 않았지만 휴풍(고로 정지)이 문제였다.

휴풍休風은 길어야 7일을 넘기지 못한다. 7일을 넘기면 내부에서 연소되던 코크스와 철광석 용융물이 내화벽에 엉겨 결국 폐기해야 한다. 고로를 건조하는 데에만 5천억 원이 들고 기간은 2년 남짓 소요된다. 휴풍은 7일이 생명선이다. 그런데 용선(용융된 철광석)을 실어 나르는 잠수함 모양의 용선운반차TLC: Torpedo Ladle Car (고로공장에서 생산된 용선을 수선하여 제강까지 운반하는 용선 수송차) 속 용선이 시간 지체와 폭우로 이미 굳었다는 문제에 봉착했다. 고로에서 분출된 용선량은 임의로 조작할 수 없기에 그것을 감당할 용선운반차를 충분히 마련해야 하는 게 고로반의 철칙이다.

시간이 되면 용선은 쏟아진다. 용선운반차가 없다면 고로를 세워야 하고, 7일을 넘기면 고로를 폐기해야 한다는 이 운명적 법칙 앞에 고로반은 난상토론에 들어갔다. 이미 대부분의 용선운반차 내부에는 용선이 조금씩 굳어 있어서 총 54대 중 정상적으로 사용 가능한 것은 4대뿐이었다. 포클레인을 동원해 굳어 버린 용선을 깨뜨리기도 했지만 역부족이었다. 난상토론 끝에 사沙처리를 시도하기로 했다. 용선을 모래 위에 쏟아 일단 간수하는 것. 그러나 용선량을 감당할 수 없었고, 사철을 제강공장에서 그대로 쓸 수도 없었다.

한 번도 휴풍을 경험해 보지 않은 대가는 컸다. 시간이 되면 고로는 용선을 쏟아 낸다. 용선운반차에 실리지 않은 용선이 지하 철로에 그냥 쏟아지면 그야말로 대형사고다. 지하 침수처럼 용선 침수가 일어나 고로를 더 이상 운용할 수 없다. 처음에는 적재용량이 절반 정도 남은 용선운반차를 급하게나마 투입했는데 가동되기 시작한 고로를 감당하기란 불가능했다.

"이제 고로를 죽여야 하는가?"

고로를 책임지고 있는 김진보 부소장은 혼란스러웠다. 왜 이런 시련을 나에게 내리는지 원망하기도 했다. 용선운반차를 구하는 것! 수소문해 보니 다행히 광양제철소에 18대, 현대제철에 5대가 있었다. 바지선으로 급히 운송하여 제철소로 공급됐다. 23대가 확보되자 한숨을 돌렸다고 했다.

휴풍 6.5일을 경과한 시점에 마지막 고로가 가동되기 시작했다. 그러나 여전히 침수 상태를 벗어나지 못한 제강·압연 공장의 설비들이 문제였을 것이다. 필자가 고로반을 방문한 그 시각, 용선운반차는 아무 일 없었다는 듯 선로를 천천히 움직이고 있었다. 제강공장으로 가는 용선은 추운 날씨에도 열기를 뿜어냈다.

My Machine을 지켜라!

포스코 직원들의 기계 사랑은 유별나다. 가족 다음으로 소중하게 다룬다. 평생 그 기계와 생사를 같이한다는 신념은 다른 곳에서는 찾기 어렵다. '나의 기계' 상태는 항상 컴퓨터에 기록되고 공개된다. 문제가 발생하면 새벽에도 달려온다. 내 기계이고, 국민의 기계이고, 후손들의 기계다. 성장과 풍요를 생산하는 기계가 잠겼다. 뻘흙을 뒤집어썼다. 재가동이 가능한지 불투명하다. 지상 설비들은 닦아 내면 충분하지만 물에 잠긴 기계는 어찌하랴?

흙을 닦아 내고 부속품을 갈아 끼우고 분해조립을 계속한 135일 동안 포스코 임직원들의 마음속은 시커멓게 타들어 갔다. 135일 동안 현장과 사무실에서, 집무실에서 새우잠을 잤다. 압연공장과 도금공장, 복구 일정이 순조롭게 진행되는 시각에도 수십 킬로미터나 되는 전선 뭉치와 수천 개 전기설비와 변압기, 수만 개 모터, 로봇 시설과 롤러, 계기판과 제어장비를 꼼꼼히 수리하느라 진땀을 흘렸다.

시설 현장을 둘러보는 필자는 보는 것만으로도 식은땀이 났다. 바닥은 미끄러웠고, 벽면에는 진흙이 묻어 있었고, 설비는 제자리를 찾아 새로 설치한 흔적이 역력했다. 제강공장은 지하 20미터, 무거운 쇳덩이라도 물속에서는 부력을 받아 조금씩 흔들린다. 기계를 연결한 파이프가 헐거워지기도 하고, 덩치가 큰 기계는 수압에 밀려 자리 이동을 한다. 한 치의 오차도 허용하지 않는 정밀 철강 생산과정에서 기계설비가 제대로 작동해야 함은 불문가지, 수십 일째 물에 잠긴 기계들이 어떤 오작동을 일으킬지 아무도 장담하지 못하는 상태에서 임직원들은 묵묵히 복구작업에 매진할 따름이었다.

배수 작업의 공신은 이철우 경상북도지사. 지하 공간 물을 빼는 데에 포스코가 보유한 펌프로는 효율성이 없었다. 진흙 때문에 펌프가 고장 나기 일쑤였다. 침수 이틀째에 현장을 방문한 이 지사가 소방청에 긴급 지원요청을 했다.

포스코 도금공장의 피해상황을 확인하는 필자와 관계자들

　대한민국에서 가장 용량이 큰 방사포 2대가 도착했다. 방사포를
가동한 소방관은 불과 이틀 만에 주요 공간의 물을 빼냈다. "대한민
국의 경제 기둥이 살아야지요!" 임무를 마친 소방관이 떠나면서 남
긴 그 말에 임직원들은 다시 기운을 냈다. 흙탕물 제거는 수작업이
어야 했다. 협력사 직원과 사업회사 직원이 전국 각지에서 몰려와
손을 빌려 줬다. 복구작업 135일간 연인원 140만여 명이 십시일반
힘을 보탰다. 휴일을 빼면 하루 1만 5천 명꼴. 김경석 노조위원장과
이본석 노경협의회 대표는 동료들과 함께 음료수, 커피, 빵과 타월
을 들고 작업 현장을 일일이 찾아다녔다.
　절체절명의 위기 앞에 임원, 직원, 직원대의기구가 한 몸이 됐
다. 침수된 나의 기계들이 속속 모습을 드러냈다. 공장 110만 평 침

수, 모터 1만 3,500개 및 설비 수천 개 피해가 집계됐다. 상공정(제선과 제강)이 그나마 가동되기 시작했으니, 하공정(압연, 냉연, 도금)의 정상화가 시급했지만 침수된 기계들이 제대로 작동할지 확신하는 사람은 없었다.

170톤 모터를 살려라!

복구작업이 본격적으로 시작됐다. 우선 모터를 뜯어 물기를 제거했다. 흙을 닦아 냈다. 쓸 수 있을지 의구심을 버렸다. 건조기로 말렸고 분해와 조립 작업을 반복했다. 손병락 명장은 2열연공장 대형 모터 앞에 섰다. 170톤짜리를 포함하여 모두 13대. 압연과정의 동력을 만드는 주기 모터가 흙탕물을 뒤집어쓴 채 서 있었다.

일본 기술자들은 새로 주문해야 한다고 입을 모았다. 제작에만 12개월, 한 대당 50억 원, 그동안 압연공장은 가동을 중단해야 한단다. 주기 모터를 응시하던 손 명장이 말했다.

"해보지요, 뭘."

일단 커버를 벗겨 내고 동체를 분리한 후 오물을 제거했다. 코일 사이 오물은 오작동을 일으킨다. 평생 전기 모터를 다뤄 온 손 명장의 눈에는 살아날 것 같아 보였다고 했다. 며칠간 주기 모터의 부품을 뜯고 만지고 살핀 결과는 기적이었다.

시운전을 해보니 이전과 동일한 굉음을 내며 돌았다고 했다. 눈

후판제품야드 등에 쌓인 진흙을 치우는 포스코 직원들

물이 돌았다. 상공정과 후공정의 대형 모터 45대와 전기설비, 제어 장비들이 그렇게 살아났다. 침수된 1만 3,500개 중 3퍼센트가 죽었는데 신속히 교체됐다. 손이 모자랐다. 침수공정 모터와 장비들을 전국 각지 정비소로 보내 수리했고, 대부분 살아서 돌아왔다. 10월 중순경 자신감이 희미하게 움텄다고 했다. 마치 저승사자에게 불려갔다가 돌아온 것처럼 말이다. 포스코플랜텍 어느 직원이 말했다.

"운명을 걸고 했어요."

이제는 모터를 돌리기 위한 대형 패널(전기제어판) 복구가 관건이었다. 그 패널은 일본 제품, 모터 작동에 필요한 대형 드라이브로 제작하는 데에만 6개월이 걸리는 첨단 장비였다. 매주 현장을 지휘했던 최정우 회장이 직접 나섰다. 다행히 일본 회사에 제작 중인 제품이 있었는데 목적지는 인도 철강회사(JSW스틸)였다.

최 회장이 인도 경영진에 긴급타전을 했다. 철강협회 부회장인 그는 고맙게도 최 회장의 절박한 요청을 들어줬다. 3일 후 패널을 실은 선박이 포항제철소 전용 부두로 긴급히 도착했다. 드디어 2열 연공장에도 불이 들어왔다. 행운이었다.

고객사가 낭패하지 않게

생산시설 부분 복구와 동시에 포스코 경영진은 고객사 관리에 나섰다. 공급 차질을 빚으면 전국 산업체에 생산 차질이 야기되고 시장 혼란을 가중시킨다. 침수 초기, 심각한 경제 타격을 우려하는 목소리가 높았음을 떠올려야 했다. 사실 공급 차질을 빚지 않는다는 각오는 침수 초기부터 결정한 전략 1호였다.

473개 고객사와 수십 개 납품사를 직접 방문해서 수급계획을 알렸다. 우선, 광양제철소를 풀가동하고, 인도·중국 소재 해외공장을 가동해서 추가생산에 들어갔다. 다음으로, 포스코 글로벌 네트워크를 활용해 생산하지 못한 제품을 공급해 고객사를 안심시켰다. 소재 납품이 막힌 업체에는 대출을 늘리거나 철강ESG펀드 1,707억 원을 활용할 기회를 부여했다.

포스코는 이 과정에서 큰 교훈을 얻었다. 해외 글로벌 네트워크가 큰 도움이 됐다는 것, 그리고 광양제철소가 이중 생산dual production의 효율적 파트너라는 사실이다. 포항제철소의 고유제품이 광양에서도 생산 가능하다는 것을 알았고, 광양 역시 유사시 포항의 도움을 받으면 된다는 확신을 얻었다. 복구작업 동안 광양제철소와 협력사 직원들은 먼 길을 마다 않고 달려왔다. 두 공장은 일란성 쌍둥이다.

불빛이 차례로 돌아왔다

상공정 불빛이 다시 들어온 것은 9월 중순, 후공정은 그로부터 차례로 가동이 재개됐다. 마치 금강산 1만 2천 봉을 넘는 숨 가쁜 시간이었다고 털어놨다. 포항시민들도 일부 불이 켜진 포스코 야경에 한숨을 돌렸다. 맑은 증기가 뿜어지는 광경이 그렇게 반가울 줄 전에는 상상하지 못했다고도 했다. 후공정에도 차츰 불이 켜져서 침수 100일째인 12월 15일에는 전 공정의 90퍼센트가 정상 가동에 진입했다. 18개 공장 중 15개가 이전 수준을 회복했고, 나머지 공장도 부분 가동을 시작했다.

STS 1냉연과 도금공장은 1월 19일 완전 회복하였다. 제품 선적을 담당한 야적장에도 활기가 돌아왔다. 저 멀리 영일만 근해에 철광석을 실은 선박이 입항하고 있었다. 현장을 둘러보는 필자에게 직원들이 뿌듯한 표정으로 말을 건넸다.

"죽음을 경험했습니다. 이젠 자신이 있습니다!"

135일의 시련, 135일의 기적이었다.

침수피해를 극복하고 다시 불빛을 밝힌 포스코 공장 야경

돈으로 살 수 없는 것!

포스코는 이번 사태로 천문학적 액수의 손실을 봤다. 약 2조 원으로
추산되는 손실, 그러나 2조가 아깝지 않다는 말도 들렸다. 돈으로
살 수 없는 것을 얻었다는 것, 위기 극복에 십시일반 한마음이 되는
포스코 유전자를 재확인했다는 사실 때문이다.

　침수 첫날, 속옷 20여 벌을 챙겨 들고 오는 직원들이 눈에 띄었
다. 아예 밤을 새울 작정을 했을 것이다. 신발, 유니폼 등이 물에 잠
겼으니 장기출장을 가는 짐을 꾸렸을 것이다. 피로에 지친 이 소장
은 인상적인 풍경을 기억하며 표정이 다소 밝아졌다. 열연공장 지하
15미터에서 진흙을 퍼내던 젊은이. 물어보니 22세, 입사 2개월 신
입사원이었다. 눈물이 핑 돌았다고 했다.

　포스코 DNA는 살아 있다! 협력정신을 재확인한 불행이었다. 비
싼 대가를 치렀지만 분명 저 자발적 헌신 유전자가 미래 개척의 동

력임을 누구나 실감했다고 했다. 복구에는 매뉴얼이 없다. 직원들이 배양한 경험지經驗知가 매뉴얼이었다. 죽어 가는 기계 앞에서 직원들은 두려운 선택을 했다. 죽거나, 살리거나. 경험지, 암묵지가 기계에 생기를 찾아 줬다.

어느 현장이든 MZ세대를 다시 봤다는 말에도 강한 동감을 표시했다. 분해는 기성세대, 수리에 필요한 새로운 착안은 젊은 세대의 몫이었다고 했다. 손발이 맞았다. 평소의 소원감을 떨치고 그렇게 열정적으로 헌신하는 모습에 서로 감동했다는 것이다.

"개인주의라고 치부했던 평소의 내 생각이 틀렸나 봅니다. 복구현장에서는 MZ세대나 기성세대 구분이 없었지요!"

상호신뢰가 물난리로 생겨났다. 아니, 원래 잠복해 있던 그것이 비상사태를 계기로 발현된 것인지 모른다. 상호신뢰, 자발적 헌신, 세대교감은 돈으로 살 수 없는 소중한 가치다. 직원뿐 아니라 고객사, 공급사, 협력사 등 이해관계자 모두가 하나로 뭉쳤다.

해병대의 출현은 사기를 북돋았다. 수륙양용차가 물길을 내는데 무엇이 두려우랴. 군부대, 시민 등 지역사회의 격려와 응원은 엄청난 힘이 됐다. 기업시민 포스코의 가치를 빛낸 원군들이다. 포스코가 앞장서 그 시민적 가치를 무한 생산해 사회를 풍요롭게 하는 데에 일조하라는 시민적 명령이다.

135일의 기적

시뻘건 쇳물이 롤러 위를 다시 질주하기 시작했다. 육중한 압착기가 꽝음을 내며 슬래브를 눌렀다. 증기가 뿜어져 올랐다. 기계는 모른다. 135일 동안 무슨 일이 일어났는지, 포기와 체념과 희망 사이를 어떻게 오갔는지를. 한국 제조업이 바닥에 추락했다가 다시 생환했다는 사실을. 냉연공장에는 1밀리미터로 얇아진 강판이 빠른 속도로 수직 공정을 돌았다. 자동차 공장과 전기제품 공장에 납품되는 강판이었다.

고로가 서고, 제강공정과 압연공정이 폐기됐다면 어떤 사태가 발생했을까. 생각만 해도 몸서리쳐지는 상상이었다. 135일의 시련은 135일의 기적으로 끝났다. 힌남노 태풍보다 강했던 철강인들의 땀과 열정이 시련을 이겼다. 포스코는 이제 향후 100년 내구력을 갖출 준비에 돌입했다.

송호근

재난 속에 더 강고해진 기업시민*

포스코 힘내세요(♡). 포항시민이 함께합니다.

— 죽도시장 수산상인회 일동

포스코 힘내세요! 포항시민과 영원히 함께할 포스코를 응원합니다.

— 재포항 강원도민회

포스코인이 누구입니까. 위기 극복하시리라 믿습니다. 힘내십시오!

— 어울림지역아동센터

● 본문에서 인용한 내용은 필자가 진행한 인터뷰와 '포스코 힌남노 극복 우수 수기'에
서 발췌한 내용이다.

막막하고 힘겨운 시간이었지만 결국 이겨 냈고, 일상의 평온을 찾아가고 있다. 포스코, 더 정확히는 포항제철소 얘기다.

예기치 못했던 힌남노의 공격은 제철소 내의 모든 일상을 멈추게 했다. 겪어 본 적 없는 초유의 재난에 모두가 망연자실茫然自失했다. 어디에서부터 손을 대야 할지, 복구에는 얼마나 걸릴지 가늠이 안 되었다. 중후장대重厚長大 위용을 자랑하던 설비들은 뻘 속에서 제 자취를 찾기 어려웠고, 납품을 앞두고 적치되어 있던 코일들은 반쯤 잠겨 갈 길을 잃고 있었다. 물이 빠진 후의 사무실 모습은 더 처참했다. 공습이 지나간 듯 모든 것이 뒤엉켜 있었고, 재생 가능한 것을 찾기 어려웠다. 원상회복은 불가능해 보였다. 복구보다는 차라리 폐쇄 후 재건립이 훨씬 나은 선택이라는 얘기도 나왔다.

그럼에도, 그 모든 암울한 전망을 뒤로하고 포스코는 다시 일어섰다. 짧은 시간 동안 도저히 불가능해 보였던 재기를 모두가 목도目睹하고 있다. 누군가는 '반세기 포스코의 저력'이라 했고, 또 어떤 이는 우수한 역량과 임직원의 희생에서 재생의 이유를 찾고 있다. 50여 년 포스코의 축적된 저력과 역량, 그리고 모두의 헌신 덕분에 위기를 극복했다고 할 수 있겠지만, 나는 이 글에서 위기 극복 과정을 통해 오히려 축적된 저력과 역량에 주목하고자 한다.

포스코와 기업시민

기업시민, 포스코가 지난 5년간 경영이념으로 선포하고 기업 운영의 기본 가치로 제시하고 있는 개념이다. '더불어 함께 발전하는 기업시민'이라는 모토가 상징하듯 변화하는 시대정신과 내외부의 필요에 의해 구상되고 정립되었다. 자본주의 경제체계가 본격화하면서 시장에서의 이윤추구라는 기업의 태생적 목적 추구가 생존을 위해 불가피해졌고, 효율 중심의 관료제적 조직운영이 보편화되면서 인류애적 가치와 배려는 우선순위에서 밀릴 수밖에 없었다. 그 결과, 경쟁은 날로 심해지고 불평등은 깊어져서 결국 모두가 공멸에 이를 수밖에 없다는 내적 반성이 생겨나기 시작했다.

　사회라는 커다란 공동체 안에서 기업 역시 공생의 지혜가 필요하다는 주장은 1960년대 미국에서 기업의 사회적 책임CSR: Corporate Social Responsibility 논의를 통해 처음으로 제기되었다. 이때 기업의 사회적 책임은 기업이 획득한 이윤을 통해 고용을 늘리고, 종사자들에게 충분한 임금을 제공하며, 정부에는 더 많은 세금을 납부하는 것으로 여겨졌다. 이후 기업 운영에서 윤리적 태도를 정립하는 것과 함께, 환경이나 빈곤과 같은 사회문제 해결에 기업이 동참하는 형태로 사회적 책임의 범위가 확장되었다. 나아가 2000년대 이후에는 공유가치 창출CSV: Creating Shared Value로 발전하여 기업의 기본 역량을 사회문제 해결에 직접적으로 결합하는 모델로 진화했다. CSR이 기업 성과의 일부를 사회로 환원하는 성격이라면, CSV는 보다 적극적으로 사회적 가치를 기업의 비즈니스 모델과 결합한 형태로 이해할 수 있다.

이러한 움직임은 우리 기업들에게도 영향을 미쳐 정도경영과 사회적 가치 추구를 기업경영의 최우선 가치로 제시하는 기업이 다수 등장하였다. 포스코의 경우에도 2019년 〈기업시민헌장〉을 선포하며 "사회의 자원을 활용하여 성장한 기업이 사회공동체의 일원으로서 경제적 이윤 창출을 넘어 사회문제 해결에 동참하고 인류의 번영과 더 나은 세상을 만들어 가는 데 기여하는 것이 올바른 길"이라 천명한 바 있다.

지금까지 살펴본 내용이 외부 또는 사회의 요구에 대한 기업의 적극적 대응 차원에서 비롯된 것으로 사회적 책무를 강조했다면, 포스

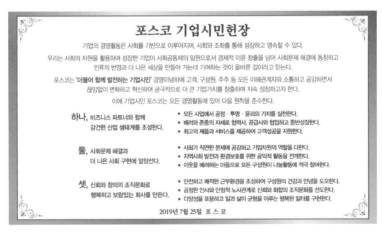

포스코는 2019년에 기업시민 포스코의 지향점과 실천의지를 담은
〈기업시민헌장〉을 제정하여 공표하였다.

코 기업시민의 정립에 있어서는 조금은 다른 맥락의 내부적 필요가 존재했다. 잘 알려진 바와 같이 포스코는 1968년 대일청구권 자금을 기반으로 국가적 필요에 의해 설립되었다. 설립자금의 특수성이나 국영기업으로 시작했다는 역사성도 작용했지만, 국가 산업의 기반이 되는 '철'의 생산이라는 업業의 특성도 포스코만의 고유한 기업문화를 가능하게 했다. 다시 말해 모든 것이 부족하고, 가 보지 않은 길을 가야 했지만 제철보국製鐵報國의 신념은 엄중했고, 기업이었음에도 선공후사先公後私가 자연스러웠으며, 개발開發의 시대를 상징하는 '하면 된다'는 내부에 존재하는 보편적 가치였다. 포항제철소 구성원들에게 조직을 위한 희생과 헌신은 자연스레 받아들여졌고, 회사를 위하는 것이 국가에 이바지하는 것이라는 생각이 누구에게나 어려움 없이 수용되었다.

그런데, 시대가 그리고 상황이 바뀌었다. 2000년을 기점으로 민영화가 완료되었고, 지역적 상징성까지 내포하였던 '포항종합제철'이란 사명을 글로벌 전략을 위해 과감히 '포스코'로 변경했다. 그사이 '우향우 정신'으로 충만했던 패기만만한 청년들이 완숙한 경지의 노장으로 역할을 바꾸며 내준 자리는 이제 상대적으로 부족함 없이 풍요 속에 자라난 스마트한 인재들이 대신하고 있다.

어느 조직이든 구성원 간 세대에 따른 인식과 태도의 차이는 존재한다. 겪어 온 역사적, 사회적 경험과 조건이 다르고 사회화의 과정과 대상도 상이하기에 세대 간의 이러한 차이는 어쩌면 당연하다 할 것이다. 포스코의 경우에도 마찬가지다. 힘들었지만 거듭되는 성공의 경험 속에 포스코의 정신이 각인된 기성세대와 MZ세대로 통칭되는 새롭게 유입된 인재들은 자신의 일을 바라보는 관점이나 일터에 대한 의미 부여가 서로 상이할 수밖에 없었다.

> 회사에서 강조하는 제철보국과 우향우 정신은 사실 현실감이 없어요. 이제는 평생직장 같은 개념이 없는데, 능력이 있으면 다른 데에서 돈 많이 받으면서 더 잘 일할 수 있다는 생각을 많이들 해요. 회사냐 가정이냐 봤을 때 윗세대는 회사가 한참 위에 있어요. 음, 근데 20대 30대는 회사냐 가정이냐? 가정, 자기생활, 본인이 먼저죠.
>
> — 입사 3년 차 구성원 심층 면접

세대별로 일과 일터에 대한 다른 가치와 지향이 존재하더라도, 포스코 업의 특성상 구성원 간 유대의 강도와 밀도는 여전히 그 어떤 조직에서보다도 중요한 요소다. 철의 생산과정 자체가 많은 사람들의 협업에 기반할 수밖에 없다는 점과 함께, 오랫동안 현장에서 쌓여 온 잠재지의 전수는 두터운 유대에 기반할 때 효과적이기 때문이다. 세대 간 인식과 지향의 다름은 구성원 모두가 인정했지만, 그렇다고 세대를 이어 줄 수 있는 공감의 영역이 필요 없다는 것은 아니었다. 그 영역을 어떻게 마련하고, 무엇으로 채울 것인가에 대한 모색은 계속되고 있었다. 특히 조직과 개인 중 무엇에 삶의 우선순위를 둘 것인지에 대해서는 합일의 지점을 찾기 어려웠다. 이러한 고민 끝에 하나의 결과물로 제시된 것이 기업시민이다.

기업시민의 의미와 가치

포스코의 기업시민Corporate Citizenship은 한마디로 기업이라는 법인이 시민이라는 인격人格이 될 수는 없지만, 시민의 역할을 자임하며 수행하자는 취지에서 만들어졌다. 시민이라는 개념이 다소 어렵게 느껴지지만, 권리와 책임을 자각하는 시민성civility과 생각과 행동에 있어 공익적 책무성을 인지하는 시민적 덕목civic virtue에 기반하여 기업활동을 전개하자는 목적성을 갖는다.

기업시민은 학술적 엄밀성을 갖는 고정된 개념이라기보다 상황과 대상에 맞춰 유연한 적용이 가능하기에 다양하게 해석될 수 있지만, 크게 보면 '시민적 주체로서의 기업'과 '시민적 자질과 역량을 갖춘 임직원'이라는 두 가지 축을 중심으로 이해하는 것이 효과적이다.

먼저, 시민적 주체로서의 기업이란 시장 및 이해관계자와의 관계 속에서 기업이 하나의 주체로서 그리고 생태학적 존재로서 시민적 역할을 담당한다는 의미다. 기업시민의 핵심 가치는 정부-시장-시민사회로 이루어진 사회에서 기업이 독립된 행위자로서 공존, 연대, 번영을 추구하는 것이다. 공존, 연대, 번영은 기업이 특정 인구집단을 정책적 수혜자로 간주해 일방적 도움을 주는 게 아니라, 기업과 그 구성원이 기업시민의 내용과 가치를 충분히 공유하고 공감한 상태에서, 자발적으로 다른 사회구성원과 상호 소통하고 협력해 성취할 수 있다. 즉, 기업이 사회의 공존과 공생의 가치에 기반하여 다양한 사회 주체들과 관계를 맺고 활동하며 건전한 생태계의 조성에 기여하며 '시민됨'을 실천하는 것을 의미한다.

예를 들어, 공존과 공생의 가치 속에 협력사와의 관계가 불평등한 구조로 흐르지 않도록 단속하는 것이나 환경오염을 줄이기 위한 적극적 대책을 마련하는 것, 지역의 어려움에 능동적으로 대처하여 지속가능한 사회를 만들어 가는 데 기여하는 것 등을 포함한다.

이러한 시민적 주체로서의 실천을 위해 포스코는 '포스코1%나눔재단'을 출범하여 사회적 약자에 대한 사회공헌활동을 전개하고, 자매마을을 부서별로 선정하여 주기적으로 지원 및 봉사활동을 시행하고 있다. 또한 지역 주민들을 위하여 포항 운하 조성을 지원하고, 철을 소재로 한 체험형 예술작품 스페이스워크를 포항시에 기부하여 포항 환호공원에 설치하는 등 '시민됨' 실천을 위해 다양한 활동을 진행하고 있다.

다음으로, 시민적 자질과 역량을 갖춘 임직원이라는 관점에서 바라본 기업시민은 기업 내 구성원들이 기업이 추구하는 사회적 책임과 역할에 공감하며 능동적으로 실천에 참여하는 것은 물론, 조직 내에서도 시민적 소양과 덕목에 기반한 생활을 영위하는 것을 의미한다. 즉, 권위적이고 위계적인 조직문화를 지양하고 열린 소통 속에서 각자의 다양성을 존중하며 맡은 바 임무에 대해서는 책임을 다하는 태도를 포함한다. 이를 위해 일과 가정의 균형 및 삶의 질을 증진시키기 위한 다양한 프로그램을 운영하고 있다.

지금까지 살펴본 것처럼, 기업시민은 사회에 대한 책임의식 아래 다양한 실천을 중심으로 전개되어 왔다. 기업시민 선포 이전에도 포

포항제철소의 정상 가동을 기원하는 광양과 포항지역 어린이들의 메시지가
인상적이다. 포스코는 임직원들의 급여 1퍼센트를 기부하여 포항과 광양지역
아동센터를 지원하고 있다.

스코는 국가와 사회, 그리고 지역에 도움이 되는 사회공헌 활동을
지속적으로 전개해 왔지만 주로 회사 차원의 공여 활동이 중심이었
다. 기업시민이 제철보국과 차별되는 지점이 구성원의 시민성에 기
초한 조직 내부와 외부에서의 자발적 참여와 지속적인 실천이라는
점에 주목이 필요하다. 기업시민이 자리 잡기에 5년이라는 시간이
충분하다고 볼 수는 없지만, 궁극적으로 기업시민을 통한 선순환,
다시 말해 회사는 기업시민의 실천 주체로서 사회적 책임을 다하며
공존·공생 가치를 창출하고, 경제적 이윤과 좋은 평판으로 보상받
으며, 구성원들은 자랑스러운 조직에서 일한다는 자긍심을 가질 수
있는 구조가 정착되어야 기업시민의 가치는 지속될 수 있을 것이다.

이를 위해 필요한 것은 구성원들의 효능감이다. 기업시민 실천이 주는 긍정적 효과를 체감하는 것이 곧 자발적 실천을 강화하는 요소로 작용할 수 있는 것이다. 그렇다면, 기업시민의 효능감은 어디에서, 또 그로 인한 자긍심은 무엇에서 찾을 수 있을까?

재난극복 과정에서의
책임과 헌신, 소통, 그리고 공감

2019년 〈기업시민헌장〉 선포 이후 포스코 구성원들이 기업시민에 대해 어떤 생각을 가지고 있는지, 또 기업시민 인식은 조직과 구성원의 행위 방식을 변화시켜 왔는지에 대해 연구를 진행해 왔다. 그 과정에서 기업시민과 관련하여 포스코 구성원들에게 제일 많이 들은 얘기는 개념적으로 '어렵다'는 것이었다. 어떻게 기업이 인격체인 시민이 될 수 있다는 건지 잘 와닿지 않는다는 얘기였다. 또, 오랫동안 포스코가 해왔던 여러 공헌 활동들과의 차별성에 대해서 자신 있게 설명을 이어 가는 경우도 많지 않았다.

그럼에도 불구하고 앞서 살펴본 '시민적 주체로서의 기업', 즉 기업이 인격체로서의 시민은 아닐지라도 시민처럼 행동할 수 있다는 부분에 대해서는 공감대가 비교적 쉽게 형성되었다. 이해관계자들과의 상생 및 공생의 필요성이나 지역사회에 대한 책임의식 등은 충분히 인식하여 실행하고 있다는 자부심도 느낄 수 있었다. 실천의 대상이 명확하고, 또 대상이 명확한 만큼 반응도 분명하게 나타난 데에서 경험적 근거를 찾을 수 있을 것이다.

아마 개념적 어려움은 기업시민이 지향하는 또 하나의 가치, 즉 조직문화나 내부 운영에서 갖춰지고 축적되어야 할 시민적 자질과 역량에 대한 부분이 상대적으로 설명하기 쉽지 않았던 것이라 판단된다. 구성원 각자의 위치에서 책임과 역할을 다하고, 타인의 다양한 생각과 판단을 존중해 주며, 소통에 기반한 신뢰의 주체로 역할하는 시민의 모습 말이다.

중요한 점은, 개념적으로는 구성원들이 논리적, 체계적으로 설명하기 쉽지 않다고 한 기업시민이지만 이번 힌남노 재난을 겪으며 체화된 실천으로 나타난 경우가 많았다는 사실이다. '바로 그게 기업시민이야!'라고 할 만한, 재난극복 과정에서 조직 내 맡은 바 소임과 자발적으로 시민적 책무를 묵묵히 수행한 사례들을 쉽게 찾을 수 있었다.

본사에도 틈새를 통해 폭포수처럼 물이 흘러내리기 시작했고, 불이 꺼졌다. 그렇게 칠흑 같은 어둠이 시작되었다. 어둠보다 불편한 것은 통신이었다. 흩어져 있는 시설들의 현황을 확인해야 하는데 도무지 전화가 터지지를 않았다. 문자도 카톡도 전화도 먹통이었다. 그때 갑자기 소망아파트(회사 제공 사택)에 살던 팀원이 비옷을 입고 장화를 신고 그 물길을 헤쳐 본사에 도착해서 소망아파트를 위해 자신이 무엇을 해야 될지를 확인했다. 소망아파트 수재민들이 대피할 공실을 먼저 안내해 달라고 했더니 그렇게 다시 비옷 히어로는 유유히 소망아파트로 바

쁘게 걸음을 움직였다.　　　　　　　　　— 권세정 리더, 행정섭외그룹 후생섹션

막막한 상황 속에서 모두가 처음 겪는 두려움 속에 당황하고 있었지만 누군가 휘적휘적 물길을 헤치며 타인과 조직을 위한 걸음을 시작하는 모습은 생각만으로도 충분히 감동적이다. 아마 순간의 감동에서 그치지 않았을 것이다. 아무도 강요하지 않았지만 어려운 걸음을 내딛는 동료에 대한 신뢰와 함께, 자신은 이 상황 속에서 어떤 역할을 해야 할지에 대한 모색으로 이어졌을 것이다. 나의 안전도 중요하지만 우리와 나아가 공동체의 안위를 걱정하는 마음과 행동이 바로 시민적 덕목인 것이다. 그렇게 체화된 한 사람의 시민성은 전파되고 공유되며 조직에 대한 몰입과 헌신으로 자연스럽게 연결될 수 있다.

자신의 전기차 배터리를 이용해 정전을 극복하고 수중 펌프를 돌린 이야기, 물이 들이닥치는 상황에서도 본인 차보다 공장 설비에 먼저 뛰어간 이야기 등 소소한 영웅담이 지친 마음과 몸을 달래 줄 때가 많았다.

— 이우영 사원, 인사노무그룹 교육노무섹션

위기 속이지만 누군가 우리를 위해 발 벗고 나서는 지원군이 존재한다면 불안은 안심으로 바뀌게 된다. 평상시 일상에서의 '선공후사'는 기성세대들만의 고유한 가치 정도로 여겨졌겠지만, 피해를 줄이기 위해 합리적 판단 속에서 능동적이고 적극적으로 이루어진 대

응은 모두에게 소소한 영웅담으로 공감되며 위안의 소재로 수용되고 있었다.

이런 과정을 거쳐 축적된 신뢰는 내 행위의 규준으로도 작용하여 '시민됨'을 강화시키는 기제로도 작용할 수 있다. 일반적으로 신뢰는 미래에 나타나는 일에 대한 예측 가능성을 높이고, 신뢰할 수 있는 대상 간에는 서로의 기대에 부응하도록 행위하게 되는 '도덕적 연대'로 발전해 간다.

신뢰의 축적에 효과적으로 작용하는 요소는 무엇보다 '소통'이다. 관계 맺음의 기본 도구이자 관계를 나타내는 표상이 바로 소통이다. 소통을 통해 상대방을 파악하고 내 생각을 전달한다. 모든 소통이 신뢰의 형성과 축적에 도움이 되는 것은 아니다. 서로에 대한 이해에 기반한 소통은 신뢰의 제고에 도움이 되지만, 이해 없는 소통은 오히려 갈등을 증폭시키는 근거로 작용한다. 힌남노로 인한 재난 상황은 원하든 원하지 않든 극복 과정에서 구성원 간의 소통 기회를 증가시킬 수밖에 없었다. 같이 근무해 왔던 동료들과의 협력 작업도 있었지만, 피해가 심한 지역의 경우 여러 조직에서 지원을 나온 재직자들과 힘을 합쳐야 하는 상황도 계속되었다. 동병상련의 상황이지만 세대별, 직무별로 느끼는 바는 각자 다를 수 있다. 기본적으로 서로 다른 가치와 지향을 가진 존재들이기에.

아들 같은 후배 동료들을 보는 순간 눈물이 났다. MZ세대라 집에서는 귀하게 컸을 텐데 수해현장에서 어쩌면 한 번도 들어 보지 못한 삽질을 했을지도 모른다. 이런 난리는 다시 겪고 싶지 않을 것이다. 감당해야 할, 또 극복해야 할 현실 앞에 우린 놓여 있었다.

— 전정식 과장, STS압연부 2냉연공장

퇴직을 3개월 남겨 둔 선배님들도 복구를 위해 아침 7시부터 다음 날 새벽 2시까지 근무하시고 주말 또한 반납하시며 선공후사의 정신으로 근무하셨다. "좋은 걸 남겨 줘야 하는데 이런 상황을 남겨 주게 되어 걱정"이라는 말과 함께 "내가 재직하는 순간까지라도 최대한 복구할게" 라고 말씀하신 선배들의 모습이 잊히지 않는다.

— 신호진 사원, 포항연구인프라그룹 포항공통시험섹션

현장 근무자들께서도 고근속, 저근속 간에 소통이 어려웠던 부분들이 이런 어려움을 같이 겪으면서 서로 이해하고 포용하는 모습이 자연스 럽게 생기는 모습을 보고, '분명 값으로 따질 수 없는 귀중한 경험을 하였구나'라는 생각도 많이 하게 되었다.

— 유대연 리더, 전기강판부 3전기강판공장

연령과 직급, 직무에 상관없이 어려운 상황을 공유하며 서로의 상황을 이해하게 되었을 때 예상하지 못한 감정적 동요가 나타났다. 마음 한쪽에 감춰져 있던 측은지심이 나타나며 새로운 각오와 의지 를 다지는 동력이 된 것이다. 소통과 공감, 그리고 이해에 기반한 협업을 통해 위기를 극복하고 재기를 가능하게 만든 긍정적 체험은

포스코그룹 최정우 회장이 포항제철소 2후판 복구작업에 참여 후
직원들과 기념촬영을 하고 있다.

서로에 대한, 그리고 조직에 대한 신뢰의 축적은 물론 자신의 책임
과 역할에 대해 성찰하도록 하는 귀한 기회가 된 것이다.

이러한 기회가 갖는 함의는 무엇일까? 또 앞의 사례들에서 얻을
수 있었던 것은 무엇일까? 평소에는 잘 드러나지 않았던, 아니 특수
한 상황이기에 더 빛났던 동료의 '책임감'과 '배려'를 확인하고, 자신
의 이해를 뒤로하고 보다 큰 모두의 가치를 위해 기꺼이 결행한 '헌
신', 또 평소에는 느끼지 못했던 선후배와 마주하고 '소통'하면서 느
낄 수 있었던 '공감'의 경험, 이 모든 것이 사실은 시민이 갖추어야
할 자질이자 덕목이라 할 수 있다. 재난의 극복이 충만했던 기업시
민 덕분이었다고 말할 수는 없겠지만, 적어도 시민적 덕목을 확인하

고 강화할 수 있는 선순환의 계기로는 충분했다고 판단한다.

새로운 희망을 찾아서

이번 재난을 통해 포스코가 입은 손실이 2~3조 원에 가깝다는 소식이 전해졌다. 냉천범람이라는 구조적 문제가 있기는 했지만 불과 하루 동안의 천재天災로 인한 피해 규모라 하기에는 너무 어마어마한 수치이다. 경제적 손실 외에 복구 과정에서 구성원들이 흘린 땀과 노력의 가치는 헤아릴 수조차 없다.

하지만 얻은 것이 있다. 어려움에 처한 포스코를 돕기 위해 해병대, 소방청을 비롯한 사회 각지의 지원이 끊임없이 이어졌고, 한 몸처럼 움직이며 복구활동에 매진했던 협력사의 헌신과 든든히 뒤를 받쳐 준 관계사와 공급사의 존재를 확인할 수 있었다. 도움의 손길은 국내에 그치지 않고 일본과 인도의 고객사에서도 이어졌다. 모두가 마음을 합쳐 역할했기에 불가능해 보였던 재기와 재생은 가능했을 것이다. 만약 그동안 포스코가 지향해 온 기업시민, 시민적 주체로서의 역할을 제대로 수행하지 않았다면 이러한 도움의 손길은 존재하지 않았을 것이다.

무엇보다 귀한 경험이라고 생각되는 점은 포스코의 구성원들이 복구 과정을 통해 평상시 업무 네트워크에서 쉽게 만날 수 없었던 여러 부서와의 다양한 관계를 경험했다는 것이다. 서로 부대끼며,

포스코 김학동 부회장이 직원 격려를 위한 커피차에서 커피를 받은 후 뒤쪽의
응원 메시지를 보고 있다. "냉천범람 사고 복구에 매진 중인 포항제철소 임직원의
헌신과 노력은 100년 기업 포스코의 큰 자산이 될 것입니다. 우리 함께 응원합니다."
이는 김학동 부회장이 사내 시스템에 응원 댓글로 남긴 글이다.

함께 문제해결을 위해 머리를 맞대고, 힘을 합쳐 극복해 내는 과정
을 통해 포스코라는 울타리, 하나의 물리적 공동체 속에서 생활했지
만 그동안 느껴 보지 못했던 '공동체성'을 마주할 수 있었다. 물리적
단위로서의 공동체가 교류의 기반으로 작용하겠지만, 교류가 이뤄
지고 그 경험이 긍정적으로 작용하며 선순환되어야 생기는 것이 공
동체성이라 할 때, 지난 넉 달의 시간은 사업장의 재생과 함께 공동
체성의 재건 기간이었다 할 것이다.

반가운 얘기도 들렸다. 제대로 된 소통을 해본 적이 없었기에 이
해의 정도가 미미했던 노장과 소장 사이의 공감의 폭이 넓어졌다는

것이다. 잠긴 사업장의 구조를 정확히 파악하며 현장을 지휘하고 매뉴얼이 존재하지 않는 부품의 수리에 신기神技를 보인 노장의 투혼鬪魂에서 소장들은 느낀 바가 컸고, 자기밖에 모른다고 생각해서 아예 기대를 하지 않았던 소장들이 끈기와 열정으로 최선을 다하는 모습에서 노장들은 새로운 기대를 품을 수 있었다.

복구에 참여했던 여러 재직자들의 소회 가운데 "해야 할 일이었다"는 단문에 실린 묵직함도 잔잔한 감동으로 다가왔다. 굳이 드러내지 않았고, 또 의식하지도 않았지만 복구 기간 내내 실천되고 공유되었던 책임과 헌신, 그리고 소통과 공감이 바로 기업시민 포스코를 보다 단단히 만들어 줄 것이다.

배 영

1부

물이
차오릅니다

1장
괴물로 변신한 힌남노가 덮친 포스코

이상한 돌가시나무 새싹의 탄생

우리의 삶은 일상적인 것에 익숙하다. 익숙함은 예측과 반복을 통해 가능하다. 매년 우리는 항상 태풍을 맞이한다. 늦여름부터 초가을까지 서너 차례 지나가는 얄궂은 손님처럼 우리의 삶을 흔들어 놓고 지나간다. 긴 여름의 장마와 뜨거운 폭염이 지난 뒤 가을로 가는 길목에서 태풍은 반드시 지나야 하는 통과의례가 되어 버렸다. 태풍은 그렇게 여름과 가을을 이어 주는 건너야 할 다리였으며 피할 수 없는 위험이었다. 태풍은 보통 늦여름부터 초가을까지 열대지역 해상에서 발생하여 북상하면서 대만, 오키나와, 중국, 한국 그리고 일본에 영향을 미친다. 동남아시아 국가들에게 이 태풍은 역사적으로 두려움의 대상이기도 했으며 그래서 신성시되기도 했다.

인간은 기술과 문화를 통해 엄청난 문화를 만들어 냈으며 자연을 지배할 수 있는 유일한 존재처럼 행동해 왔지만, 매년 갑작스레 돌아와 인간이 만들어 놓은 모든 것을 휩쓸고 지나가는 거대한 자연의 힘 앞에서 다시 한번 인간의 한계를 자각하게 된다. 우리에게 태풍은 그러한 역할을 톡톡히 해왔다. 태풍이 올라오는 조짐이 보이면 마음을 졸이고 그저 우리를 비껴가길 바라고, 우리가 사는 지역을 찾아오더라도 큰 피해를 일으키지 않는 손님이길 바란다.

그래도 수천 년에 걸친 경험을 통해 어느 정도 예측이 가능해졌다. 계절이 지나갈 즈음 언제 태풍이 몰아닥쳐 올 것인가 알게 되었으며, 과학기술의 발전은 태풍의 발생과 경로 그리고 강도를 예측할 수 있게 되었다. 다시 한번 인간은 태풍이라는 자연현상을 이해할 수 있게 되었다고 믿게 되었다. 지구는 항상 한 방향으로 자전한다. 그 방향은 동쪽이며, 이로 인해 북반구의 공기는 동쪽에서 서쪽으로 돌게 된다. 서쪽으로 움직이는 이 바람은 태평양을 지나면서 따뜻한 온도에 의해 습기를 머금은 채 구름을 만들어 낸다. 이때 엄청난 습도를 머금은 구름이 빠르게 만들어지면서 형성되는 것이 바로 태풍이다. 이 태풍은 보통 열대지역 근처의 바다에서 형성되어 동북아시아의 기압 배치에 따라 그 경로를 형성한다.

보통 우리에게 엄청난 피해를 입히는 초강력 태풍은 대부분 북위 25도 이남에서 발생하는 것으로 알려져 있다. 여기에는 중요한 이유가 있다. 태풍이 태어나기 위해서는 해수면의 온도가 높아야 한다. 그래서 해수면의 온도가 26도 이상인 저위도 지대는 태풍의 발생지가 된다. 지난 2002년 8월 말 한반도에 상륙해 124명의 생명을 앗아가고 60명을 실종시킨 태풍 루사와 2003년 130명의 사상자와 4조 2천억 원의 대규모 피해를 입힌 매미는 모두 전형적인 저위도 발생 태풍이었다.

하지만 다시 인간의 낙관적 예측력은 어느 순간부터 흔들리기 시작한다. 그 원인은 또한 인간에게 있었다. 인간이 지난 150년 동안 근대세계를 만들어 내기 위해 태워 버린 엄청난 양의 화석연료는 지구 전체를 뜨겁게 달구었다. 그리고 북태평양 고위도 지역의 해수면 온도도 자연스레 올라갔다. 괴물의 탄생은 항상 일상적인 것을 넘어선 예외상황에서 비롯된다. 태풍은 북위 25도 이남에서 발생한다는 공식은 이제 깨져 버렸다. 예외상황이 반복되면 새로운 정상상황이 되는 것처럼, 이상현상으로 여겨지던 고위도 지역에서의 태풍발생이 빈번해졌다. 하지만 초강력 태풍이 북위 25도 이북 지역에서 발생하지는 않았기 때문에 여전히 모든 기상학자들은 항상 북위 25도 이남의 북태평양 지역에 주목해 왔다. 그러나 이러한 상식이 깨지는데는 오랜 시간이 걸리지 않았다.

많은 기상 관련자들은 2022년에 11번째로 발생한 새로운 태풍을 그저 먼 바다를 지나갈 일반적인 태풍으로 생각했다. 일본에서 동남동쪽으로 1,700킬로미터 떨어진 북위 26도의 북태평양 먼 바다에서 폭풍이 발생한 것은 8월 28일이었다. 그리고 29일에 초속 18미터의 강한 바람을 지닌 '태풍'으로서의 지위를 부여받게 된다. 보통 초속 17킬로미터의 바람이 부는 폭풍을 일반적인 폭풍보다는 더 강력한 '태풍'으로 분류한다. 일단 태풍으로 분류되면 세계기상기구WMO:

World Meteorological Organization 산하 유엔 아시아·태평양 경제사회이사회 태풍위원회UN/ESCAP WMO Typhoon Committee에서 이 태풍의 이름을 짓게 된다. 이 조직은 아시아와 태평양 지역 14개 국가를 회원국으로 두고 있으며 이 지역에서 태풍피해를 줄일 수 있는 방안을 마련하기 위한 국제조직이다. 이 위원회에 소속된 회원국들은 각자 몇 가지 태풍 이름 후보를 제출하도록 되어 있으며, 태풍위원회는 이번에 새롭게 발생한 태풍의 이름을 라오스에서 제출한 '힌남노'로 결정한다.

힌남노는 라오스 중부에 위치한 대표적인 국립공원으로 종유석과 석순이 발달한 동굴이 많은 것으로 유명하다. 그래서 라오스어로 힌남노ຫີນໜາມໜໍ는 '돌가시나무'라는 의미를 갖고 있다. 어두운 동굴에서 서서히 자라나 마침내 거대한 돌가시나무가 되는 석순처럼 이 11번째 태풍은 누구도 생각하지 못한 곳에서 자라나 예상치 못한 방향으로 가시 돋은 모습을 한 채 접근한다.

8월 28일 힌남노가 태풍급으로 성장한 뒤 한국 기상청이나 일본, 미국 그리고 유럽의 기상당국은 힌남노가 일본 동남부 너무 먼 바다 쪽, 북위 26도에서 발생했기 때문에 바람의 흐름을 따라 서쪽으로 움직이다가 자연스럽게 소멸할 거라고 생각했다. 당시 북태평양 고기압과 서쪽의 티베트 고기압이 연결되는 거대한 고기압 기단이 자리 잡고 있어서 이 새로운 태풍이 고기압 기단을 뚫고 북상할 거라고는 누구도 예상하지 않았으며, 고기압의 가장자리를 따라 서쪽으로 움직일 것이라고 생각한 것이다.

하지만 앞에서도 잠깐 언급한 것처럼, 비록 이 태풍이 따뜻한 해수면 온도를 가진 열대지역과는 거리가 먼 북쪽인 북위 26도 지역에서 발생했음에도 불구하고, 태평양에서 3년 동안 계속된 라니냐의 영향으로 이 지역의 해수면 온도는 이례적으로 25도를 유지하면서 태풍이 몸집을 키울 수 있는 에너지를 공급했다. 높은 에너지를 흡수해 몸집이 커진 태풍은 티베트 고기압과 북태평양 고기압이 이어진 기단을 뚫지 못하고 8월 29일 일본 오키나와를 지나 서진하면서 대만을 향하고 있었다.

가시 돋은 돌가시나무의 변신

그런데 일본 남동부 먼 바다에서 시작하여 대만을 향해 남서진하던 힌남노가 몸집을 키우면서 8월 31일 갑자기 띠 형태로 연결되어 있던 티베트 고기압과 북태평양 고기압을 뚫고 북상하기 시작한다. 남서진하던 힌남노의 경로가 거의 90도 방향을 틀어 북쪽으로 향한 것이다. 915헥토파스칼까지 힘을 키운 힌남노는 이 두 고기압대를 뚫기에 충분한 에너지를 갖게 되었다. 이 순간 '이상한 놈'으로 태어난 힌남노는 카테고리 5의 슈퍼 태풍으로 강력해지면서 지나가는 경로에 엄청난 피해를 입힐 수 있는 '나쁜 놈'으로 변신한다.

이 돌가시나무의 뾰족한 창은 두 개의 고기압대를 갈라놓으면서 북상하여 한반도와 일본 쪽으로 방향을 바꾼다. 게다가 티베트 고기

힌남노가 다른 태풍을 삼키며 몸집을 불리는 과정

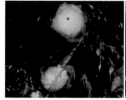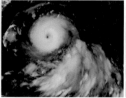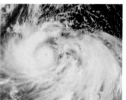

몸집을 불리기 이전 다른 태풍을 삼키며 세력 확장 몸집을 불리고 난 이후

압과 북태평양 고기압의 연결이 끊어지면서 만들어진 틈은 태풍이 움직이는 데 가속도를 더할 수 있는 좁은 회랑을 만들어 준다. 북태평양 고기압의 가장자리에 만들어진 길을 따라 힌남노는 더욱 덩치가 커져 초강력 태풍으로 변신한다. 힌남노의 돌가시나무와 북태평양 고기압 덩어리 사이의 싸움은 결국 힌남노의 승리로 끝났고, 힌남노는 기원전 58년 가이우스 율리우스 카이사르가 정예 로마군단을 이끌고 광대한 갈리아 지역을 침공하듯이 엄청난 기세로 한반도로 향하게 된다.

힌남노가 이처럼 기세등등한 슈퍼 태풍으로 변신하여 그 힘을 유지하면서 북상한 것도 매우 이례적이었다. 보통 초강력 상태의 태풍은 북상하는 과정에서 서서히 힘을 잃기 마련이다. 북쪽으로 이동할수록 해수면 온도가 낮아지면서 태풍의 연료라고 할 수 있는 따뜻한 습기와 에너지를 얻을 수 없기 때문이다. 힌남노의 경우 대만을 향하는 과정에서 대만섬 인근에서 정체하면서 깊은 바닷물을 끓여 올리는 용승효과로 인해 초강력 단계에서 '매우 강한' 단계로 다소 힘이 약화되기도 했다. 그런데 경로를 90도 꺾으면서 '초강력' 단계로 다시 업그레이드되는 이례적 상황이 발생한다.

앞에서 언급한 라니냐의 영향은 한반도 부근의 해수면 온도에도 영향을 주었다. 한반도 남해상 해수면 온도도 평년보다 1도 정도 높은 26~28도를 유지하면서 태풍이 활발하게 움직일 수 있는 연료를 풍부하게 공급하고 있었다.

힌남노는 북상하면서도 그 힘이 약해지지 않은 채 계속 '초강력' 태풍의 위용을 자랑하면서 한반도와 일본 사이로 지나갈 듯 보였다. 이미 힌남노의 돌나무가시는 더욱 날카롭게 번뜩였고, 한반도에 접근하던 6일에 중심기압은 955.9헥토파스칼로 1959년 엄청난 피해를 입힌 사라와 2003년 매미에 이어 역대 세 번째로 강력한 태풍이 되어 진군하고 있었다. 최대 풍속은 초속 55미터로 강풍의 반경이 250킬로미터에 이르는 대형 초강력 태풍이었다. 태풍이 쏟아 내는 엄청난 양의 강우뿐 아니라 강력한 바람 또한 동반했다. 초속 55미터는 직접 영향을 받는 곳은 건물이 붕괴할 정도로 매우 강력한 힘을 갖고 있다는 것을 의미한다.

9월 1일과 2일 사이에 기상청은 태풍의 경로에 촉각을 곤두세우고 예측하면서 힌남노가 9월 5일 '초강력' 수준을 유지하면서 제주도 남해안을 지나 부산을 거쳐 지나갈 것이라고 보았다. 한국 기상청과 일본 기상청은 모두 9월 2일에 힌남노가 한반도 남부에 상륙할 것이 확실하다는 결론을 내리면서 모두를 긴장하게 만든다. 그리고 9월 3일 한국과 일본 기상청은 모두 힌남노가 9월 6일 경상남도 통영에

상륙하여 영남지역을 지나 포항 근처로 빠져나가는 경로를 예측한다. 문제는 9월 3일 힌남노는 그 세력이 약화하기는커녕 가장 강력하던 시기와 동일한 힘을 회복하면서 북진하고 있었다는 점이다. 물론 이 태풍이 인구가 가장 밀집한 수도권을 비껴 지나간다는 예측이 나오며 많은 사람들이 안심했지만, 영남 해안지역과 태풍경로에 해당하는 지역 사람들에게는 공포가 현실로 바뀌고 있었다.

인간이 이루어 낸 과학의 힘으로 태풍의 강도와 경로를 예측할 수 있는 능력은 갖게 되었지만, 엄청나게 휘몰아치는 바람과 물은 온 세상을 휩쓸어 버리면서 다시 인간이 자연 앞에 미약한 존재임을 증명한다. 게다가 이 '이상한' 태풍의 예외적 행동, 즉 힘을 잃지 않고 초강력 태풍으로 북상하는 데에는 인간이 만들어 낸 성장과 개발 그리고 인간의 근거 없는 자신감이 가져온 지구온난화가 그 원인을 제공하고 있었다. 엄청나고 거대한 자연의 힘은 '나쁜 놈'이 되어 부메랑처럼 한반도를 습격하고 있었다.

비상사태, 포항

모든 재난과 위험에는 예측불가능성과 예상치 못한 취약성이 항상 존재한다. 과학기술의 비약적 발전은 분명 주변에 존재하는 위험요인들을 제거하는 데 기여했지만 동시에 또 다른 위험을 만들기도 한다. 재난과 위험에 대처하기 위한 가장 중요한 요소는 '대비preparedness'와 재난이 일어났을 때 나타나는 '회복력resilience'이다. 포스코는 가능한 모든 재난상황에 대비하기 위해 치밀하게 계산하고 준비해 왔다. 물론 세상에 완벽한 것은 없다.

우리가 현대사회를 '위험사회'라고 규정하듯이 과학과 기술의 혁신과 발전은 항상 새로운 위험과 재난의 씨앗을 만들어 낸다. 그럼에도 불구하고 끊임없이 대비하고 상황에 대처하는 방식을 모든 구성원이 체화하는 것은 중요하다. 매년 여름에서 가을로 넘어가는 길목에서 마주할 수밖에 없는 태풍에 대한 대비도 예외일 수는 없다. 그 길목에 포항이 위치해 있었고 포스코도 이에 대비해야 했다.

포항은 한국 근대화의 상징이고 산업화의 기초가 되는 초석 역할을 담당한 지역이다. 포스코가 위치한 도시로서 포항은 한국 근대화의 기반이자 철강도시였으며, 근대화의 표상이자 민족의 재기와 자부심을 담은 근대적 이미지 역할을 해왔다는 점을 누구도 부인할 수 없다. 1973년 6월 8일 밤 박태준이 붉은 화염을 고로에 집어넣으면서 시작된 포스코는 포항이었고, 포항은 곧 포스코였다. 1973년 처음 고로를 작동한 이후 포스코에서 고로의 화염이 꺼진 적은 결코 없었다. 하나의 종으로서 인간이 불을 사용하기 시작하면서 그리고 그 불씨를 꺼트리지 않고 세대에 걸쳐 이어 오면서 문명과 사회를 이룰 수 있었던 것처럼, 포스코의 불씨가 꺼진다는 것은 누구도 상상할 수 없는 일이었다. 프로메테우스가 제우스로부터 훔쳐 인간에게 준 불씨로 만들어 낸 인류의 문명도 엄청난 자연의 역풍 앞에서 무력해지는 것처럼, 예외적인 조건에서 태어난 '이상한 놈'인 태풍 힌남노가 엄청난 힘을 유지하며 '나쁜 놈'으로 변신하면서 지나가는 길에 포항이 위치한다는 예측이 나오면서 포스코는 비상대책반을 구성한다.

우리에게 태풍은 불가피하게 겪어야 하는 통과의례 같은 것이다. 이 거대한 자연의 힘이 가져오는 거센 바람과 굵은 빗줄기 그리고 섬뜩한 번개에 무력하게 노출될 수는 없었다. 매년 2월부터 포스코는 태풍 피해에 대비하기 위한 조직적 준비를 시작한다. 공장에 존재할 수 있는 취약지점을 발견해 이에 대한 대책을 마련하고, 실사를 통해 7월 이후 태풍 철 이전까지의 모든 준비를 마치게 된다. 2022년에도 포스코는 현장실사를 포함한 준비와 훈련을 통해 태풍 피해를 최소화할 수 있는 준비를 마쳤다. 그러나 9월에 접어들면서 들려온 역대급 슈퍼 태풍의 북상 소식은 그렇게 긍정적 신호는 아니었다. 그 규모와 세기에서도 슈퍼 태풍급이었고, 놀랍도록 급변하여 빠르게 북상하는 힌남노의 모습은 비상사태를 선언할 만큼 예외적이었다. 힌남노가 포항에 접근하기 일주일 전부터 이례적으로 비상대책반을 구성한 것도 힌남노가 몰고 온 엄청난 파괴력 때문이었다. 포스코의 매뉴얼에 의하면 보통 태풍이 접근하기 3일 전에 제철소 자연재난 비상대책반을 구성하는 것이 상례였다. 그러나 이번에는 좀 더 빠르게 대비할 필요가 있었다고 생산기술부의 전체적 관제를 담당하는 박찬형 리더는 말했다. 이 비상대책반이 구성되면서 모든 직책을 담당하는 구성원들은 포스톡(포스코 내부의 실시간 메시징 서비스 네트워크)을 통해 일일활동계획을 제철소장에게 보고하도록 했다.

포스코의 역사적 경험에 의하면 대부분 태풍은 엄청난 폭우보다는 강력한 바람으로 인해 시설물이 붕괴되는 등의 문제를 일으켰다. 태풍이 동반하는 강력한 폭풍에 대한 대비는 준비의 핵심이었다. 주요 공장 문 앞에는 로로카세트(coil제품 이송차)를 배치하여 문이 넘어가거나 인명피해가 일어나지 않도록 대비했다. 그럼에도 불구하고 9월 5일이 되자 힌남노는 제주도에 접근하면서 매우 강한 힘을 유지하고 있었다. 기상청은 만조와 겹쳐 폭풍해일을 일으켜 엄청난 피해를 일으킨 마이삭(2020년)이나 차바(2016년)보다 더 위험할 수 있다는 경고를 발표했다. 그리고 태풍의 직경도 1,150킬로미터로 광범위하게 영향을 미칠 수 있었다. 이 슈퍼 태풍의 접근이 가시화되면서 9월 5일 아침 9시 비상대책회의에서 포스코 역사에서 전례 없는 중요한 결정을 하게 된다.

1973년 조업 개시 이래 첫 휴풍

엄청난 에너지를 품고 돌진해 오는 돌가시나무 힌남노의 예측경로가 통영-포항으로 알려지면서 비상대책회의는 일어날 수 있는 모든 피해상황과 이에 대한 대책을 마련하기 시작했다. 회의 참여자들은 이 자리에서 공장이 위치한 포항 현지직원의 판단을 고려할 수 있었다. 물론 모든 기업의 의사결정 과정에서 최종판단은 가장 상부에 위치한 최고경영자회의에서 이루어지는 것이 일상적이다. 문제는 얼마나 현장 상황을 실질적으로 고려하여 판단할 수 있는가 여부일 것이다. 포스코는 얼핏 보기에 매우 위계적인 조직일 수 있다. 한국 경제를 대표하는 여러 대기업의 조직체계가 가진 거대하고 위계적인 상명하달식 조직문화는 매우 효율적이고 빠르게 변화하는 상황에 대응할 수 있는 체계이다. 이러한 위계적 조직체계에서 가장 상부에 위치한 경영자의 판단은 매우 중요하고 결정적이다. 하지만 한 가지 중요한 약점이 있다. 현장의 요구와 목소리가 제대로 전달되지 않을 가능성이 있다는 점이다.

반면 포스코의 기업체계에서는 여느 대기업과는 사뭇 다른 점이 발견된다. 송호근 교수가 《혁신의 용광로》에서 발견한 바에 의하면, 현장의 목소리는 이른바 '책임의 분산과 연결'로 이루어지는 일종의 네트워크인 '생산성 동맹'이라고 정의된다.[1] 이 생산성 동맹은 위계적 강제가 아닌 '자율적 책임의식'에 의해 작동한다. 현장 직원들은 자신이 맡은 부분에 대한 책임과 전문지식을 강화하고 동시에 기업의 가치를 공유하고 체화하는 방식이다. 2022년 9월 5일 오전 9시에 있었던 비상대책회의는 이러한 기업가치와 자율적 책임의식을 공유한 기업문화를 잘 보여 주는 사례이기도 하다.

이 비상대책회의는 돌진해 오는 돌가시나무 힌남노의 피해를 어떻게 현장에서 가장 효과적으로 줄일 것인가를 논의하는 장이었다. 현장은 상황을 가장 잘 알 수 있는 영역이다. 거대한 기업의 대응 방

---

1 송호근(2018), 《혁신의 용광로》, 나남, 196쪽.

향을 최종 판단하는 것은 최고경영자라 하더라도 그 근거는 항상 현장의 목소리일 것이다. 게다가 자율적 책임의식을 체화한 근무자들의 판단이 제대로 전달된다면 그 조직의 운영은 효율성이 극대화할 것이다.

오전 비상대책회의는 전례 없는, 그러나 매우 결정적인 판단을 하게 된다.

"공장을 모두 세우자."

모든 작업을 중지하고 작업자의 출입을 금지하며, 고로의 불씨는 남겨놓고 바람의 공급을 중지하는 조치를 결정한다. 즉, 1973년 이래 한 번도 해본 적 없는 '휴풍' 결정이 이루어진 것이다. 휴풍은 고로에서 추가적으로 철광석을 녹이지 않는 상태를 유지하는 것이다. 이렇게 전례 없는 결정을 하게 된 것은 슈퍼 태풍이 가져올 수 있는 예상할 수 있는 피해를 방지하기 위함이었다. 그것은 태풍이 몰고 올 수 있는 엄청난 세기의 폭풍으로 인한 피해였다. 고로를 세우지 않으면, 즉 휴풍을 하지 않는다면 지속적으로 쇳물이 생산될 것이고, 이를 다음 공정을 위해 용선운반차에 실어 운반해야 한다. 문제는 엄청난 세기의 폭풍을 동반한 힌남노가 포항을 관통하면서 포스코의 기반시설에 엄청난 피해를 입힐 가능성이 제기된 것이다. 혹여 쇳물을 운반하던 용선운반차가 선로에서 이동하다가 넘어지기라도 한다면? 제강공장에서 만들어진 생산품의 적재나 이동 과정에서 문제가 일어난다면? 이러한 예측가능한 모든 위험상황에 대비하기 위해 가장 급진적 결정을 내릴 수밖에 없는 시간이 온 것이었다. 그리고 의견이 비상대책회의에서 모였다. 힌남노 재난에서 가장 결정적이고 효과적인 판단으로 증명된 이 휴풍 결정은 이렇게 내려졌다.

현장의 경험과 목소리는 단순한 우려에 근거한 것은 아니었다. 치명적 피해를 효과적으로 막으려는 현장의 책임의식과 자율적 판단에 의거한 것이었다. 그리고 놀랍게도 그날 오후 1시에 있었던 최고경영자회의에서 이러한 결정을 공식화하고 받아들이게 된다. 이 과정은 여느 대기업에서는 찾아보기 힘든 것이었다고 이 논의 과정에 참여했던 생산기술부 생산관제섹션의 박찬형 리더는 말했다. 그는 포스코 구성원들이 공유하는 특유의 가치가 분명히 존재한다고 확신한다. 현장의 목소리와 책임성과 자율적 판단은 최고경영자회의에서 존중되고 받아들여진다. 그만큼 이 대기업 조직의 의사소통은 일방향식이 아니라는 것을 의미한다.

체화된 올드보이 준비성

앞으로 상술하겠지만, 돌가시나무 힌남노는 예상치 못한 방향으로 포항을 침공해 왔다. '침공'이라는 단어가 당시 상황을 가장 적합하게 표현할 수 있다고 박찬형 리더는 말했다.

"예상치 못하게 전기가 나가고 통신이 불가능해지면서 내가 들고 있던 핸드폰이 먹통이 되었고, 유일하게 상황 변화를 전할 수 있었던 것은 몇 사람이 갖고 있던 무전기였어요. 당시 상황은 탱크부대

포항제철소 내 직원 차량들이 흙탕물에 잠겨 있다.

가 밀고 들어오는 침공의 느낌이었어요.”

모두가 태풍이 몰고 올 수 있는 엄청난 세기의 폭풍에 대비하기 위해 신경을 쓰면서 휴풍을 결정하고 침수가 일어날 수 있는 형산강의 변화에 주목해 있을 때 돌가시나무는 냉천을 통해 침공해 왔으며 ‘탱크부대’가 밀고 들어오는 것처럼 포스코를 덮쳤다. 모든 의사소통장비가 작동을 중지하고 전기공급이 중단되면서 포스코 공장에서 무슨 일이 일어나는가를 알 수 있는 방법이 없었다. 도대체 밖에서 무슨 일이 일어나고 있는지? 공장의 상황은 어떤지? 용선운반차는 도대체 어디에 있는지?

모든 사람이 극심한 공포를 느끼는 상황은 도대체 바깥에서 무슨 일이 일어나는가를 알 수 없을 때다. 전기가 끊어지고 핸드폰도 제대로 작동하지 않으면서 거의 모든 공정이 자동화된 포스코 시스템은 원시시대로 돌아가 버린다. 디지털 시대에 아날로그적 대처가 가능할까? 이러한 상황이 가져온 황당함과 공포는 상상조차 할 수 없을 것이다. 이에 대처하기 위해서는 가상의 위험상황을 체화할 수 있도록 끊임없이 상상하고 공유하고 훈련해야 한다. 훈련방식은 단순히 상명하달식의 전근대적 권위주의적 체계로는 도무지 몸에 익숙해질 수 없다. 특히 최근 새롭게 입사한 젊은 세대의 구성원들, 이른바 MZ세대에게 권위주의적인 반복적 군사훈련 방식이 효과적일 리 없다.

물론 포스코 작업조직의 형태는 초기와 중기까지 군대조직과 유사했다. 상명하복의 위계질서는 매우 엄격했다. 하지만 1980년대 입사한 제2세대 경영진과 현장직 장기근속자들이 주도한 조직문화 개선은 전체적인 조직문화의 변화를 가져왔다. 송호근 교수가 분석한 바에 의하면 그것은 "섬세하고 부드러운 종적·횡적 네트워크가 작동하는 그런 조직이다. 서로의 촉수가 긴밀하게 뻗어 있다. 부드럽지만 단단한 … 연성조직이다".[2]

디지털 시대에 아날로그식 대처가 필요할 경우, 이 두 가지 방식이 적절하게 조합되어야 한다. 모든 직원들에게 비상상황이 일어날 경우 즉각적으로 대처하도록 하기 위해서는 디지털 방식과 아날로

---

2 송호근, 위의 책, 199쪽.

그 방식이 반드시 함께 사용되어야 한다. 그렇지 않으면 전기와 통신이 끊어져 버린 상황에서 적절하게 대처할 수 없다. 이를 위해 기존에 사용해 온 전통적인 문서 매뉴얼을 이용하여 위험사항에 대한 대처방식을 훈련할 수 있도록 할 뿐 아니라 젊은 세대 직원을 위한 유튜브를 통한 전파 방식까지 다양한 소통 방식을 이용한다.

포스코 직원들이 공유하는 유튜브인 '포스튜브'는 포스코에 헌신해 온 장기근무자들의 노하우를 담아내고 있다. 모든 경험과 지식의 전파에서 결정적으로 중요한 역할을 하는 것은 문서화된 공식적 지식이 아니다. 그보다 구성원 사이에 비공식적으로 전파되는 일상화된 지식형태, 암묵지tacit knowledge가 좀 더 중요하다. 포스튜브는 선배들 자신이 체화한 일상화된 비공식적 지식을 전달할 수 있는 일종의 지식저장고의 역할을 한다. 예상 가능한 위험상황, 또는 갑작스레 마주할 수 있는 예상치 못한 상황에 대처할 때 선배사원들이 갖고 있던 자신들만의 독특한 암묵지를 포스튜브에 담아내는 것이다.

지식 공유 동영상 플랫폼, '포스튜브(POSTube)'

포스코는 협업을 통한 문제해결과 업무지식 공유를 촉진하기 위해 지난 2020년 동영상 플랫폼을 활용한 '포스튜브(POSTube, POSCO+YouTube)'를 개설했다. '포스튜브'는 베테랑 직원들이 보유한 현장 기술을 짧은 동영상을 통해 전수하는 지식 공유 동영상 플랫폼으로, 직원이 직접 직무 노하우 영상을 올리고 공유할 수 있는 사용자 제작 콘텐츠(UCC: User Created Contents) 방식으로 운영된다. 직원들이 영상을 만들어 공유하면 제작지원금을 지급하고, 나아가 포스코명장 선발 심사 시에도 참고 요소 중 하나로 반영해 동기를 부여하도록 했다.

선배들의 아날로그식 감성과 경험이 MZ세대의 포스튜브에 아카이브로 축적되고, 문자화되어 생생하지 못할 수 있는 아날로그의 경험이 디지털화되는 상호작용의 결과물을 만들어 내고 있다고 박찬형 리더는 언급했다.

디지털 시대에 아날로그식 접근법이 위력을 발휘한 때는 급작스럽게 쏟아져 들어온 물이 차오르는 급박한 위기 상황이었다. 오전 6시, 갑작스럽게 냉천이 범람하면서 힌남노는 그 본색을 드러내고 있었다. 힌남노의 침공은 모든 전력과 통신을 끊어 버렸다. 핸드폰을 사용할 수 있는 통신망은 붕괴되었고 전력공급이 차단된 후 비상발전기로 겨우 30분도 버티기 힘든 상황에서 쇳물을 운반하는 용선운반차의 위치파악이 매우 중요해졌다. 마치 지하철 관제실처럼 여러 대의 용선운반차가 철로 어디에 위치해 있는지를 표시해 주는 디지털 현황판이 있었지만, 전기와 통신망이 붕괴되면서 디지털 디스플레이는 아무런 소용이 없는 기술이었다. 쇳물은 도대체 어디에 있는가? 최첨단 디지털 위치파악 센서도 함께 붕괴된 상황이었다.

여기에서 기지를 발휘한 것은 올드보이의 지식이었다. 초창기 용선운반차의 위치를 파악하기 위해 매우 고전적인 방법을 사용했다. 박찬형 리더는 말했다.

"정말 막막한 순간에 누군가 구석에 놓여 있던 판때기를 가져왔어요. 그것은 농구경기에서 감독이 작전회의 시 사용하는 전략판과 같아요. 그 판은 자동화 센서를 이용하기 전에 사용하던 방식인데, 그 판에는 용선운반차의 철로가 그려져 있고, 자석 돌을 놓아 그 위치

태풍으로 인해 제철소 내 설비들이 잠겨 있다.

를 파악하도록 하는 방식이었지요. "

이것은 디지털 세대의 직원들은 상상할 수 없는 방식이었다. 하지만 이미 비상사태에 어떻게 대비할 것인가에 관한 매뉴얼에 이 고전적(?) 방식이 기록되어 있다. 먼 과거의 경험이 비상사태를 뚫고 극복할 수 있는 최고의 대응책이 되는 극적인 상황이었다. 그 짧은 순간, 올드보이의 경험이 적혀 있는 매뉴얼을 체화한 관제실 직원들은 재빠르게 용선운반차의 위치를 제대로 파악할 수 있었으며, 더 이상 큰 피해가 일어나지 않도록 막아 낼 수 있었다.

돌가시나무라는 뜻을 품은 힌남노는 처음에는 태풍에 관한 상식을 넘어서는 예외적이고 특이한 공간에서 이례적인 경로로 움직인 '이상한 놈'이었다. 그러나 고위도 지역에서 엄청난 에너지를 흡수한 채 한반도로 진격해 오면서 '나쁜 놈'으로 자기변신을 했다. 불행하게도 이 '나쁜 돌가시나무'가 움직이는 경로에 포항이 위치하면서 포스코는 비상사태에 진입한다. 비상사태에 효율적으로 대처하기 위해서는 그 조직이 탄력적으로 운용되어야 한다. 앞에서 본 것처럼 포스코는 그렇게 경화된 조직이 아니었다. 포스코는 경화된 위계조직에서 부드럽지만 단단한 연성조직으로 자기변화에 성공한 조직이었다. 이렇게 자율적이고 책임을 공유하는 조직이었기에 힌남노 비상사태를 훨씬 효과적으로 대비할 수 있었다. 그리고 조직의 효율성 또는 생산성 동맹관계로 만들어진 조직은 비상시 현장 상황에 근거한 결정을 내릴 수 있는 기반이었다.

김기흥

2장
격류로 돌변한 냉천, 냉천에 잠긴 포스코

그땐 정말 너무나 그…저도 회사를 19년째 다니고 있는데, 19년 정도 다니면 그냥 회사는 제 가족이고 제 집이거든요…. 너무 처참했고 정말 형산강에서 그날 회사 보니까 막 곳곳에 불도 나고 그러더라고요. 전기 같은 게 누전되고 해서…아, 눈물이 나더라구요.

포스코 기술연구원 황종연 그룹장이 필자와의 인터뷰에서 당시 상황을 떠올리며 한 말이다. 힌남노라는 역대급 태풍이 포항을 할퀴고 간 자리, 태풍의 위력으로 냉천이 범람하여 포스코가 잠긴 상황, 처음으로 포스코가 가동을 멈추게 된 시점에서 아수라장이 되어 버린 현장을 직접 눈으로 보면서 포스코 내부인으로서 느꼈던 막막함과 절망감을 생생히 느낄 수 있다. 이렇게 힌남노 태풍과 냉천범람으로 입게 된 타격은 상상을 초월하는 것이었다.

역대급 태풍이 온다

힌남노가 한반도에 도달하기 며칠 전부터 이미 역대급 태풍이 온다는 소식이 방송과 신문, 매체를 통해 전파되면서 온 나라가 술렁거렸다. 태풍의 진로와 규모, 피해 예상 권역에 대한 정보가 실시간으로 업데이트되었고, 전국적으로 역대급 태풍이 가져올 것으로 예상되는 어마어마한 피해를 최소화하기 위한 점검과 대비가 필요하다는 말이 거듭거듭 강조되고 있었다.

태풍의 직접적 영향권인 포항의 경우 이러한 상황은 어느 지역보다 엄중하게 다가왔다. 고로를 비롯한 거대한 장치들이 있는 포스코의 경우 역대급 태풍에도 불구하고 안전하게 가동을 유지해야 했기 때문에 태풍 대비는 매우 중요한 것이었다. 사실 포스코는 이미 재난에 대한 상시적인 대응책이 마련되어 있는 상황이었다. 장치산업의 특성상 일부 설비들에서 화재나 고장 등의 위험이 일상적으로 발생할 수 있었고, 그런 사고들이 발생한다고 하더라도 인명사고나 공장 전체의 가동중단으로 이어지지 않도록 이중 삼중의 안전장치를 상시적으로 준비해야 한다. 가동중단 자체가 어마어마한 손실로 나타날 수밖에 없는 것이 장치산업이기 때문에 이중, 삼중의 안전장치는 비용이 많이 들더라도 반드시 갖추어 놓아야 하는 것이다.

이런 점에서 힌남노가 닥칠 당시에도 태풍과 같은 재난 상황에 대한 기본적인 대비는 이미 돼 있던 상황이라고 할 수 있다. 포스코는 힌남노 태풍에 대비하여 그룹별, 부문별로 풍수해 사전대응체계를 가동했다. 그 일환으로 풍수해 비상조직을 편성하고 대응하는 데 필요한 자재를 점검했으며, 사전에 환경설비에 대한 현장점검을 실시하고 관청 지원체계도 점검하는 등의 준비를 해나갔다. 태풍으로 인한 냉천범람에 대한 기본적인 대비로서 모래주머니를 쌓는 등 자체적으로 할 수 있는 대비들도 준비했다. 사실 다른 때에도 비가 오면 공장 내에 물이 들어찰 수도 있었지만, 이와 같은 대비를 통해 실제로 공장 내에 물이 들어온 적은 없었다고 한다. 필자와의 인터뷰에 응한 황종연 그룹장은 당시의 대비상황에 대해 다음과 같이 언급했다.

> 냉천이 우리의 소관이 아닌데 범람을 우리가 사전에 차단하려고 거기를 건들 수는 없는 거고 ⋯ 자체적으로 대비를 해야 되는데 자체적으로 딱 보면 담도 있고 뭐 다 그냥 (기본적인 것은 준비되어 있는 거죠). 만약에 비가 오면 거기다 모래주머니 쌓고 그런 준비는 우선적으로 하는 준비가 있거든요. 근데 이 냉천이 이렇게 엄청난 양이 밀고 들어오니까 이런 모래주머니나 평상시 대비가 이제 무효한 거죠.

초대형 태풍의 어마어마한 피해가 예상되는 상황에서 포스코는 '휴풍'이라는 매우 어려운 결정을 내리게 된다. 사실 사후적으로 휴풍 조치가 '신의 한 수'였다는 평가를 내리고 있지만, 당시 상황에서 휴풍 조치에 대해서는 그렇게까지 해야 하나, 너무 과도한 대응이 아니냐는 시선도 상당했었다.

이렇게 과도하기까지 한 다방면의 대응들을 준비했지만, 이번 힌남노 태풍이 몰고 온 위력은 그 정도의 안전장치와 대응으로도 막을 수 없는 것이었다. 냉천이 범람하고 엄청난 양의 물이 포스코 내부로 밀고 들어오면서 공들여 마련한 일상적인 대비들은 무효한 것이 되었다. 이중, 삼중의 안전장치로도 예방할 수 없는 엄청난 재난이 닥친 것이다. 지나치다고 생각할 정도의 과잉 대응에도 불구하고 태풍으로 인한 냉천범람의 피해를 막을 수는 없었다.

기록적 폭우

당시의 폭우 현황을 살펴보자. 보통 하천의 범람과 관련해서는 기록적 폭우를 판별할 때 일정 시간 동안 내리는 비의 양이 중요하다고 한다. 즉, 1시간 동안의 비의 양이나 하루 종일 내리는 비의 양보다 오히려 4시간 정도의 집중된 시간에 내린 비의 양이 중요한 것이다. 태풍 힌남노가 포항을 강타하던 9월 6일 새벽 3시부터 7시 사이 4시간 동안 포항 지역에는 약 354밀리미터의 비가 내렸다.

> 포항 관측소에서는 비가 많이 왔다, 적게 왔다를 어떻게 하냐 하면, 이 정도 비는 100년 만에 한 번 내릴 비다, 이 정도 비는 500년에 한 번 내릴 만한 비다, 그렇게 표현을 하거든요. … 4시간 동안에 205밀리미터가 내리면 이것은 500년 만에 한 번꼴로 내리는 비라고 말을 합니다. 이번에 4시간 동안 354밀리미터가 내렸어요. 그러니까 빈도로 본

복구 초기의 흙탕물에 찌든 작업복이 당시의 참상을 말해 준다.

다면 500년에 한 번꼴로 내릴까 말까 한 비입니다. 냉천범람의 가장 큰 이유는 이 비예요, 비. 비의 양입니다.

500년 만에 내린 폭우는 포스코 옆을 흐르는 하천인 냉천에 치명적이었다. 기록적 폭우는 냉천의 수용 한계치를 훨씬 넘어섰다.[1]

이 정도 양이면 냉천을 갖다가 꽉 채우고도 넘쳐야 되고 넘치는 게, 제

---

1 경북도 관계자는 "통상 지방하천은 80년, 국가하천은 200년 빈도로 설계한다"며 "태풍 힌남노의 시간당 강우는 500년 빈도를 훌쩍 넘고 하루 강우량으로 보더라도 200년 빈도에 해당한다"며 "불가항력적인 측면이 있었다"고 해명했다(〈내일신문〉 (2022. 9. 7), "포항 인덕동·오천읍 삼킨 '냉천 범람' 예고됐었다").

가 그때 한번 따져 봤었는데 축구장으로 한 340개인가 아마 그쯤 될 겁니다. 축구장이 크잖아요. 거기에 1미터 높이로 물을 채웠을 때 한 340개 정도의 축구장이 필요할 정도로 그 많은 양이 제철소 안으로 그대로 들어온 거예요.

냉천과 냉천교

냉천은 포항시 남구 오천읍 진전리에 있는 진전저수지에서 발원하여 동해로 흘러드는 길이 19킬로미터의 하천이다. 진전저수지에서 발원한 이후 다시 오어저수지에서 발원한 신광천과 합류한 다음, 북으로 나아가다 포스코 앞에서 동으로 방향을 틀어 동해로 흘러들어 간다. 이 지역의 강수량이 많지 않은 데다 상류에 진전저수지, 오어저수지 등이 있어 기본적인 유량이 많지 않다. 또한 해발 수백 미터의 산지에서 발원해서 불과 10여 킬로미터를 흐른 뒤 바로 동해로 흘러들어 가기 때문에 경사가 매우 급하다. 이런 이유로 인해 냉천은 평소에는 거의 물이 흐르지 않는 건천이다.

거기가 좀 구조로 볼 때 어떻게 돼 있냐면 평상시에는 건천이에요. 물이 거의 없거나 그냥 쫄쫄 흐르는 정도, 거의 없거나 조금밖에 안 나요. 그런데 비가 오면 막 흐르는데 그게 ….

황종연 그룹장은 기계공학을 전공한 엔지니어 출신이다. 이번 힌 남노 사태를 맞아 공학도로서 물의 흐름인 유체역학을 잘 알고 있다는 장점을 활용하여 포스코의 복구 과정에서 냉천의 범람 흐름을 조사하는 임무를 맡게 되었다. 그의 설명에 따르면 냉천의 강폭, 즉 제방과 제방 사이의 길이가 하류 같은 경우 100미터 정도에 이르러 결코 작은 하천은 아니다. 그리고 강의 깊이, 즉 강바닥부터 제방까지의 높이가 약 4~5미터 정도 된다. 여기에 강바닥에서 2미터 정도 올라가면 고수부지가 넓게 펼쳐져 있다.

냉천의 하류, 하천의 북서쪽에 면해 포스코가 있다. 포스코와 만나는 지점 즈음에서 하천이 동쪽으로 방향을 틂과 동시에 하천의 폭이 좁아진다. 한 언론보도에 따르면, 냉천의 강폭은 상류인 용산교 일대에서는 200미터에 이르지만 냉천수변공원으로 내려오면 163미터로 좁아지고, 냉천교에 이르면 94미터로 가장 좁아진다.[2] 이렇게 평소에는 건천이지만 기본적으로 경사가 매우 급한 하천인 데다가 강폭이 하류로 갈수록 좁아지는 독특한 특성으로 인해 냉천은 갑작스레 폭우가 쏟아지면 하류에서 홍수가 발생하기 비교적 쉬운 구조를 가진 하천이다.

냉천이 포스코와 만나는 지점, 강폭이 좁아지고 하천 흐름의 방향이 바뀌는 곳에 냉천교가 위치해 있다. 냉천교는 이번 홍수에서 냉천이 범람하는 진원지가 되었다. 냉천교는 포스코가 건설된 직후

---

2 〈내일신문〉(2022. 9. 19), "'고향의 강' 사업이 고향을 물바다로 만들었다".

냉천교 전경. 냉천이 동쪽으로 방향을 틀면서 폭이 좁아지는 곳에 냉천교가 있다.
왼쪽 냉천교에 인접해 있는 포스코 건물들이 보인다.

인 1975년 8월 건설되었다. 길이 125미터로 길지 않은 다리이지만 그것을 받치는 교각의 수가 5개나 되고 교각 간의 거리도 17미터에 불과하다. 게다가 다리 높이도 낮아 이번 홍수에서 사실상 강물의 흐름을 가로막는 보의 역할을 했다.[3]

그때 냉천이 범람할 때 거기에 막 토사물도 끼고 나무들도 걸리고 심지

---

3 〈내일신문〉, 위의 기사.

어 냉장고까지 걸렸습니다. 다리 밑에 바닥 위에 이렇게 냉장고가 낄 정도로 … 그런 것들이 다 거기에 걸려서 강이 배출이 안 됐습니다. 이 거 물들이 그럼 어디로 가냐면은 그냥 제철소 쪽으로 … .

제방의 구조 또한 포스코를 도와주지 않았다. 냉천 하류의 좌우 측 제방을 보면 양자의 높이가 다르다. 좌측 포스코가 있는 쪽이 제 방의 높이가 더 낮고 반대쪽이 더 높다. 물은 낮은 곳으로 흐르다 보 니 제방이 낮은 포스코 쪽으로 넘쳐흘렀다. 게다가 냉천이 범람하던 당시 포항 앞바다는 만조 상태였다. 수위가 높아진 바다는 급류가 바다로 빠져나가는 걸 막음으로써 냉천이 범람하는 데 일조했다.

격류로 돌변한 냉천

새벽 4시에 거기 오어저수지가 만수까지 올라갔습니다. 이게 추정이 아니라 오어저수지에 보면 수위에 대한 데이터가 공개가 되어 있습니 다. 그 데이터가 쭉 올라갈 거 아닙니까, 새벽 4시에 끝까지 올라왔습 니다. 그때부터 오어저수지에서도 이제 용량 초과니까 넘치기 시작한 거죠. 물이 이제 넘쳐흐르기 시작했고 그 물이 여기 제철소까지 오려 면 한 … 그 계산을 해보면 나오거든요. 1시간 반 걸립니다. 정확히 1 시간 반 후에 5시 반 정도에 범람이 시작이 됐어요. 그게 딱 일치하더 라고요. 계산 결과하고 실제 정황들이 … .

냉천범람 피해 다음 날부터 황종연 그룹장은 그룹원들과 냉천범람에 대한 조사에 들어갔다. 확보할 수 있는 CCTV나 당시 상황을 촬영한 주변 사람들의 카메라 등을 다 모아서 냉천이 격류로 돌변하는 과정의 스토리를 구성했다. 이에 따르면, 새벽 4시경 냉천 상류인 오어저수지에서 물이 넘쳐흐르기 시작했고, 그로부터 1시간 30분 후인 5시 30분경 하류 포스코가 인접한 냉천교 쪽에서 냉천범람이 시작됐다. 급경사를 타고 내려온 물줄기가 강폭이 좁아지는 포스코 앞에서 범람하기 시작한 것이다. 냉천교가 물의 흐름을 막으면서 범람의 진원지가 되었다.

5시 반에 냉천교 쪽에서 범람이 시작이 됐고 범람이 상류로 진전됐습니다. 위에서부터 범람이 돼서 쭉 내려온 게 아니라 쭉 내려서 (냉천교에) 확 부딪히고 난 다음에 확 쏟아붓고 나서, 이젠 물이라는 게 어떠냐면 저항이 없는 쪽으로 흐를 거 아닙니까, 저항이 없는 제철소 쪽으로 흐르고, 또 다른 저항이 없는 걸 찾아보니까 상류 제방 쪽이죠, 상류로 계속 전파가 되어서 순차적 범람이 되는 거예요.

냉천교에 부딪힌 격류는 제방이 낮은 포스코 쪽을 덮쳤고, 또 상류로 역행하여 바로 위 다리인 인덕교 인근의 아파트를 덮치게 된다. 6시에서 6시 30분 사이 인덕교 인근의 범람이 시작되고 인근 아파트 지하주차장이 침수되면서 힌남노 태풍이 초래한 최대의 인명 사고가 발생했다. 평소에 거의 물이 흐르지 않는 건천이었던 냉천이 기록적인 폭우 앞에서 불과 몇 시간 만에 무시무시한 격류로 변해 대형 인명참사와 침수사고를 유발한 것이다.

냉천에 잠긴 포스코

격류로 돌변한 냉천의 범람은 단순히 물이 넘쳐흐르는 것이 아니었다. 제방을 넘어선 격류는 쓰나미가 되어 포스코를 덮쳤다.

> 쓰나미의 특징 중에 가장 큰 게, 유체역학에서 하이드롤릭 점프라는 게 있어요. '수력 도약'이라고 부르는 건데 어떤 물살의 모멘텀이 굉장히 세면, 이게 그냥 세게만 흐르는 게 아니라 어떤 저항에 못 이겨서 물이 확 점프를 하게 됩니다. … 댐에서 물이 흐를 때 큰 모멘텀으로 내려오다가 단순히 빠르게 내려오는 게 아니라 물이 서서 밀려오는 것처럼 됩니다. 그런 도약 현상이 곳곳에서 발견이 됐어요. 제철소 안에 물이 흐를 때 엄청나게 막 그냥 확 밀고 간 거죠. 우리는 '아, 도약이 일어나려면 유속이 얼마큼 돼야 돼' 그런 게 나오거든요. 그래서 엄청나게 파도처럼 쓸고 지나갔다, 그걸 알 수 있는 거죠.

포스코로 들어온 격류는 냉천에 가까운 3문 인접 압연지역부터 순차적으로 점유해 나가기 시작했다. STS제강공장, 열연공장, 냉연공장, 전기강판공장 등 하공정이 몰려 있던 지역부터 순차적으로 침수되었다.

 침수피해 수위는 최대 지하 18미터, 지상 2.5미터 높이에 달했고, 중간중간에 직원들이 2층으로 대피해서 고립이 됐죠.

 갑작스레 급류가 들이치면서 현장 인력들이 고립되는 위험한 상황도 발생했다. 현장에 있던 사람들의 생생한 증언을 통해 당시의 긴박한 상황을 가늠해 볼 수 있다.

 흙탕물이 일시에 공장으로 밀려들어 와 공장 내부는 순식간에 아수라장이 되었습니다. 사람의 힘으로는 감당할 수 없을 만큼 많은 양의 물이 공장으로 들어왔고, 비상 대기자와 교대 작업자들의 안전이 위험할

시간당 100밀리미터 폭우가 쏟아져 포항제철소 방향으로 냉천이 범람하며 압연라인 대부분이 침수되었다.

정도로 상황은 심각해졌습니다. 빗물을 퍼내던 수중펌프는 흙탕물에 못 이겨 허망하게 통째로 쓸려가 버렸고, 저희는 그나마 높이 있는 운전실과 사무실로 긴급하게 이동했습니다. 사무실에 도착한 뒤, 출입문 틈 사이를 수건으로 틀어막고, 빗자루대로 문고리를 고정하면서 출입문이 버텨 주기만을 바랐으나, 흙탕물의 힘을 견디지 못하고 문이 터지면서 사무실과 복도, 샤워장, 모든 곳이 물에 잠겼습니다. 다행히 모두가 힘을 합쳐 필사적으로 공장을 빠져나오며 인명사고 없이 안전하게 현장을 벗어났지만, 정말 위험한 상황이었고 다시는 겪고 싶지 않은 순간이었습니다.[4]　　　　　　　 — 이벽춘 부공장장, 후판부 후판제품공장

당시 포스코로 유입된 침수량은 소방청 추산으로 약 200만 톤에 달했다. 3문 인근인 STS공장 등의 압연지역은 지상과 지하 모두 극심한 침수피해를 당했고, 중앙도로 인근 제강 및 1냉연공장 등은 지하에 부분 침수피해를 입었으며, 그 외에도 일부 선강지역 공장과 펌프를 비롯한 설비들이 침수되는 등 형언할 수 없는 엄청난 피해가 발생했다(포스코 내부자료). 냉천을 넘어온 무시무시한 격류에 바야흐로 포스코가 잠겨 버린 것이다.

포스코를 삼켰던 물이 조금씩 빠지기 시작한 것은 아침 7시 30분경부터였다. 쏟아지던 비의 양이 줄어들고, 상류의 오어저수지에서

4　포스코 본사 갤러리 사진전 〈2022년 아픔을 잊고, 미래를 잇다〉 전시자료에서 인용했다.

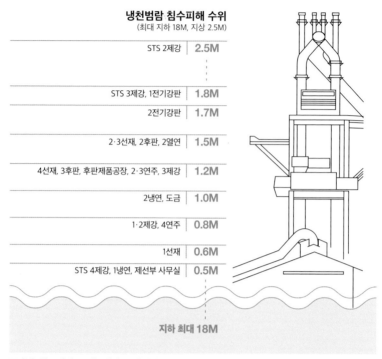

냉천범람 침수피해 수위
(최대 지하 18M, 지상 2.5M)

공장	수위
STS 2제강	2.5M
STS 3제강, 1전기강판	1.8M
2전기강판	1.7M
2·3선재, 2후판, 2열연	1.5M
4선재, 3후판, 후판제품공장, 2·3연주, 3제강	1.2M
2냉연, 도금	1.0M
1·2제강, 4연주	0.8M
1선재	0.6M
STS 4제강, 1냉연, 제선부 사무실	0.5M

지하 최대 18M

공장별 침수피해 수위. 여의도 면적에 달하는 지하 컬버트(길이 66km, 지하 최대 18m)가 완전 침수되고, 지상 2.5m까지 물에 잠겼다.
출처: 포스코 본사 갤러리 사진전 〈2022년 아픔을 잊고, 미래를 잇다〉 전시
* 컬버트(culvert): 전력 공급·제어·통신을 위한 전선, 각종 배관류 등을 함께 수용할 수 있는 지하 공간

의 넘침도 멈추면서 조금씩 물이 빠지기 시작했다. 갑작스레 쏟아진 물에 고립되었던 사람들도 무사히 빠져나올 수 있었다. 특히 해병대에서 투입한 장갑차들이 이들을 구조하는 데 큰 힘이 되기도 했다.

그날 아침 출근하던 사람들의 증언에 따르면 "길가에 나무가 쓰러져 있고, 침수된 차량들이 많아 출근조차 어려웠다"고 한다. 또한 "공장 안으로 들어간 순간 안전화로 물이 들어와 몇 발자국조차 떼

기 힘들었던 상황"이었다(최운영 열연부 2열연공장 소속 대리).[5]

공장 안에서는 더욱 심각한 상황이 펼쳐졌다. 바야흐로 물 빠진 공장 상황은 참담함 그 자체였다.

> 뻘에 발은 푹푹 잠기고, 각종 설비는 흙탕물로 뒤범벅이었습니다. 주저앉아 울고 싶은 마음이 굴뚝같았지만, 전기가 들어오기만을 기다리는 제철소 직원들을 생각하며 마음을 다잡았습니다.[6]
>
> — 이강형 사원, 에너지부 전력계통섹션

또 다른 범람이 발생하지 않도록

> 너무나 절망적이었고, 저희 모든 연구원들이 몇 주 동안은 그냥 출근해서 삽으로 진흙 퍼내기 작업 그거 하고 퇴근하고 모든 직원들이 다 ….

사상 초유의 재난을 경험한 지 135일이 지났다. 직원들의 전력을 다한 헌신 덕분에 빠른 시간에 원상회복이 이뤄졌다. 복구가 사실상 완료되었다는 신호음이 여기저기서 들린다.

---

5 〈파이낸셜뉴스〉(2022. 11. 24), "'78일간 100만 명 사투' 침수피해 포항제철소 살렸다"에서 재인용했다.
6 포스코 본사 갤러리 사진전 〈2022년 아픔을 잊고, 미래를 잇다〉 전시자료에서 인용했다.

복구 점검회의라는 게 있는데, 매일같이 부회장님 주재로 그런 회의가 있었는데 그 회의가 이번 주에 종료가 됩니다. 그 얘기는 이제 일단 복구 문제는 다 됐다고 선언을 한 거죠. 저는 그 회의에 계속 자주 참석을 했었는데 현황이 딱 보이거든요. 계속 기적이라고 항상.

재난과 복구의 어려운 시간을 지나면서 포스코는 자산이 될 만한 상당히 중요한 것을 얻었다.

너무나 절망적이다, 이제 어떡하냐 우리 회사 … 그러고 있었는데 사람들이 정말 현명하게 갑자기 그 DNA가 하나가 돼서 완전 … 그냥 하나의 생명체처럼 움직이더라고요. 딱 지나니까 완료가 되고 아주 그냥 시련은 있었고 피해는 컸지만 장기적으로 본다면 너무나 값진 교훈이 있었습니다. 세대가 다른 직원들이 합심하여 하나가 되고 그런 좋은 면도 많았던 것 같습니다.

사상 초유의 재난을 거치면서 포스코는 상당히 중요한 경험을 했다. 그럼에도 불구하고 냉천이 그대로 있는 이상 이번과 같은 일이 또다시 일어나지 말라는 법은 없다. 이러한 재난이 다시 발생하지 않도록 향후 대비책을 충실히 고민하고 준비할 필요가 있다.

제가 알기로는 이제 거기 차수벽을 만든다든지 아니면 냉천교에 제방을 좀 강화한다든지 뭐 그런 계획이 서 있는 걸로 알고 있고, 저쪽 저

수지 쪽에도 아마 뭔가 댐을 더 만든다든지 하여튼 그런 큰 계획도 있
는 것 같아요.

이번과 같은 재난이 다시 발생하지 않도록 철저한 점검과 대비가
필요할 것이다. 이번 피해 당사자인 포스코가 나서서 해야 할 일도
있을 것이며, 지자체나 중앙정부기관 등 국가에서 해야 할 일도 있
을 것이다. 예상치 못한 재난 상황을 맞아 큰 희생을 치르며 얻은 값
진 교훈이 향후 재발 방지를 위한 실효성 있는 대책으로 이어지기를
희망해 본다.

김철식

2부

불 꺼진
제철소

3장

신의 한 수,
철과 물의 전쟁에서 승부수를 던지다

물, 물, 물…. 하염없이 밀려드는 누런 황토색 물살….

9월 6일 새벽 6시, 철의 왕국 포스코에 황하가 휩쓸고 들어왔다. 포스코 본사 사무실 창문으로 그 참담한 광경을 내려다보던 정범수 실장은 깊은 한숨과 함께 가슴을 에는 통증을 느꼈다. 지난 33년 자신의 청춘과 반평생을 다 바친 그 일터가 일시에 탁류에 휘말리며 떠내려가는 것만 같았다. 어찌 이럴 수가? 차마 믿기 힘든 현실이 눈앞에 펼쳐지고 있었다.

범람이 시작되자 정범수 실장은 곧바로 11층에 위치한 직속상관 이시우 생산기술본부장 사무실로 달려 올라갔다. 보고와 함께 대책을 의논하기 위해서였다. 이미 이시우 본부장은 전화기를 귀에 대고 김학동 부회장에게 상황 보고를 하고 있었다. 그 옆에서 이백희 포항제철소장이 현장 부소장들로부터 보고를 받으며 긴급 지시를 하느라 여념이 없었다. 그 광경을 잠시 지켜보던 정범수 실장은 황망히 다시 창문 쪽으로 걸음을 옮겼다. 무심한 황색 물길은 꿈틀거리며 도도하게 흘러들어와 공장 전체를 물로 덮어 버렸다. 여의도 면적 3배에 달하는 그 광활한 땅이 저수지가 되어 버린 것이다. 지난 반세기 철옹성 같은 위세로 우뚝 서서 나라를 지키던 그 요새가 이렇게 무너지고 마는가?

그것은 거대한 물의 습격이었다.

다 죽여라

태풍이 들이닥치기 하루 전날, 9월 5일 오후 2시 포항 본사 12층 영상회의실에서는 초강력 태풍 힌남노를 대비하기 위한 자연재난 비상대책반 회의가 이시우 생산기술본부장 주재로 열리고 있었다. 포항과 광양의 제철소장을 비롯하여 현장 부소장들과 조업설비 부문 부장급 이상 주요 멤버들 20여 명이 모두 모였고, 광양에서는 영상으로 참여하였다.

그 자리에서 전혀 예기치 못한 일이 벌어졌다. 포항과 광양의 고로를 휴풍하라는 지시가 떨어진 것이다. 그뿐만 아니라 연이어 제강 steelmaking과 연속주조continuous casting 및 열처리 가열로와 압연rolling 공정 등의 전원을 모조리 끄고 가동을 중단하라는 명령이 이어졌다.

"몽땅 다 죽이시오."

1973년 첫 쇳물이 쏟아지기 시작한 이래, 50년간 한 번도 멈춘 적이 없었던 고로가 호흡을 멈추게 된 것이다. 거대한 공룡과도 같은 고로 꼭대기에서 층층이 장입되어 내려온 철광석과 코크스를 녹이기 위해서는 밑에서 뜨거운 공기를 불어넣어야 한다. 그 송풍을 멈추는 순간 용광로는 서서히 온도가 떨어지고 쇳물이 굳어져 대단히 위험한 상황이 벌어질 수밖에 없다. 그것을 잘 알고 있는 포스코 임원들은 서로의 얼굴을 쳐다보며 믿기 힘든 그 말에 의아한 표정을 지었다. 그리고 침묵이 흘렀다.

"광양도 송풍을 멈춥니까?"

광양 쪽 영상 속에서 누군가 질문을 했다.

"그걸 말이라고 하오? 그럼, 광양은 태풍이 빗겨 간답니까?"

평소답지 않은 이시우 본부장의 날선 대답에 모두 입을 닫았다. 어린 시절 태풍 홍수에 익사할 뻔한 경험이 있는 이시우 본부장은 이번 태풍 힌남노에 유난히 더 긴장한 듯 신경이 날카로워져 있었다.

"이거이 너무 지나친 거 아녀?"

"글쎄 말이오. 1년에 서너 개씩 지나가는 태풍인데, 포항제철이 지난 50년 동안 맞닥뜨린 태풍만 해도 족히 수백 개는 될 터인데 말이오."

"내 말이 그 말이오. 지난번 매미 같은 초특급 태풍도 다 잘 이겨내 놓고 웬 유난이여?"

회의를 마치고 내려가는 임원들은 서로를 향해 불만 섞인 말들을 한마디씩 내뱉고 있었다.

"고로를 멈추면 양 제철소의 피해액이 하루에 1천억이 아닌가? 내 참, 어이가 없어 말이 안 나오네!"

"그걸 누가 모르오? 회장님이 지시하고 김학동 부회장이 결정했다 하지 않소?"

그랬다. 포스코 대표이사인 김학동 부회장의 결정과 함께 최정우 회장의 재가를 받은 것이라는데 토를 달 수 있는 사람은 아무도 없었다. 김학동 부회장이 누구인가? 신입사원으로 입사하여 쇳물이 쏟아지는 용광로 생산 현장에서 잔뼈가 굵어 결국 포스코 부회장까지 올라선 전설적인 인물이다. 고로 전문가인 그는 9월 4일 힌남노의 경로를 예의주시하던 중 다른 태풍을 삼키며 몸집을 불리는 것을 본 순간 예사롭지 않은 상황임을 직감하였다. 이에 고로 휴풍을 포함한 모든 대책을 강구하라고 이시우 본부장에게 지시를 내렸고, 압연 전문가인 이시우 본부장은 한 걸음 더 나아가서 압연라인까지 모두 멈추는 과감한 결단을 내린 것이다. 회의 결과는 곧바로 사내 이메일을 통해 김학동 부회장에게 보고되었고, 최정우 회장의 재가를 얻어서 최종 결정되었다. 경영진에서 결정했다면, 따를 수밖에 없었다. 다 죽이라면 이제 죽여야 한다.

그리고 그날 밤, 적의 공습을 대비하여 군사들이 위치를 찾아 어둠 속에 매복하듯 포스코가 숨을 죽이기 시작했다.

절망과 낙심, 그리고 심폐소생술

"원상 복구하려면 1년은 족히 걸리겠제?"

누군가 걸어가며 맥없이 한마디 내뱉었다.

"1년이 뭐요? 이 많은 모터와 기계 전장 부품들이 진흙탕 물에 잠겼으니, 갈아 치우는 데에만 2년은 더 걸리겠소. 아예 다른 곳에 제철소를 새로 세우는 게 더 나을 성싶소."

비가 그치고 물이 빠지기 시작하면서 공장마다 참혹한 잔해들이 드러나기 시작했다. 야적장에서 떠내려온 내화물과 석탄이 여기저기 쓰레기 더미처럼 뭉쳐 있었고, 뒤엉킨 플라스틱과 기계 부품들 사이로 시뻘건 황토 덩어리들이 핏물처럼 뚝뚝 흘러내렸다. 무심한 초가을 햇살이 반짝이며 그 장면을 위로하듯 어루만지고 있었다.

수전반에 전기가 끊기자 공장 내부는 온통 암흑천지였다. 전기가 없으니 공장을 움직이는 신경망과 같은 각종 유압장치가 멈추어 섰고, 실핏줄 모세혈관처럼 공장에 숨결을 불어넣던 산소, 질소, 스팀 등 가스 유틸리티 라인도 끊어졌다. 물난리 속에서 갈증이라고, 수처리 시설이 멈추자 공장 안에 수도 공급이 모두 끊겼다.

공장을 둘러보던 직원들 중에는 지하로 내려가는 계단 입구에 서서 회중전등을 이리저리 흔들며 칠흑같이 어두운 동굴을 비추듯 애써 보다가 발을 쾅쾅 구르며 통곡하는 자도 있었다. 자기가 애지중지 닦고 기름 치던 기계와 모터가 저 아래 지하에서 물에 빠져 신음하고 있는 것이다. 그들에게는 그 공장 하나하나가 살아 있는 자식

제철소 내부에서 직원들이 물을 퍼 올리고 있다. 실제 제철소에는 일반인들은
잘 모르는 최대 18미터 깊이의 지하 공간들도 있는데, 이 역시 모두 침수되었다.

과도 같은 존재였다. 그 자식들이 물에 빠져 익사 직전에 놓인 것이
다. 깊은 한숨과 탄식이 이어져 나왔다.

"이를 어찌할꼬. 우에야 되노?"

얌전한 놈이 사고 치면 대형사고를 친다더니, 평소에 물이 말라
건천으로 치부되던 냉천이 불어 넘치니 거침이 없었다. 포스코 부지
로 쏟아져 들어온 거대한 물살은 제강공장과 연속주조공장을 거쳐
열간압연hot rolling공장 지하로 콸콸콸 쏟아져 들어갔다. 공장 안으로
꿀럭꿀럭 휘돌아 내려간 물길은 가장 깊은 열연공장 지하 15미터를
가득 채우고도 모자라 지상 1.5미터까지 치솟아 올라 그 위세를 떨
쳤다. 그로 인해 스테인리스 및 전기강판 등 각종 고품질 판재를 생
산하는 포스코의 자랑거리 2열연공장이 완전히 수중으로 들어가고
말았다.

지하 3층에 있던 1,800개의 유압 모터와 47개의 오일탱크 및 배관들이 가장 먼저 잠겼고, 지하 2층에 있던 181개의 변압기와 2만 2,700미터 길이의 케이블들을 감싸는 컬버트가 그 뒤를 이어 잠겼으며, 마지막으로 지하 1층에 있던 전기 배전반과 모터 및 모터 드라이브까지 모두 잠기고 말았다. 2열연이 완전 침수되었다는 소식이 포스코 안에 퍼지자, 모두 아연실색하고 말았다. 그것은 대한민국 철강산업 전체가 마비되었다는 말과 진배없었기 때문이었다.

　　2시가 되자 김학동 부회장 주재로 제철소 생산관제센터에서 상황 파악을 위한 첫 복구 점검회의가 열렸다. 제철소의 심각한 침수 상황과 피해 정도를 보고받을 때 절망 어린 깊은 한숨들이 여기저기서 들렸다. 3시경에는 KTX 운행 중단으로 승용차를 이용해 달려온 최정우 회장이 도착하자마자 현장 곳곳을 둘러보며 보고와 지시를 이어 갔다. 5시에는 최정우 회장 주재로 생산관제센터에서 복구 점검회의가 열렸다. 그 자리에서 최 회장은 제철소 현장의 모든 기술적 문제를 구석구석 꿰뚫고 있는 김학동 부회장을 냉천범람 피해복구단 단장으로 임명했다.

　　"여기서 포스코의 역사가 멈출 수는 없습니다. 하늘이 무너져도 정신만 차리면 솟아날 구멍이 있는 법이오. 김학동 부회장을 중심으로 전 직원이 힘을 합해 이 위기를 극복합시다."

　　김학동 단장은 곧바로 현장복구반, 행정지원반, 안전환경반, 고객대응반, 설비구매반으로 하부조직을 갖추고 활동을 개시했다.

　　"복구 과정은 평상시보다 더 위험 요소가 많을 것이오. 첫째도 둘째도 안전입니다. 서두르다가 생명을 잃어서는 안 됩니다. 단 한 건의 인명사고도 발생하지 않도록 주의합시다. 그뿐 아니라 포스코와 연결된 모든 국내외 고객사의 형편을 조사하여 그들이 이번 사태로 인해 겪을 어려움을 최소화할 수 있도록 대책을 마련합시다. 이제부터 복구 과정에 필요한 많은 설비와 장비들을 구매하는 일을 구매반에서 추진해 주시오. 이번에 침수된 모터가 총 몇 개나 되는지 그것부터 파악해 보세요."

그날부터 매일 아침 8시와 오후 5시, 하루 두 차례씩 열린 복구 점검회의는 해가 바뀌도록 한 번도 쉬지 않았다. 그 회의는 익사 직전의 포스코를 살려 내기 위해 필사적으로 가슴을 눌러 펌프질하는 심폐소생술과 같았다.

솟아날 구멍?

"당장 복구를 하라고? 어떻게 혀?"

"물부터 빼야제. 양수기와 펌프를 수배합시다!"

"아니 이 많은 물을 양수기로 빼내려면 몇 달은 걸릴 텐데, 그동안 쇳물은 그럼 어쩌고?"

가슴이 덜컹 내려앉았다. 그렇다. 그것이 바로 가장 큰 문제였다. 쇳물과 물은 만나기만 하면 폭발한다. 상극이다. 그런데 쇳물을 생산하는 제선ironmaking, 제강 공장이 물에 잠겨 있었던 것이다. 키다리 공룡 같은 고로만이 물 위에 솟아올라 거구를 치켜세우고 이 참담한 상황을 굽어보고 있었다. 다행히 태풍이 오기 전에 고로의 조업을 멈추기 위해 광석 장입량을 줄이고, 송풍을 줄여 가고 있었기에 쏟아지는 쇳물의 양을 급히 줄일 수 있었다. 이제 와서 생각하니 그것이 얼마나 다행인지 몰랐다. 물바다 위에 쇳물이 쏟아져 나왔다면 폭발과 함께 대형사고가 속출했을 터였다.

"이제 보니 고로를 멈추고 설비들을 다 죽인 게 신의 한 수였어!"

"그럼! 전기 모터들이 돌아가는 상황에서 물벼락을 맞았다면 다 터져서 망가지고 난리가 났을 거여. 인명사고도 필히 뒤따랐을 것이고. 암 그렇지, 천만다행이야."

이제 모두 경영진의 그 결정에 대해 경외감을 가지고 감탄하기 시작했다.

그러나 이제 다시 고로에서 송풍을 재개하면 쇳물이 콸콸 쏟아져 나오기 시작할 것이다. 그런데 그것을 받아 옮길 용선운반차 중 용선으로 채워지고 굳어진 것을 제하면 완전히 비워 쓸 수 있는 것이 4개밖에 없었다. 그것을 받는다 할지라도 제강공장이 침수된 상태에서 제강공장을 가동할 수도, 그 쇳물을 받아 낼 용선운반차도 없었던 것이다.

그렇다고 송풍을 멈추고 있으면 결국 고로 내부 온도가 1,400도 부근으로 내려가는 순간 냉입冷入이 시작되어 고로 전체가 굳어 버리고 만다. 그리되면 정말 걷잡을 수 없는 또 다른 대형사고가 발생하는 것이다. 고로를 아예 못 쓰게 되면 그 뒤에 이어지는 공정도 모두 멈추고, 그 피해는 상상을 초월하게 된다. 고로 하나를 건설하는 데 1~2조 원이 넘는 엄청난 비용이 드는데, 그 설비가 그냥 못쓰게 죽어 버리는 것이다. 그야말로 진퇴양난의 상황이었다.

"일단 물을 빼는 동안 쇳물을 받을 용선운반차부터 최대한 확보하시오. 국내외를 가릴 것 없이 수배하여 포항으로 불러 모으시오."

김학동 부회장의 지시가 떨어지자 본부장과 제철소장 및 부소장들이 일사불란하게 움직이기 시작했다. 광양에서 빌릴 수 있는 최대한이 18대, 경쟁사나 마찬가지인 현대제철에서도 5대를 빌려주었다. 그러나 1대에 300톤 쇳물을 담을 수 있는 200톤이 넘는 그 무거운 용선운반차를 옮겨 오는 것이 문제였다. 육로 운송은 아예 불가능한 무게인지라 바지선이 필요했다. 알아보니 1대 운반비용만 1억 5천만 원이 넘었다. 현장 부소장들과 소장으로 이어지는 경영진은 망설임 없이 즉각적인 운반을 지시했다. 이는 비용의 문제가 아니라 포스코 전체의 사활이 걸린 문제였기 때문이다.

"아무리 용선운반차를 다 모은다 해도 3개의 고로와 파이넥스finex 2기를 모두 재송풍하기 시작하면 그 쏟아지는 쇳물을 받아내기엔 역부족입니다."

"그럼, 2고로와 2파이넥스를 그냥 포기해야 한단 말인가?"

포항제철소에는 철광석을 녹여서 쇳물을 쏟아 내는 제선 장치가 2고로, 3고로, 4고로 외에도 친환경 신제철법으로 포스코가 자체개발한 파이넥스 두 개가 더 있었다. 그러니 우선 연식이 상대적으로 오래된 두 설비를 포기하자는 말이 나온 것이다.

김학동 부회장은 책임자로서 그 결정을 내려야만 했다. 고로의 재송풍이 안 되면? 멈춘 지 7일이 데드라인이다. 골든타임 7일을 넘기면 냉입이 시작되어 모든 고로와 파이넥스가 죽어 버린다. 그렇다고 송풍을 하여 다 살리자니 쇳물을 받을 재간이 없다. 결국 몇 개의 고로는 안락사를 시켜야만 할 입장이 된 것이다. 2고로 역시 김학동 부회장의 인생이 묻어 있는 자식과 같은 설비이다. 이것을 내 손으로 죽여야 하다니, 깊은 고뇌가 찾아왔다. 머리가 터질 것만 같았다. 혈압을 측정하니 평소 120이었던 혈압이 180까지 올라 있었다.

9월 7일 11시경 이철우 경상북도지사가 물길을 헤치며 현장을 찾아왔다. 아직 전기가 끊긴 상태라 생산관제센터 2층의 어두침침한 실내에서 화이트보드에 그려 가며 보고를 했다. 김학동 부회장과 천시열 공정품질부소장, 신경철 행정부소장 등이 모여 있었다. 에어컨이 돌아가지 않아 실내는 찜통처럼 무더웠고 보고를 하는 천시열 부소장의 등 뒤로 땀이 줄줄 흐르고 있었다. 상황 보고를 마치자 이철우 도지사가 경상도 사투리로 투박하게 물었다.

"내가 무엇을 도와주면 좋겠노?"

"양수기요. 물부터 빼야 합니다."

천 부소장이 다급하게 대답했다.

그 말을 듣고, 멈칫하던 이철우 도지사가 갑자기 핸드폰을 꺼내 들었다.

"그, 그 … 영덕에서 쓴 방사포 어디 있나? 울산으로 가고 있다고? 당장 포항으로 돌리라!"

이철우 경상북도지사가 현장을 찾아 피해상황에 대해 브리핑을 받고 있다.

경북소방본부에서는 울산 119화학구조센터가 보유한 대용량포 방사시스템을
포항제철소에 배치했다. 이는 국내에 단 2대뿐인 첨단 장비로, 제철소 주요 침수지역의
배수작업에 속도를 내는 데 큰 힘이 되었다.

오후 1시 반에 방사포가 도착하니 상황이 반전되기 시작했다. 전국에 오직 2대밖에 없다는 방사포가 모두 포항제철소에 도착했다. 양수기와는 비교가 안 되는 어마어마한 양의 물을 순식간에 뽑아내었다. 제강공장에 고여 있던 용선 피트^{pit} 물이 서서히 마르면서 진흙 바닥이 드러나기 시작했다. 공중으로 분무되는 거대한 물줄기, 정말 황홀한 장면이었다. 그것은 마치 시간이 역류하며 영사기를 거꾸로 돌리듯 하늘에서 쏟아졌던 물을 도로 허공으로 뿜어 올렸다. 그 폭포수 속에서 무지개가 떠올랐고 마침내 솟아날 구멍이 보이기 시작했다.

다 살리자

"사처리장! 인도네시아 공장에서 하는 것처럼 제강 바닥에 모래를 뿌리고 쇳물을 쏟아부읍시다. 사처리장을 만드는 게 어떻겠소?"

회의석상에서 김학동 부회장이 번뜩 생각난 듯 말을 꺼냈다.

"그것 좋은 생각이십니다. 그럼 2고로와 2파이넥스도 안 죽이고 송풍을 할 수 있습니다."

"너무 위험합니다. 사처리 경험도 없는데 그러다가 쇳물을 못 받아내면 대형사고입니다."

그렇지, 사고가 나면? 어찌할꼬? 김학동 부회장의 혈압이 다시 올라가기 시작했다. 너무 욕심을 부리는 것인가? 고민이 되었다.

고로 전문가인 김학동 부회장은 제강 전문가인 이백희 제철소장, 압연 전문가인 이시우 본부장과 다시 머리를 맞대기 시작했다. 그러나 피해복구단 단장으로서 최종적인 기술적 판단과 마지막 결정은 오롯이 그만의 책임이었다.

포항제철소 초창기에는 쇳물의 양이 넘쳐서 제강에서 다 소화를 못 할 경우를 대비하여 쇳물을 모래에 쏟아부을 사처리장을 만들어 놓았었다. 그러나 첨단 자동화로 돌아가는 포스코에서는 이미 오래전 사라진 기술이라 그것을 지휘할 사람조차 없었다.

"2고로, 2파이넥스 다 살립시다. 사처리장 준비하시오."

태풍 전에 이시우 본부장과 함께 설비를 다 죽일 것을 결정했던 그 결단력으로 이번에는 다 살리기로 결정했다.

"이미 퇴직한 75세 OB 선배님이 계십니다. 그분을 급히 불러서 도움을 청하겠습니다."

"그럼, 어느 곳에 사처리장을 만들면 좋을지 김 부소장이 찾아보시오. 제강공장 옆의 나무들을 다 베어내는 한이 있어도 마땅한 장소를 물색하시오."

김진보 선강부소장은 명령이 떨어지자 곧바로 움직이기 시작했다. 김태억 설비자재구매실장은 전국의 모래를 수배하여 4천 톤 가량의 모래를 급히 구매하였다.

방사포의 도움으로 3일 만에 제강공장 안에 물이 제거되고 제강부 옆구리에 사처리장이 만들어지기 시작했다. 쇳물과 물이 만나지 못하도록 습기진 바닥에 모래를 쏟아부었다. 1만 톤의 쇳물을 받아 낼 만한 모래 구덩이가 만들어진 것이다.

그러나 고로와 제강공장이 돌아가려면 전기와 유틸리티가 먼저 돌아와야 한다. 그것을 살리기 위해 전 직원이 달려들어 3일 동안 거의 뜬눈으로 밤을 새우며 분투했다. 밤에는 비상전원이 돌아갔다. 화장실을 쉽게 갈 수 없으니 도시락이 배달되어도 밥을 잘 먹지도 않았고, 오직 물만 마시고 지내는 사람들도 있었다. 복구가 시작되면 하루 종일 땀범벅이 될 것이라 예측하고 아예 집에서 나올 때부터 내의만 10벌을 준비해서 온 임원도 있었다.

사흘 낮, 사흘 밤의 암흑기가 끝나고 다시 전기가 들어오자 나흘째 되는 날 산소 질소 스팀과 같은 유틸리티 라인이 재개되었다. 그리고 마침내 범람이 시작된 지 닷새째 되던 날, 침수 108시간 만에 3고로의 송풍이 재개되었다. 연이어 다음 날 엿새째 155시간 만에 4고로에도 바람이 들어가기 시작했다. 죽은 듯 실신해 있었던 포스코의 상징 3, 4고로가 다시 심호흡을 시작한 것이다. 냉입이 시작되는 골든타임 7일째를 아슬아슬하게 맞춘 시간이었다.

"정말 살 떨렸어요. 고로가 굳어질까 봐."

"그 많던 물을 쓸어 내고 다시 고로를 살리다니 정말 기적 같은 일이었지요."

"송풍이 다시 시작될 때 무슨 큰 폭발이라도 일어날까 봐 가슴이 조마조마했다니까요. 그런데 포스코의 모든 임직원들이 하나로 매달려서 그 기적을 만든 거예요."

그러나 기적은 이제 시작에 불과했다.

고로가 쇳물을 쏟아 낼 준비가 되자, 이번에는 제강부 전 직원이 밤샘작업을 통해 제강 연주기를 돌리기 위한 가동 준비에 돌입했다. 협력사 직원까지 함께 사흘 밤을 꼬박 새우고 9월 15일, 침수된 지 10일 만에 마침내 모든 제선과 제강·연주 라인이 되살아난 것이다.

불순물을 걸러 낸 맑은 용강이 래들을 거쳐 연속주조 설비로 옮겨 갔고, 두꺼운 슬래브가 뽑혀 나올 때 모두 감격의 눈물을 흘렸다. 이제 마침내 압연공정이 돌아갈 차례가 된 것이다. 과연 열연공장을 살릴 수 있을 것인가? 특히 침수피해가 가장 큰 2열연 라인을 살려 낼 수 있을지에 모든 관심이 집중되기 시작했다.

포스코 DNA

"압연공장 지하에 물이 찬 것을 보고 발을 동동 구르며 애통해하는 젊은 친구들을 보면서, 그때 희망이 있음을 느꼈어요. 이런 친구들 이라면 한번 해볼 만하다 싶었어요."

2열연공장에서 만난 전설적인 전기기술자 손병락 명장의 말이다.

압연공장들은 냉천교 인근 3문과 가장 근접한 곳에 위치해 있어 서 피해가 가장 컸다. 그중에서도 포스코의 첨단 기술력이 집약되어 최고가 제품들을 생산하는 2열연공장이 완전 침수되자 초기에는 이 로 인해 포스코가 헤어날 수 없는 타격을 입고 한국철강업계가 뿌리 째 흔들리는 것이 아닐까 하는 깊은 좌절과 두려움까지 느꼈다.

물이 빠지고 난 후에 30센티미터가 넘는 진흙 뻘이 기계 부품들을 뒤덮고 있었던 그 처참한 광경을 목도한 사람 중에 이 공장이 100일 만에 다시 살아날 것이라고 예측한 이는 아무도 없었다. 방사포의 활약에도 불구하고 물을 빼내는 데 꼬박 한 달이 걸렸고, 쌓여 있는 진흙을 제거하는 데 또 2주가 더 걸렸다.

그러나 제선·제강·연주 라인이 침수 10일 만에 복구되는 기적 같은 소식과 함께 냉연·후판·선재·도금공장이 차례로 파도타기를 하듯 기적과도 같이 복구되자, 그 뜨거운 열기는 복구가 불가능해 보이던 2열연공장에까지 타올랐다. 물론 누구나 다 알 듯이, 2열연 재가동에 결정적인 신의 한 수는 최정우 회장이 인도 JSW 스틸로 납품이 예정되어 있었던 일본산 메인 모터 드라이브main motor drive를 뛰어난 정치 외교적 수완을 발휘하여 포스코로 긴급 선회시킨 것이다. 그러나 메인 모터만으로 공장 전체가 돌아갈 수 있는 것은 아니었다. 2열연공장을 홍수 100일 만에 살린 바탕에는 전 임직원의 결집된 에너지가 있었던 것이다.

"깊이가 15미터, 길이가 450미터나 되는 거대한 지하 공간에 있던 수천 개의 모터와 전기패널들을 지상으로 옮겨 물로 씻고 드라이기로 말리고 분해하여 조립했습니다. 기적 중의 기적이지요. 50년 축적된 포스코인의 정비기술력의 극한을 보여 준 쾌거라고도 말할 수 있습니다."

안전모를 쓴 손병락 명장은 확신에 찬 말을 이어 갔다.

이번 재난극복의 생생한 이야기를 더 듣고 싶어서 취재차 찾아간 생산기술전략실장 정범수 실장 방에서 135일간 사투 현장을 진두지휘한 세 분의 부소장들을 함께 만났다.

"이분들을 통해 이야기를 들어야 진짜 현장감을 느낄 수 있을 겁니다. 김진보 선강부소장, 방석주 설비부소장, 그리고 지금 들어오신 분이 천시열 공정품질부소장이십니다. 바쁘신 분들이 회의하시던 중 전화 받고 다들 달려오셨어요, 하하."

정범수 실장이 세 사람을 차례로 소개하며 말했다. 따뜻한 차 한 잔씩이 테이블에 놓였다.

"전체 공장 4만 4천 개의 모터 중에 30퍼센트인 1만 3,500개의 모터가 진흙탕 물에 잠겼는데, 그걸 거의 다 살려 냈단 말이죠. 전 세계 철강공장에서 이 소식에 혀를 내두르며 탄복을 했어요."

방석주 설비부소장이 설명했다.

"그걸 씻어서 말려서 살리자는 발상을 하는 것조차 포스코인이기에 가능했던 것입니다."

처음에는 당연히 못 쓰게 된 모터들을 새로 발주할 계획을 세울 수밖에 없었다고 했다. 그러나 납기가 3개월이 넘어 6개월이 걸리고 더러는 1년까지 걸리는 그 모터들이 들어오기를 기다린다면 포스코의 미래는 전혀 예측할 수 없는 수렁 속에 빠져 들어갈 수밖에 없었다.

"그 모터들이 모두 독일제와 일본제 모터들이었기에 우리 기술력으로 생산할 수 없었고, 오직 우리가 할 수 있는 일은 고장 날 때 그것을 고쳐 쓰는 정비기술의 축적밖에는 없었지요."

천시열 공정품질부소장이 덧붙여 설명했다.

"발주한 모터들이 들어올 때까지 그럼 우리가 넋 놓고 기다린단 말입니까? 그러느니 그 시간에 우리 힘으로 한번 씻어서 말리고 재조립해서 살려 보자! 손병락 명장의 이 외침에 기적이 시작된 거죠. 그 결정이 나자마자 1,300명이 넘는 인원이 달라붙어서 숱한 밤을 새워 사투를 벌이게 된 거예요. 생산을 못 하니 수리할 수밖에 없었다. 그야말로 역설적이죠."

"말도 안 되는 지시에 순종한 직원들 역시 이해할 수 없는 사람들이긴 한데, 그게 바로 포스코의 정신이요 DNA였다고 생각합니다. 태풍 전에 모터들을 다 죽이라고 하니 다 죽이고, 다 못 쓰게 된 모터들을 다 살리라고 하니 미친 듯이 달라붙어 다 살리고, 이게 말이 됩니까?"

정범수 실장이 끼어들며 부연 설명했다.

"다 죽이라는 것에서 시작하여 다 살리자는 것으로 끝난 것! 이것이 이번 재해극복 135일의 기적, 그 대하드라마를 만든 포스코 정신입니다."

"현장에서 우는 사람, 손이 딸리니 인력을 좀 더 보내 달라고 소리치는 사람 … 그 현장에 있어 본 사람만이 알 수 있는 엄청난 집단 에너지를 이번에 체감했을 것입니다."

김진보 선강부소장이 그 모습이 생각나는 듯 고개를 끄덕이며 이야기했다.

"저는 단호히 말할 수 있습니다. 포스코 역사는 이번 힌남노를 경험한 사람들과 경험하지 못한 사람들로 나뉠 것이라고. 그만큼 이번

과정을 겪으면서 얻은 깨달음이 컸다는 것입니다."

정범수 실장이 다시 말을 이었다.

"그뿐입니까? 이번에 우리가 얻은 가장 큰 소득 중에 하나는 시니어세대와 MZ세대 간의 소통과, 이를 통해 두 집단이 하나 되는 마음을 경험했다는 것입니다. 위기의 순간에 서로에 대한 소중한 가치들을 깨닫게 된 것이죠. 젊은 세대는 '야~ 고참들의 노련한 경험과 노하우가 저절로 얻어진 게 아니구나!' 하는 감탄을 하게 되었고, MZ세대 역시 젊은이다운 톡톡 튀는 아이디어와 투지, 순발력으로 생각지도 못한 방법을 동원하여 도왔어요. 다들 놀랐지요."

"자기 일처럼 두 손 걷어붙이고 뛰어든 협력사 직원들의 모습이나, 그동안 약간 껄끄러운 관계에 있었던 포항시민들조차 복구를 앞장서 응원하는 모습들, 그러면서 이번 재난을 통해 포스코를 다시보게 되고 서로 오해들을 푸는 계기가 되었으니까요."

"이번 재난극복에서 얻어진 포스코 정신이 일반 사회에까지 번져 나갈 수만 있다면, 대한민국 노동계와 산업계의 구조와 질서를 바꿀 수도 있을 것 같아요. 아니, 대한민국을 변화시키는 원동력이 될 수 있다고 저는 그렇게 확신합니다."

"그 말씀을 들으니 포스코 주식을 사야겠다는 마음이 듭니다, 하하하."

"하하하, 그야말로 화가 복이 된 것이지요. 전화위복이라는 말을 이럴 때 쓰는 것이겠죠?"

주요 전기부품의 세척과 건조에 직원들의 톡톡 튀는 아이디어를 십분 적용하고 있다. 신발털이 기계의 에어컴프레서를 이용해 기판의 흙먼지를 털어 내고, 가정용 핸드드라이어, 농업용 고추건조기 등을 동원해 제어장치를 빠르게 건조하고 있다.

감동의 순간들

"마지막으로 이번 재난극복 과정에서 가장 감동스러웠던 순간을 꼽아 주시겠습니까?"

그 부탁에 4명의 포스코 임원은 마치 어린아이가 된 것처럼 발갛게 얼굴이 상기되어 서로 앞다퉈 입을 열었다. 할 말들이 너무 많았던 것이다.

"순간순간들이 모두 기적이었지만, 저는 이철우 도지사님이 방사포를 끌어와서 대용량의 물을 뽑아내기 시작한 것이 상황 반전의 가장 큰 분기점이었다고 생각합니다. 제가 나중에 너무 감사해서 꾸벅 인사를 했더니⋯, 그분이 저를 한동안 물끄러미 쳐다보다가 한마디 툭 던지시더라고요. '포스코를 살리는 일은 당신들만의 일이 아니라 바로 내 일이야.' 와~ 소름! 그때부터 제가 그분 팬이 되었다니까요."

천시열 부소장이 환한 웃음을 지었다.

"그 울산에서 방사포를 끌고 온 119 대응단장 있잖아요? 그분들이 물을 빼내느라고 밤새 사투를 벌이니 얼마나 고마워요? 그래서 매일 설비팀에서 야식도 가져다 드리고 하다 보니 서로 정도 들었고요. 그런데 한 달 후 일을 마치고 떠나면서 전화를 하셨더라고요. 전화기 속에서 '설비부소장님이십니까?'하고 묻기에 '예'라고 대답했죠. 그랬더니 대뜸 '포스코는 대한민국의 경제 기둥입니다. 빨리 복구되기를 우리는 계속 기도할 것입니다. 충성!' 이렇게 말씀하시더라고요. 그때 제가 정말 울컥했어요. 눈물이 저절로 주르륵⋯."

방석주 부소장은 감격에 겨워 말을 잘 잇지 못했다.

"저는 공장에 물이 계속 들어찰 때 소둔 가열장치 BAF^{Batch Annealing Furnace}가 모두 물에 잠겨 버리니까, 그곳에 들어와 있던 협력업체 크레인 직원 중 한 분이 한 대라도 살리겠다고 크레인으로 설비를 공중에 들어 올려서 하염없이 그걸 지키고 있던 장면을 잊을 수가 없어요. 이번에 그동안 포스코가 기업시민 차원에서 협력업체 직원들의 복지문제까지 신경 쓰며 한 가족처럼 지냈던 그 일들이 재난 상황에서도 바로 내 일처럼 달려들어 돕게 만든 것이 아닐까 생각합니다."

김진보 선강부소장도 흐뭇한 표정으로 말을 이어 갔다.

"내 생각엔 이런 대형 재난 상황 속에서도 직원들의 안전을 최우선으로 챙기며, 국내외 고객사들에게 피해가 가지 않도록 '철강 ESG 상

포스코의 상생발전 노력

포스코는 2018년 기업시민경영이념 선포 후 지난 수년간 협력사와 상생발전에 노력해 왔다. 협력회사 임금인상 폭을 원청보다 높게 하고 임금체계를 지속적으로 개선했으며, 2021년에는 '포스코 · 협력회사 상생발전 공동선언'을 하기도 했다. 공동근로복지기금을 통해 협력사 직원에게 '2자녀 이하 - 8천만 원, 3자녀 이하 - 1억 2천만 원, 4자녀 이상 - 1억 6천만 원' 등의 한도 내에서 조건 없이 학자금을 지원하고 있으며, 포스코 그룹사와 협력사 직원의 자녀가 모두 이용할 수 있는 '상생형 공동 직장 어린이집'을 운영하고 있다. 이 밖에도 직영과 동등한 근무환경 조성을 위한 근무시설 개보수, 휴양시설 전면 개방 등을 통해 상생의 문화를 조성하고 있다. 최정우 포스코그룹 회장은 2021년 6월 〈상생발전 공동선언문〉을 통해 "협력사의 헌신과 솔선수범으로 지금의 포스코가 있다"며 "나아가 상생 발전이라는 기본 가치를 실현하며 서로에게 든든한 동반자가 되도록 노력하자"고 당부했다. 이러한 포스코-협력사 간 상생발전 노력으로 인해 금번 수해 복구 과정에서 협력사 직원은 헌신적인 노력으로 제철소를 복구하는 데 크게 기여하였다.

- 관련 기사
- 〈경향신문〉(2021.6.24), "'100년기업 함께 갑시다' … 포스코 · 협력사 공동선언문".
- 〈조선일보〉(2022.7.5), "[대기업이 협력사와 상생하는 법(上)] '여섯 아이 대학 등록금 걱정 말아요' 대기업, 차별 없는 복지".
- 〈조선일보〉(2022.7.19), "[대기업이 협력사와 상생하는 법 (下)] 그룹사 · 협력사 모두 품은 직장 어린이집".

생펀드' 재원을 활용한 저리 대출까지 지원해 주면서 보호하려고 했던 그 정신이 어쩌면 이런 기적을 낳게 한 원동력이 아닌가 합니다."

정범수 실장의 말에 천시열 부소장이 미소를 지으며 덧붙였다.

"처음 비상대책회의에서 고로 휴풍 명령에 누군가 반발했더니, 이시우 본부장이 단호하게 야단치셨잖아요? 흐흐, 그 결단력이 포스코를 살렸어요."

"아니, 지금 돌아보면 그게 신의 한 수였지만, 그 상황에선 도무지 납득이 안 갔거든요? 최근 유행했던 드라마 있잖아요? 미래에서 현재로 환생해서 일어날 일들을 미리 알고 대처한 〈재벌집 막내아들〉 같은 이가 우리 포스코에 숨어 있었던 건 아닐까요? 하하하."

"혹시 포항시에서는 어떤 도움의 손길이 없었나요?"

"있다마다요. 이강덕 시장님도 수차례 왔다 가시면서 뒤에서 보이지 않게 꼭 도와야 할 온갖 행정지원과 설비지원을 다 해주셨지요. 진공펌프, 분뇨차, 청소차량, 간식지원, 그리고 자매마을에서 인력들이 와서 응원과 도움의 손길들을 주셨고요. 감사한 것 말도 못 합니다."

밤을 새워도 모자랄 웃음과 이야기들이 쏟아져 나왔다. 그 방을 나올 때 기념사진을 한 장 찍었는데, 모두들 그렇게 환하게 웃음을 지을 수가 없었다.

민관군에서 지원해 준 청소차량을 활용하여 해병대원들이 제철소 바닥을 청소하고 있다.

포스코, 신의 한 수는 계속된다

이번 재난극복 상황 취재를 위해 기록된 자료들을 살펴보고 현장 탐방과 임직원 인터뷰를 계속하면서 내린 결론이 있다. 이 일은 인간 승리의 기적임이 분명하나, 단순히 몇몇 사람들의 희생과 노력이나 통찰력으로 이루어진 기적은 아니라는 것이다. 이것은 오랜 시간 축적된 포스코의 기술력, 현장 기술자들의 판단을 전적으로 믿고 맡기는 경영진들의 철학, 그리고 최고경영진의 결정이 떨어지면 일단 전적으로 따르고 순종하는 모든 임직원이 지닌 포스코 정신이 어우러진, '전사적 집단지성의 결과물'이라는 것, 그것이 이 기록의 마침점이다.

아울러 이 과정을 통해 포스코는 수해 손실로 추산되는 2조 원과는 비교할 수 없을 정도로 거대한 무형의 자산을 얻었음을 확인하였다. 전 직원이 한마음으로 자기 회사에 대한 무한한 긍지를 지니며 동료들을 더 신뢰하게 되고, 지역사회와 거래처 고객사들과의 관계도 더욱 견고해졌다면, 값으로 환산할 수 없는 자산 가치인 사회적 자본을 확보한 것이다. 또한 이번 재난극복 과정은 포스코가 추구하는 '기업시민'의 가치가 전 임직원들에게 체화되는 계기가 되었다. 최정우 회장이 이번 재난극복 과정을 백서로 정리하고 이를 계기로 제2창업의 기틀을 마련하겠다는 야심찬 계획을 세운 것이 충분히 이해가 간다.

그러나 이 모든 취재 과정을 거치며 뇌리에서 지울 수 없는 한 가지 생각은 '신의 한 수'가 어떤 상징적 수사가 아니라 실제로 작용했다는 믿음이었다. 마치 〈애국가〉 가사처럼, 포스코는 '하느님이 보우하사' 그런 신적 개입으로 보호받는 기업이 아닌가 하는 경외감이 들기 시작한 것이다.

사실 1960년대 말 박태준 회장이, 한일 국교정상화에 반대하는 대학생들의 데모가 한창 사회를 들끓게 하던 그 시절, 독립운동을 하던 조상들의 핏값이라고 여겨지던 그 소중한 돈을 끌어와 오늘날 부강한 대한민국의 산업화에 결정적 역할을 하게 된 포항제철소를 세운 것부터가 '신의 한 수'였다. 포항제철소의 첫 삽을 뜨던 착공식에서 당시 박정희 대통령은 "철은 산업의 쌀이다!"라는 유명한 말을 남기며 공업입국의 기초를 놓았다. 그리고 오늘 그 소중한 기업 포스코가 수장당할 뻔한 엄청난 재난을 전 임직원이 한 몸으로 부딪혀 극복하면서 제2의 창업을 하게 된 것이 두 번째 '신의 한 수'가 되었다.

마지막으로 꼭 첨언하고 싶은 것이 있다. 이번 철에 대한 물의 습격 사건은 전 세계적으로 일어나는 기후재난의 한 부분임을 명심할 필요가 있다. 신의 한 수로 막아 내기는 하였지만, 이 공격은 일회성이 아니라 앞으로 파상적으로 다가올 전 지구적 환경문제와 그 극복과정에 맞물려 있음을 자각하는 것 또한 중요할 것이다. 산업사회의 상징인 철의 시대를 지나, 흙에서 뽑아낸 실리콘 반도체 기술로 자동화 인공지능의 무인공장 시대를 만들어 냈다면, 이제 21세기에는 '철과 흙'을 넘어 생명의 상징인 '물과 풀'을 함께 다루어야 하는 그린 생명사회Green Life Society로 넘어가고 있기 때문이다. 이산화탄소 배출을 줄여야 하는 절박한 기업 환경 속에서 포스코는 새로운 도전에 직면해 있다. 고로 시대를 지나 파이넥스에 이어 2050년까지 수소환원[1]으로 넘어가기 위한 하이렉스 기술개발이 빛을 발하기 위해 절체절명의 위기 상황을 극복할 절묘한 '제3의 신의 한 수'는 무엇일까? 궁금해진다.

---

1 수소환원제철은 화석연료 대신 수소(H_2)를 사용하여 철을 생산하는 혁신적인 기술이다. 석탄이나 천연가스와 같은 화석연료는 철광석과 화학반응하면 이산화탄소(CO_2)가 발생하지만, 수소는 물(H_2O)이 발생하기 때문에, 수소환원제철 기술을 이용하면 철강 제조과정에서 탄소배출을 혁신적으로 줄일 수 있다.

언젠가 두만강 변 산기슭에 우뚝 서서 북한의 무산시를 내려다보며 혼자 깊이 묵상한 일이 있다. 저곳에 매장된 아시아 최대의 철광석, 13억 톤의 자철광이 파쇄되어 분광으로 빛을 발할 그날이 언젠가 오지 않을까? 제2차 세계대전 후, 적대 국가였던 독일과 프랑스, 이탈리아, 벨기에, 네덜란드, 룩셈부르크 6개국이 모여서 전쟁 재발을 막기 위해 시작한 것이 유럽석탄철강공동체ECSC: European Coal & Steel Community이다. 그것이 발전하여 EU가 된 것이다. 전운이 다시 감도는 한반도에서 남과 북이 함께하는 철강·에너지·자원 공동체가 포스코를 통해 일어난다면, 이를 통해 남과 북을 동시에 살리는 친환경 신제철법이 평화와 상생경제의 초석으로 우뚝 선다면, 그것이 장차 EU처럼 남·북한뿐만 아니라 한반도를 둘러싼 미·중·러·일과 함께 동아시아 평화경제공동체를 만드는 계기가 될 수 있을 것이다. 그 역사적 사건이야말로 포스코가 민족과 국가까지 살리는 진정한 의미의 기업시민을 완성하는 '신의 한 수'가 될 수 있지 않을까? 신의 한 수는 항상 미래를 내다보는 꿈처럼 비전 가운데 나타나는 법이기 때문이다.

"끓어라 용광로여 조국근대화…"로 시작하는, 박목월 시인이 작사한 포스코 사가社歌에는 "겨레의 슬기와 지혜를 모아, 통일과 중흥의 원동력 되자"라는 가사가 마치 예언자의 글귀처럼 빛나고 있다.

정진호

4장

이것은 진짜 재난이다°

25년 전쯤, 친구의 차를 타고 여행하다 부산의 집으로 돌아오는 중 포항에 실수로 들어온 적이 있다. 밤이었고, 운전미숙에다 내비게이션도 없던 시절이었다. 길을 잃어 이리저리 누비다 환한 불빛이 대낮처럼 빛나는 공장 지대에 맞닥뜨리게 되었다. 노란 불빛에 공장 굴뚝에서 연기가 모락모락 솟아오르고 중저음의 소음이 들렸다. 미래 도시의 풍경 같기도 하고, 다른 행성의 우주 기지 같기도 했다.

"저 ⋯ 저게 뭐 하는 곳이야?"

내 질문에 친구는 어이없다는 듯 말했다.

"바보. 포항제철소잖아. 수학여행 때 가본 것 기억 안 나?"

채 식지 않은 붉은 철이 컨베이어벨트에 실려 이동하는 모습은 기

● 이 글은 에너지부 전력계통섹션 심우성 리더와의 인터뷰와 함께 제선설비부 에너지 정비섹션 박병철 과장의 수기를 참고하였다.

억나지만 그건 대낮이었고, 밤에 불이 밝혀져 있는 모습은 처음이었다. 그 수많은 불빛이 꺼질 수도 있다는 것은 상상하지 못했다.

2022년 9월 태풍 힌남노 때문에 냉천이 범람하여 포스코가 큰 피해를 입었다는 소식을 뉴스로 들었다. 제철소 전 지역이 침수되고 암흑천지가 되었다는 말에 문득 그날 밤의 기억이 떠올랐다. 모든 불빛이 꺼진 건 물론이고 창사 이래 처음으로 공장이 멈춘 것이다. 복구 중이라는 소식을 간간이 듣다가 135일 만에 정상 회복되었다는 이야기를 들었다.

그건 회사에서 낸 홍보성 뉴스일 뿐이고 완전 정상화에 몇 년이 더 걸린다든가, 관련 산업에 엄청난 충격 여파가 올 거라는 소문도 들었다. 떠도는 이야기 속에, 수많은 사람들의 노력과 그로 인한 기적 같은 행운이 뒤따라 주었다는 것을 사람들은 알까? 몇 줄 안 되는 기사, 몇 분 안 되는 뉴스 속에 숨어 있는 이야기를 알고 있을까?

사람들은 재난과 비극에 익숙해 있지만, 그걸 극복하는 이야기는 영화나 소설에서만 나온다고 생각하는 경향이 있다. 소설가인 나도 마찬가지였는데, 이번 인터뷰를 하면서 그 생각은 바뀌었다. 세상엔 기적도 있다. 하지만 그 기적을 이루기 위해서는 수많은 사람들의 의지와 아이디어, 실행력이 모여야 한다. 포스코의 복구 기적이 바로 그런 경우였다.

포스코 에너지부 전력계통섹션 리더 심우성 씨를 포스코 본사 회의실에서 인터뷰했다. 약간 마르고 단정한 인상에 성실하고 책임감 있는 성품이 느껴졌다. 그는 2009년 입사했다. 입사 당시 포스코는 제조업 분야의 최상위 기업으로 누구나 선망하는 직장 중 하나였다. 최근에야 IT 분야 기업이 인기가 많지만 국가 기간산업으로서의 위상은 변하지 않았다. 지금은 보편적인 트렌드가 된 ESG(Environmental: 친환경 경영, Social: 사회적 책임, Governance: 투명한 지배구조의 영문 첫 글자를 조합한 단어로, 기업경영에서 지속가능성을 달성하기 위한 3가지 핵심요소다)를 선도한 것도 포스코다. 회사의 사회적 책임과 공헌을 중요시하는 점도 그가 포스코에 입사하게 된 이유다.

추석 연휴도 반납하고 태풍 대비를 하던 그날까지, 그는 자기가 겪게 될 일을 상상도 하지 못했다. 다들 고향으로 향할 시간, 간다 못 간다 이야기도 못 하고 혹시나 걱정할까 봐 가족들에게 자세한 사항도 말하지 못한 상황이었다.

악몽 같았던 그날 새벽

"철야로 태풍 대비 작업을 하면서, 이 정도 대응이라면 이번 태풍도 무사히 넘길 수 있겠다는 생각이 들었어요. 하지만 그 생각은 새벽 5시 즈음 물이 순식간에 1미터에서 1.5미터로 밀어닥치기 시작하자 걱정으로 바뀌었습니다."

심우성 씨는 그날의 기억을 다시 떠올리며 표정이 굳어졌다. 태풍 힌남노가 포항을 관통한다는 소식에 휴풍이라는 전대미문의 결정을 내렸어도, 제철소가 최소한 돌아가기 위한 전원은 들어가고 있었다. 2009년 입사한 이래로 그런 결정이 내려진 것은 처음이었다.

1985년 4월 송전선로 문제로 약 63분간 포항제철소가 정전되는 사고가 있었다. 그 당시에 고로 풍구가 손상되고 여러 공장이 피해를 입었다. 하지만 바닷바람의 염해가 송전선로의 절연저하를 초래했기 때문에 조업 정상화는 빨랐다. 이후 전력계통에 대한 대책이 마련되었고 2022년 냉천범람 전까지는 수십 년간 안정적인 전력 공급을 할 수 있었다.

태풍 대비 상황에 대한 매뉴얼이 있었기 때문에 2주일가량 태풍 대비를 했다. 태풍이 상륙하기 전날엔 9개의 변전소에 인력을 배치해 놓고 철야로 물이 차지 않는지, 물을 빼내는 펌프가 제대로 작동하는지 체크했다. 음식과 음료를 준비해 24시간 정도 버틸 수 있도록 단단히 준비도 했다. 전날 오후에는 휴식을 취하고 밤 10시부터 본격적으로 준비를 시작해, 변전소를 돌아다니면서 격려도 하고, 물이 새는 곳은 없는지 체크를 했다. 특별 기동팀을 둬서 조치를 못하는 곳에는 긴급하게 보낼 수 있도록 만반의 준비를 했다.

그는 에너지컨트롤센터에서 대기하면서 전체 상황을 파악하고 있었다. 만반의 준비에도 불구하고 새벽 4시부터 압연변전소와 수전변전소의 바닥으로 물이 침범하기 시작했다. 문과 셔터로 범람하는 물을 모래주머니로 막고 밖으로 퍼 날랐지만 갑자기 솟아오르는 수위를 막지 못했다. 시간당 최대 100밀리미터의 기록적인 폭우가 만조 시점과 겹치면서 제철소 인근 하천인 냉천이 범람한 것이다.

"새벽 다섯 시가 넘으면서 공장 하나마다 경고 신호가 들어오기 시

태풍으로 인해 건물 내 집기가 아수라장이 되어 있다.

작했습니다. 화재 소식과 정전 요청이 계속 들어왔습니다. 정말 심각한 상황이라는 생각이 들었어요. 나중에 사고 시간을 추적해 보니 냉천 쪽에 가까운 공장부터 물이 들어온 순서대로 차단 요청과 알람이울렸다는 것을 파악했습니다. 말 그대로 물이 공장을 덮친 것이죠."

바닥에 찰랑이던 물이 변전소 아래 지하 전기실을 잠기게 하자 순식간에 수위가 올랐다. 전기감전과 익사로 인한 인명피해를 막기 위해 직원들이 대피했다. 하지만 갑자기 모든 조명이 꺼지고 잠시 비상등이 들어왔다가 그것마저 소등되어 암흑천지가 되었다.

전기는 원격으로 차단이 가능하지만 어느 순간부터 물이 차서 차단 자체가 불가능해졌다. 수동으로 차단하기엔 안전사고의 위험도컸다. 변전소에서 가까스로 탈출해서 목숨을 건진 직원도 있었다.

아침이 밝았다. 7시 27분, 그렇게 모든 공장의 전력이 끊어졌다.

"머릿속이 백지장처럼 하얗게 변했습니다. 이런 건 재난영화 속에서나 보는 광경이잖아요? 저도, 베테랑 직원분들도 한 번도 겪어본 적이 없는 사고였으니까요. 다들 망연자실해 있었죠. 이대로 다 끝나는 건가 싶었습니다. 머리가 정말로 백지장처럼 하얗게 변한다는 거, 겪어 본 사람만이 알 수 있죠."

제철소에서 에너지의 역할

제철소는 전기가 없으면 돌아가지 않는다. 보통 사람들은 한국전력에서 전기를 끌어와서 쓰면 되지 않을까 생각하겠지만 그렇게 간단하지 않다. 한국전력에서 받은 345킬로볼트의 전기를 154킬로볼트로 변환하여, 변압기로 다양하게 강압한 후 공장에 보낸다. 그중 가장 중요한 전기공급시설은 한국전력으로부터 전기를 공급받는 수전변전소인데, 그곳을 비롯한 제철소의 대부분 지역이 침수와 정전을 맞이한 것이다.

전기에도 품질이 있다. 제철소에 맞는 양질의 전기로 변환해서 공급하는 것이 심우성 씨가 속한 에너지부 전력계통 종사자들이 하는 일이다. 전기뿐만 아니라 물을 관리하는 곳도 있다. 물의 종류는 사람이 마실 수 있는 정수도 있고, 공업용수인 담수, 생활폐수도 있다. 제철소에서 필요한 각종 영양소를 만들어서 공급하는 것이 에너지부의 역할인 것이다. '중단 없는 유틸리티 공급'이라는 사명 아래 에너지부는 제철소에서 보이지 않는 노력을 끊임없이 해왔다. 그런 사명이 흔들리는 위기가 온 것이다.

"저희 부서가 평소에는 티가 안 나고 존재가 잘 부각되지 않다가 이번 사고로 사람들이 많이 알게 된 것 같습니다. 공기의 중요성은 전혀 못 느끼지만 몇 분만 없어도 살 수가 없는 거잖아요. 전기가 완전히 끊긴 상황이 바로 그런 위급한 상황이었습니다."

48시간 동안의 기적

"태풍이 지나가고 난 후, 하늘은 파랗고 맑더라고요. 그 아래의 우리 제철소는 엉망진창인 데다가 공장 안은 어두웠는데 말이죠. 변전소로 가야 하는데 도로 상태가 말이 아닌 거예요. 물도 많고, 뻘도 들어차 있고 도로 여기저기에 차가 박혀 있고 …. 첨단으로 무장한 데이터센터도, 뜨거운 열기를 항상 내뿜던 열연공장도 모두 물에 잠겨 열기가 식어 가고 있었습니다. 아수라장이라는 게 그런 게 아니었나 싶습니다. 뻘이 5센티미터 이상 쌓여 있는 게 상상이 됩니까? 차도 제대로 안 나가고 걷기에도 힘들었습니다. 회사 버스가 운영할 수 없으니 외부 직원들이 출근도 하지 않았죠. 다행히 저의 팀은 전원이 철야 근무를 했기 때문에 다 남아 있었습니다. 불행 중 다행인 거죠."

그는 밤을 꼬박 새웠지만 이상하게도 정신이 번쩍 들었다. 사람이 위기에 직면했을 때 몸속 깊은 곳에 있던 힘까지 끌어서 쓴다고 하는데, 48시간 동안 팀원들은 잠도 한 숨 자지 않고 복구에 전념했다. 오전 내내 발을 구르다 변전소에 도착해 보니 전기 설비에 발목 높이까지 물이 차 있어서 장화를 신어야 했고, 전기실 지하 셀러는 내려가는 계단도 보이지 않아서 접근이 불가능했다. 다행히 누군가의 아이디어로 방재섹션의 소방차를 동원해 밤샘작업으로 물 빼기와 바닥 세척을 할 수 있었다. 야간작업을 위해 발전기를 수배해서 조명을 확보하고 협력사에 연락해 최대한 많은 인원을 지원받았다. 아수라장이 된 공장을 헤치고 도우려고 온 직원들도 많아서 큰 힘이 되었다.

제철소는 1년 내내 불이 꺼지면 안 되는 공장이다. 제철소의 심장은 용광로다. 석탄이나 철광석을 녹여 쇳물을 만들고 그것을 반고체 상태로 끊임없이 흘려보내 후가공을 한다. 고체 상태의 금속을 가공하는 공정은 잠시 세워도 큰 문제가 없는데 액체 상태의 금속을 만드는 과정을 중단해 버리면 큰 문제가 생긴다. 설비가 영구적인 손상을 입는 것이다.

복구 초기에는 밀대, 전기세정제, 종이타월, 고압세척기 등 모든 것이 부족했고 진흙이 너무 많아 닦아도 쓸어내도 없앨 수가 없었다. 기온도 약간 높아서 변전소 바닥에서 쪽잠을 자다 보면 훌쩍 시간이 지나가 버리곤 했다. 도움을 주려고 온 사람들이 삽과 양동이 등 보이는 것들은 다 손에 쥐고 뻘을 퍼 날랐다.

"데드라인을 넘기면 고로를 다시 지어야 한다는 이야기를 들었거든요.[1] 새로 짓는 데 천문학적인 돈[2]과 시간이 들기 때문에 제철소가 회생이 불가능하다는 거나 다름없어요. 그래서 저희들도 엄청난 부담감과 책임감을 갖고 전원 복구에 나선 거죠. 전기가 들어오지 않으면 복구작업은 시작도 할 수 없으니까요."

변전소에 있는 설비는 주로 변압기와 차단기가 대부분이다. 변압기는 설비가 높은 위치에 있기 때문에 별 문제가 없었는데 차단기는 낮고 바닥에 위치하여 1∼1.5미터 냉천범람으로 큰 피해를 입었다. 문제는 물과 함께 뻘까지 들이닥쳐서 기계를 덮친 것이다. 물에 젖어 있다면 말리면 그만이지만 뻘이 들어차 있어서 문제가 더 복잡해졌다.

수돗물로 세척하면 물 안의 이온류 때문에 나중에 전기를 통하게 할 수도 있어서 설비를 제대로 쓰기 힘들다. 그래서 자체적으로 아이디어를 낸 해결책은, 음이온·양이온 자체가 없는 순수純水를 발전소에서 공수하는 것이었다.

"고장 난 건 새로 교체하면 제일 좋죠. 하지만 장비들이 손쉽게 구할 수 있는 휴대폰 같은 게 아니라 새로 구입하려면 시간이 엄청 많이 들거든요. 일단 저희가 빨리 복구를 하는 방법은 순수로 세척하는 것이었어요."

순수로 고압 세척을 하면 뻘이 다 제거된다. 문제는 남은 물을 건

---

1 7일을 넘기면 고로 내부에서 연소되던 코크스와 철광석 용융물이 내화벽에 엉겨 폐기해야 한다.
2 고로를 건조하는 데만 5천억 원이 든다고 한다.

변전소를 정상화하는 데에는 직원뿐만 아니라 외부의 도움도 컸다.

조하는 것인데, 시간을 줄이기 위해 드라이기 같은 것을 대량 구입
해서 물을 말리기도 했다. 그다음 업체들을 불러 다시 분해 점검하
고 이상이 있으면 쓸 만한 것들만 골라 조립해 하나라도 더 살리려
고 애를 썼다.

"총 9개의 변전소가 있는데 그중 2개의 변전소가 손실을 입었어
요. 그 가운데 한전으로부터 전기를 공급받는 시설인 수전변전소를
복구하는 데 최선을 다했어요. 수전변전소가 작동하지 않으면 목줄
이 끊긴 거나 다름없거든요. 이걸 살려야 다른 변전소까지 전기가
한 번에 통하니까 수전변전소를 살리는 게 급선무였습니다. 이틀 만
에 수전변전소를 살렸어요. 48시간 동안 잠을 한숨도 못 잤는데, 그

것도 잊어버릴 정도로 급박했습니다. 하지만 끝이 아니었어요. 바로, 그게 시작이었지요."

데드라인을 넘기지 마라

"'우리 공장에 전기 좀 공급해 주세요, 급해 죽겠습니다' 이런 연락이 빗발치기 시작했습니다. 변전소를 이틀 동안 복구한 건 아무것도 아니었습니다. 그건 전초전이나 다름없었지요. 여기저기서 전기를 복구해 달라는 요청이 빗발치는 겁니다."

공장마다 데드라인이 있다. 그것을 넘기지 않으려면 끊어졌던 전원을 400개소가 넘는 곳에 넣어 주는 일이 급선무였다. 변전소를 이틀 만에 살렸지만 이젠 실질적인 전기공급이 남아 있던 것이다. 공장마다 직원들이 나와 복구작업을 시작했고 무엇보다 전기공급을 애타게 기다리고 있었다. 죽은 듯이 어둡고, 아무것도 돌아가지 않는 곳에서 하는 복구작업이란 한계가 있는 법이고, 데드라인은 점점 다가오고 있으니까. 공장에 각각 다른 전압이 필요했고 우선순위를 정하는 것도 중요한 문제였다.

급하다고 무작정 전기를 공급하면 문제가 생긴다. 물에 젖은 설비를 하나씩 테스트해 가면서 400여 개소에 전원을 공급했다. 제철소에 불빛이 들어오기 시작한 것이다. 부서의 팀들뿐만 아니라 다른 곳에서 많은 지원이 있었기 때문에 가능한 일이었다. 변전소의 물을

에너지부 전력계통섹션 직원들이 침수된 고압차단기 교체 작업을 진행하고 있다.

퍼낼 때에 참여한 방재섹션 소방대원, 경북소방대 봉사자들, 뻘 제거에 동원된 광양제철소 직원들 그리고 여러 협력사의 지원이 있었다. 출장 지원뿐만 아니라 복구 기간 지원받은 식수와 먹을거리, 기술지원 그리고 포항 시민들의 응원이 현장에 큰 힘을 보태 주었다.

"설비를 세척하고 하나하나 살아나는 모습을 보면서, '할 만하겠구나' 하고 감이 왔습니다. 처음에는 예측할 수가 없었기 때문에 탈출구도 보이지 않았어요. 회사 전체에서 엄청난 인원을 지원해 주고 관심을 가져 줬습니다. 점차 복구의 체계가 잡히면서 이제 할 만하겠다는 생각이 들었습니다."

일주일의 철야 작업이 계속되자 100여 개가 넘는 곳에 전원이 공급되었다. 그리고 3주 정도 후에 주요 공장에 전원이 공급되었다.

물론 완벽한 것은 아니었다. 중간에 제대로 작동하지 않는 것도 있었지만 다시 고치고, 구매해 놓은 부품으로 발 빠르게 대처했다. 낮에도 밤에도 제철소에 불이 밝혀질 수 있게 된 것이다.

한밤중에 자동차를 몰고 가다 그는 문득 창밖을 내다보았다. 제철소의 불빛이 듬성듬성 보였다. 이게 당연한 건데, 아예 암흑이었던 날이 있었다는 게 믿어지지 않았다. 증기가 뿜어져 나오는 익숙했던 광경에 감격하다니. 그가 가장 감정이 복받쳤던 순간은 48시간 동안 노력해서 수전변전소에 전기가 공급되던 순간이었다. 혹시나 잘못 투입될 경우에는 냉천범람에 못지않은 사고가 날 수 있기 때문에 검토와 점검을 반복했다.

"전기는 눈에 안 보이는데, 이젠 제 눈에 보이는 것 같더라고요. 직원들의 무전 메시지를 듣고 있으면 전기가 어디에서부터 들어와 어디까지 가는지, 흘러가는 모습이 눈에 선하더라고요. 정말 전기가 살아 있는 것처럼 보이는 거 아세요? 간신히 제철소를 살려서 피를 돌게 해서 얼마나 다행인지 모릅니다."

결과적으로 고로는 데드라인을 넘기지 않고 복구 6일 차(9월 12일)에 정상화되었다. 그리고 복구 9일 차(9월 15일)에는 용선처리를 위한 제강시설이 정상화되어 상공정 생산체계가 복원되었다.

사고 후에 달라진 것들

고난은 사람을 성장하게 만들고, 회사도 성장하게 만든다. 그가 느끼는 큰 차이점은 회사 사람들의 에너지부에 대한 인식이다. 당연히 전기가 없으면 아무것도 못하는데 사고가 난 후 그걸 실감했기 때문이다. 회사의 관심도 많이 받고, 다른 부서 직원들의 칭찬과 응원의 말도 많이 들었다. 그리고 업무 능력이 대폭 향상되었다.

"평상시에 일하면서 배우는 것보다 긴급한 상황에서 배우는 것이 훨씬 많은 것 같습니다. 사람의 뇌와 몸이 완전 가동해서 복구에 집중하다 보면 저도 모르게 숨겨져 있던 힘이 생겨나니까요. 일종의 레벨 업 같은 거 아닐까요?"

특히 팀원 대부분이 MZ세대인데, 그들이 열심히 일해 준 데에 놀랐다고 한다. 포스코는 다른 회사보다 직원들의 애사심이 높은 편이다. 단순히 직장이 아니라 자아실현도 하고 동료도 만들고 사회적인 네트워킹도 한다. 반면, MZ세대는 애사심이 덜하고, 조금 차갑고, 자기 일만 한다는 선입견이 있었다. 하지만 복구 기간 불평불만 없이 각자 책임을 다하고 서로 돕는 모습을 보면서 생각이 바뀌었다.

애사심이 없었다면 열심히 안 하거나 중간에 도망치거나 피곤해서 딴청을 피울 수도 있었지만 다들 서로 다독거려 가며 잘 이겨 냈다. 같이 어려움을 이겨 냈다는 유대감도 생겼다. 여러 사정으로 어려워진 다른 회사를 보면, 이는 결국 개인의 삶이 피폐해지는 결과를 낳게 된다. 회사와 개인이 운명 공동체라는 사실을 윗세대도,

MZ세대도 같이 느낀 것 같았다. 남자들끼리 그런 걸 떠벌리지는 않지만 말은 안 해도 마음으로 알 수 있는 것이다. 특히 그는 한 직원의 변화를 자랑스러워한다.

"저희 부서에 업무에 어려움을 겪는 직원이 있었습니다. 그 친구를 도와주려고 노력해도 좀처럼 나아지지 않았어요. 그런데 사고가 났을 때 그 친구에게 조금 힘든 일을 전담시켰는데 그것을 기대 이상으로 해내더라고요. 그걸로 인해 팀원들 사이에서도 인정을 받게 되고 자존감도 높아지고 대인관계도 좋아졌습니다. 재해가 사람을 변하게 만든, 전화위복의 계기가 된 거죠."

인재였다면 책임 관련 추궁이 있었을 텐데 자연재해라 복구에 중심을 두고 회사가 돌아갔다. 복구 시간을 단축하는 것도 중요하지만 사람의 안전을 최우선으로 했다. 평생 한 번 있을까 말까 한 일을 당해 한 달이 넘도록 고생을 많이 했지만 그것을 통해 개인적 역량 향상뿐만 아니라 조직의 끈끈함이 더 생겼다.

"포스코가 단순히 이익을 추구하는 회사가 아니라 어떻게 보면 대한민국 국가 기간산업을 책임지고 있잖아요. 어쩔 수 없는 자연재해였지만 이번 사고로 하마터면 많은 피해를 입었을 수도 있는데 그걸 이겨냈으니 뿌듯합니다. 사람들은 잘 느끼지 못하겠지만 우리 생활 주위에 다 철이 있거든요. 아마 3개월 동안 정상 가동 못한 제철소의 상황을 국가적 위기로 다들 느꼈을 겁니다."

가까이는 자동차부터 시작해서 조선산업, 전자산업 등 철에 기대지 않는 제조업은 드물다. 태풍 피해 초기, 포스코의 피해가 다른 산업 발전에 나쁜 영향을 끼칠 거라는 우려는 당연한 것이었다. '정상조업까지 1년이 걸린다', '아니 더 걸릴 수도 있다'는 우려를 불식시키고 100여 일 만에 압연공장 중의 핵심인 2열연공장을 재가동했다. 2열연공장은 포항제철소가 연간 생산하는 약 1,480만 톤의 제품 중 33퍼센트 수준인 500만 톤이 통과하는 중요한 공장이다.

기적이 틀림없다. 한 목표를 향해 직원 및 관련업체 사람들, 그리고 포항시민들의 염원까지 오롯이 다 모여서 만든 기적이 아닐까? 몇 년 뒤에 사람들의 기억 속에서는 희미해지겠지만 현장에서 절망에서부터 희망까지, 그리고 환희의 순간까지를 다 경험한 사람들의 기억 속에서는 평생 잊히지 않을 것이다.

돌아오는 택시에서

부산으로 돌아가기 위해 버스정류장으로 가는 택시를 탔다. 마침 라디오에서 포항제철소의 17개 모든 압연공장이 복구를 마치고 완전 정상조업 체제로 돌입했다는 뉴스가 흘러나왔다. 태풍이 지나간 후 135일 만에 일어난 일이다.

"복구가 다 되어 정말 다행이지 않습니까?"

운전기사에게 말했다.

"다행이죠. 몇 년 걸린다고 다들 걱정을 많이 했으니까요. 여기에 포항제철소 사람들과 관련업체 사람들도 많이 살고, 또 그 사람들 때문에 장사하는 사람들도 많으니까 생계에 직격탄을 입을 사람이 많았거든요. 물론 저도 그렇고. 그런데, 정말 다 복구된 게 맞는지 모르겠습니다. 그게 그렇게 빨리 될 일이 아닐 텐데….."

"정말 복구가 다 된 게 확실합니다. 뭐 100퍼센트 정상은 아니겠지만 고치고 수리하면서 충분히 운영될 수준은 되겠지요."

"어떻게 압니까, 그걸?"

뭐라고 대답할까? 인터뷰를 한 번 했다고, 자료를 좀 찾아봤다고 다 아는 것은 아닐 텐데. 나도 운전기사 못지않게 뉴스를 100퍼센트 신뢰하지는 않는데 말이다.

"그냥 압니다."

말이 길어질 것 같아서 그렇게 대답해 버렸다. 소설가가 되기 전 잡지사 경험까지 포함하면 인터뷰를 많이 해봤다. 그래서 생긴 감각이 있는데, 인터뷰이가 진심으로 이야기하는지 아닌지는 조금만 대화해 보면 짐작할 수 있다. 내가 인터뷰한 심우성 씨는 물론이고 다른 인터뷰 자료를 읽어봐도 그런 건 쉽게 알아차릴 수 있다. 이건 진짜 이야기라고. 억지로 회사 홍보실에서 만들어 낸 이야기가 아니라고. 어쩌면 그래서 사람들이 잘 믿지 못하는 거라고. 세상엔 가짜 이야기가 너무 많아서 때로는 진짜 이야기가 오해로 흐를 수 있다고.

창밖에는 환하게 불을 밝히고 연기를 뿜어내는 공장이 보였다. 예전에 내가 길을 잃고 지나갈 때 보았던 그 광경과는 사뭇 다르게 보였다. 공장이 살아 있는 듯 보였다. 나도 모르게 가슴이 두근거렸다.

서 진

5장
암흑에 휩싸인 3일

'종철', 먼 유년의 성장통 같은

필자가 태어나고 자란 곳은 포항 시가지에서 한참 들어간 당시 영일군의 시골마을이었다. 아직 전기가 들어오지 않았던 초등학교 시절, 언제부턴가 밤이면 동녘 하늘에 훤한 기운이 뻗쳐올랐다. 달이 없는 밤이면 더욱 뚜렷이 느낄 수 있었던 희불그스레한 빛. 큰 짐승같이 웅크린 검은 산 너머에서 우러나오는 그것은 그때까지 한 번도 보지 못한 특별한 빛이었다. 달빛도 별빛도 아닌, 그렇다고 새벽녘의 여명도 아닌 어떤 신비스런 기운 같은 것이었다.

사람들은 저 너머 동쪽 바닷가에 '종철'이 들어섰다고 했다. 그 훤한 빛은 종철에서 용광로라는 거대한 불기둥이 밤낮없이 뿜어내는 불덩어리라고 했다. 종철은 어마어마한 양의 쇠를 만들어 내는 공장인데, 시뻘건 쇳물이 큰 도랑물처럼 쏟아져서 내달린다고 했다. 쇠를 만들다니. 쇳물이 쏟아진다니. 시골 농가에서는 호미나 괭이, 쟁기의 날에 쓰이는 쇠만큼 귀한 것이 또 없었다. 그런 쇠를 엄청나게 만들어 내는 공장이라니, 그저 놀랍기만 했고 사실이 아닐 것만 같았다.

텔레비전 같은 영상매체가 없었던 시절, 말로만 듣는 '종철' 얘기는 어린 소녀에게 충격적이었다. 그 종철에서 뿜어져 나오는 빛은 환상을 불러일으키는 신기루 같기만 했다. 쇠를 만들어 낸다는 거대한 공장 이야기는 크고 신비스런 상상력을 불러일으키는 한편, 미래를 꿈꾸는 막연한 동경의 대상이 되었다.

이후 고등학교 진학을 위해 포항으로 나와서 처음 본 종철, 아니 포항종합제철! 그것은 일찍이 본 적 없던 거대함 그 자체였다. 쇠를 만들어 내는 공장다운 엄청난 위용, 거기다가 하늘을 찌를 듯이 우뚝 솟은 용광로에서 쉴 새 없이 뿜어져 나오는 시뻘건 불길은 또 얼마나 놀라운 광경이었던지. 처음 본 상상 속 환상의 실체, 그 모든 광경은 온몸을 전율케 하고 바라보는 것만으로도 영혼까지 압도당할 정도였다. 웅장한 위용으로 그로테스크하기까지 한 공장의 외양과는 대조를 이루는 잊지 못할 낭만적인 풍경도 있었다.

영일만의 아침햇살을 둥글게 굴리며 쏟아져 나오던 은륜의 물결. 교대근무를 마치고 한꺼번에 퇴근하는 싯누런 제복들의 자전거 행렬이 만들어 내는 풍경은 경이驚異이자 장관이었다. 그 낯설고 눈부신 장면은 지금도 한 장의 선명한 이미지로 필자에게 박혀 있다. 당시 많은 어머니들은 아들을 포항제철소에 취직시키고 싶어 했고, 딸을 가진 부모들은 이른바 '종철 사위'를 얻고 싶어 했다. 그만큼 포항제철은 사람들에게 선망의 대상이었고 희망이었고 꿈이었다.

지금, 필자의 아득한 기억 속 그 옛적 '종철'을 다시 떠올려 본다. 멀고도 깊숙한 추억의 문을 열면 거기에 어김없이 존재하는 종철. 유년 시절 막연한 설렘과 신비감을 주던 그 종철은 여전히 선명한 성장통으로 각인된 채 같이 숨 쉬며 함께해 왔다. 오래 식지 않는 무쇠의 은근함을 지닌 한결같이 든든하고 미더운 존재로 말이다.

포항종합제철은 그 후 '포스코'로 사명을 바꾸고 55년의 역사가 흘렀다. 필자에게 있어 유년의 종철 위에 겹쳐지는 포스코의 선명한 이미지 중 하나는 현재 사는 집에서 건너다보이는 야경이다. 저녁이면 휘황하게 빛나는 불빛은 단순히 '아름답고 화려한 빛의 향연'만은 아니었다. 그것은 하루를 무사히 끝낸 시민들에게 보내는 위로이자 꺼지지 않는 내일의 희망이었다. 그리고 제철보국의 꿈을 실현한 포항시민의 자부심의 상징이기도 하였다. 포항을 찾는 외지인들에게는 또 다른 볼거리이면서 역동적인 포항의 이미지를 강렬하게 새겨주는 조명예술의 현장이었다.

멈출 수 없는 것의 멈춤

이 나라 근대화의 견인차, 대한민국 산업화의 주인공, 세계 철강업을 움직이는 자랑스런 대한민국의 기업. 포항시민을 비롯한 많은 국민들은 포스코 앞에 이런 엄청난 수식어를 붙여 왔다. 아무도 이 수식어들이 잘못 붙여졌다고 하지 못할 것이다. 포스코는 지역에서, 이 나라에서 그만큼 당당하고 빛나는 역사를 개척하고 창조해 왔다. 갈대밭 무성하던 갯벌 위에서 이룩한 영일만의 신화, 무無에서 유有를 창조한 기적의 포스코가 아니었던가.

철을 만들어 내는 포스코는 쇠보다 강철보다 강한, 절대로 멈추거나 무너질 수 없는 존재로 자리하여 왔다. 특히 포항시민에게는 그러한 영광과 기쁨을 얻기 위해 바친 희생과 인내가 있었기에 절대로 흔들리거나 무너져서는 안 되는 것이었다.

그런 포스코 포항제철소가 2022년 9월 6일에 멈추어 버린 것이다. 모든 전기시설이 나가 버린 암흑천지가 되었다. 15만 볼트의 고압전압이 흐르는 2열연공장 변압기가 터졌다. 물에 잠긴 지하설비는 모두 진흙탕이 되어 버렸다. 영일만 바다 위에서 밤이면 환상적인 빛의 향연을 연출하던 야경도 볼 수 없게 되었다. 포스코 야경이 사라진 영일만에는 거대한 적막이 검은 신음처럼 고였다. 한 번도 상상해 본 적 없는 일이었다. 지난 55년간 한 번도 일어나지 않았던 일이 일어나고야 만 것이다.

제철소의 심장, 고로. 고로는 멈추지 않아야 한다. 아니, 결코 멈출 수 없는 제철소의 상징이자 핵심 시설이 고로이다. 철 생산의 첫 단계인 고로가 멈추면 모든 다음 단계들이 멈추게 된다. 고로는 멈추는 순간부터 식어 간다. 보수를 위해 한시적으로 가동을 멈추는 일이 있기는 하지만 최대 일주일을 넘겨서는 안 되는 일이었다. 일주일을 넘겨 버리면 고로는 더 이상 쇳물을 품을 수도, 끓여 낼 수도 없는 상태가 되어 버린다.

그런 고로를 강제로 멈추게 하였다. 태풍을 앞두고 경영진이 내린 결정, 바로 휴풍이었다. '신의 한 수'에 비유된 이 결정은 하루 10만 톤 생산의 엄청난 손실을 감수하고서라도 혹시 있을 고로 폭발 같은 위험한 사태에 따른 인명피해를 예방하기 위한 결단이었다. 그만큼 포스코의 태풍 대비는 철저하였다. 아울러 고뇌에 찬 결단인 휴풍은 어디까지나 길어야 2, 3일 정도 바람을 멈추는 것을 전제로 한 것이었다.

그런데 이게 어쩐 일인가. 상상을 초월하는 처참한 상황 속에서 고로가 회생할 수 있는 기간은 최대 일주일이다. 과연 일주일 이내에 다시 가동하게 할 수 있을까. 제철소의 심장이 다시 힘찬 박동으로 뜨거운 쇳물을 토해 낼 수 있을까. 절체절명의 순간이 닥친 것이다. 모든 전기가 차단된, 한마디로 암흑천지 제철소는 완벽한 고립이요, 절망이었다. 한 치의 오차도 없이 365일 일사불란하게 움직이던 일관제철소의 기계와 시설들, 모든 시스템이 정지되었다. 뿐만 아니라 첫 3일간은 일반전화는 물론 휴대폰도 함께 암흑 속에 파묻혔다.

안전, 포스코의 최우선 가치

복구 135일째, 완전복구라는 기적을 맞은 2023년 1월 19일 아침에 설비기술부장 임지우 상무보를 만났다. 임 부장은 당시의 급박하면서도 막막했던 상황을 차분하면서도 명료하게, 때로는 격정적으로 풀어놓았다. 전 직원이 그야말로 밤낮없이 미친 듯 복구에 혼신의 힘을 쏟는 상황을 말할 때 그의 어조는 결연했다. 그리고 엄청난 시련을 극복한 포스코의 저력과 미래를 말할 때는 자신도 모르게 힘이 실린 벅찬 어조였다.

임지우 부장은 경남 진주가 고향으로 고등학교까지 진주에서 보냈다고 했다. 그 후 포항공대에서 학부와 대학원을 마치고 1998년 포스코에 입사한 25년 차 간부였다. 사반세기라는 긴 세월을 포스코와 함께해 온, 누구 못지않은 애사심을 가진 자부심 가득한 포스코인임을 잠깐 동안의 인터뷰 시간에도 충분히 느낄 수 있었다.

임지우 부장으로부터 듣는 '포스코 재난극복 135일'은 한 편의 극적이고도 장대한 드라마였다. 긴박하게 돌아갔던 태풍 대비에서부터 미친 듯한 격류가 순식간에 전 공장에 차올랐던 암흑과 절망의 순간, 말로 다 할 수 없는 어려움을 모든 직원들이 혼연일체가 되어 불과 135일 만에 복구해 낸 기적적인 과정이 그러하였다.

임 부장이 맡은 설비기술부는 현장의 지구정비 영역을 포함한 포항제철소 전체의 설비 전반을 관리 기획하는 부서로서, 그 책임감이 상당하다고 하였다. 임 부장은 재해 발생 이후 제철소장 예하의 상황실에서 설비분야 상황을 맡았다. 그렇기에 태풍 대비에서부터 피해, 그리고 복구에 이르기까지 한순간도 소홀히 할 수 없었고 그런 만큼 그 어느 순간도 잊을 수가 없었다. 6일 새벽부터 135일이 지난 현재까지의 극적인 상황들이 필름이 돌아가듯 모두 기억 속에 생생하게 저장되어 있다고 하였다.

초강력 태풍 예고 속에서 포스코는 광양과 포항을 연결하는 수차례의 이시우 본부장 주재 회의를 통한 사전 대비에 만전을 기했다. 3년 전 포항에 닥쳤던 태풍 피해를 교훈 삼았다. 그때 두어 건의 안전사고가 있었다. 지붕 천장의 컬러시트가 떨어져서, 그리고 문짝이 날려서 직원이 크게 다친 적이 있기 때문에 이번 태풍 대비의 최우선 모토는 '안전'이었다. 설사 설비가 물에 잠기더라도 태풍이 지나갈 때까지 절대로 밖에 나가지 말라고까지 하였다는 것. 그만큼 사람이 중요하고 안전이 제일이었다.

그래서 내려진 경영진의 최종 결단이 '휴풍'이었다. 휴풍은 글자 그대로 바람을 멈춘다는 것, 즉 바람으로 쇳물을 끓어오르게 하는 시설인 고로를 일시적으로 멈춰 세워서 서서히 식어 가게 하는 것이다. 만약 전기발전시설이 물에 잠겨서 전력 공급이 갑자기 멈추면 고열의 고로는 폭발을 가져올 수도 있다. 그렇게 되면 작업 중인 직원들에게 상상하기조차 아찔한 상황이 발생할 수도 있다고 판단한 것이다. 하루 10만 톤의 엄청난 손실보다 더 중요한 것은 직원들의 '안전'이었다.

그렇다고는 하더라도 많은 직원들은 의아해 하거나 약간의 반발도 있었다고 한다. 1973년 조업 개시 이후 50년 동안 제철소의 고로를 멈춰 세운 적은 단 한 번도 없었기 때문이다. 그간 얼마나 많은 태풍과 자연재해를 겪어 왔던가. 그 과정에서 위기와 위험 또한 얼마나 많았던가. 그때마다 포스코는 치밀한 대비로 맞섰고 슬기롭게 이겨 내었다. 그런 역사가 있었고 그런 자부심을 지닌 포스코였기 때문이다.

철을 만들어 내는 제철소에서 고로는 어떤 시설이며 어떤 존재인가. 그것은 한마디로 심장 그 자체이다. 고로가 서면 어떻게 되느냐고 물으니 현장의 한 고로반장은 이렇게 대답했다고 한다.

"대한민국이 서지요."[1]

그 간단명료한 대답으로 제철소에서 고로가 어떤 의미이며 어느 정도의 존재인지를 짐작할 만하였다.

세계 최고의 기술력을 가진 포스코. 철강 분석기관 WSD는 포스코가 13년 연속 철강회사 경쟁력 부문 세계 1위[2]임을 인정했다. 그런 포스코, 세계 최고 철강회사의 심장이 멈추다니. 그만큼 절박했다는 이야기이며, 인간 존중과 안전을 최우선으로 하는 포스코 핵심 가치의 실현을 보여 주는 놀라운 실천의지였다.

임 부장은 포항제철소 건립 당시의 배수 능력 등을 찾아보았다고

---

1 송호근, 앞의 책.
2 세계적인 철강 전문 분석기관 월드스틸다이내믹스(WSD, World Steel Dynamics)가 최근 발표한 순위로 13년 연속 1위에 선정됐다고 밝혔다〔〈매일경제〉 (2023. 1. 2), "포스코, 글로벌 철강 경쟁력 13년 연속 '1위'"〕.

한다. 1959년 한반도에 엄청난 피해를 준 사라호 태풍 이상까지를 감안해서 건설하였고, 강풍에 대비하여 초속 45미터 바람에도 견딜 수 있도록 설계되었다고 한다. 초속 35미터이면 달리는 기차가 전복될 정도의 세기라고 하니 "초속 45미터에도 견딜 수 있는" 것이 어느 정도인지 짐작이 되었다. 한마디로 그 어떤 재해나 재난에도 끄떡없을 정도의 설계 규모라는 말이다. 이런 포스코이니 휴풍 결정이 얼마나 놀랍고도 엄청난 결단이었겠는가.

암흑에 휩싸인 3일

임 부장이 설명하는 그날의 제철소는 끔찍했다. 심장이 멈춘 제철소. 전 공장에 진흙물이 차오르자 한전으로부터 전기를 공급받는 수전시설은 완전히 침수되었다. 기계를 가동하는 메인 전기는 끊어지더라도 사람이 일하는 건물의 전기와 비상펌프를 가동하는 비상발전기 정도는 돌고 있어야 했다. 그럼에도 모든 전기가 꺼졌다. 그와 동시에 제철소의 모든 기능이 멈추었다. 9월 6일 아침 7시경, 전 공장이 정전 상태가 되어 버린 것이다. 깜깜한 공장 내부, 암흑천지라는 말 외에 다른 표현이 없었다.

흙탕물이 뒤덮은 제철소, 거기에 한 치 앞도 볼 수 없는 암흑까지. 그 무서울 정도의 적막한 순간의 공간에서 터져 나오는 것은 직원들의 비통 어린 한숨과 절망적인 비명뿐이었다. 갓 입사한 신입사원도, 40년 경력의 베테랑 직원도 무엇부터 해야 할지 그저 망연자실할 따름이었다. 어떻게 세운 회사이며 어떻게 돌아가던 공장이었나. 나의 기계, 마이 머신은, 우리 부서는 어떻게 되는 걸까 하는 발조차 구를 수 없을 정도의 안타까움의 시간이 어둠만큼이나 첩첩이었다고 한다.

여기서 한 가지, '마이 머신'이라는 다소 생소한 용어에 대해 물어보았다. 임 부장의 설명이 이러하였다. 한 설비를 오랫동안 관리하다 보면 기계가 사람처럼 느껴진다는 것이다. 피와 살을 나눈 내 가족 같고, 나의 일부인 분신처럼 느껴진다는 말을 듣고는 수긍이 갔다. 직원들이 내 일에 대한 애정과 애착이 얼마나 큰가를 짐작할 수 있는 말이었다. 내 가족이고 내 분신인 '마이 머신'이 부서지고 뜯겨지고 휘어졌다. 그 처참한 상황을 바로 눈앞에 둔 심정이 어떠했을까를 직접 겪지 않은 포스코 바깥의 사람인 필자가 어떻게 짐작이나할 수 있을 것인가.

전체 제철소가 암흑에 휩싸인 3일간의 특히 참담했던 시간, 그때가장 절박했던 것 중 하나가 화장실 문제였다고 임 부장은 말했다. 전기가 모두 나갔으니 당연히 화장실 가동이 중단되었다. 전 직원은 물론 협력사, 본사 인력 등 수많은 인원이 복구에 참여하는 공장에서 화장실을 쓸 수 없다니.

인간의 기본적인 욕구 행위가 먹고 배설하는 것 아닌가. 식사는 외부에서 도시락을 배달해 왔기 때문에 큰 문제없이 어느 정도 해결할 수 있었다. 그러나 그다음이 문제였다. 화장실 오수를 퍼내는 펌프카의 가동이 멈췄던 것이다. 이동식 변기 60여 개를 배치하였으나 그것으로는 턱없이 부족했다. 복구에 참여한 사람들은 배설을 적게 하기 위해 식사량을 줄였다고 한다. 그 힘든 복구작업에 임하려면 먼저 든든히 먹어야 할 터인데 식사를 줄이다니, 참으로 난감하고도 비참한 상황이었다.

해병대 사령관이 현장을 방문했다. 브리핑을 맡은 임지우 부장은 지금 가장 시급하게 도울 것이 뭐냐고 묻는 사령관에게 위생차가 필요하다고 했다. 복구 인력들이 식사까지 줄이면서 참고 있는 절박한 화장실 문제를 설명하자 사령관은 당장 3대의 위생차를 보내 주었다. 1대는 현재 해병대 소유이고, 나머지 2대는 국방부의 위생차였다. 위생차에 의해 오수를 퍼내는 문제가 해결되자 복구 인력들의 식사량이 늘어났다는 상황을 보고받고 임 부장은 웃어야 할지 울어야 할지 몰랐다고 한다.

임 부장이 핸드폰에 저장된 사진 한 장을 보여 주었다. 화장실 문 앞마다 파란색 플라스틱 쓰레기통이 즐비하게 놓인 사진이었다. 그 쓰레기통에는 통마다 흙탕물이 채워져 있었다. 한 사람이 화장실을 사용하고는 물을 내리고, 다음 사람을 위해 문 앞의 흙탕물을 변기에 채워 넣는 행위의 반복. 물은 공장 내에 얼마든지 있었기에 그냥 퍼오면 되는 것이었다. 흡사 재난 영화의 한 장면 같은 사진이었다.

복구에는 나의 일과 너의 일이 따로 없었다. 업무가 모두 바뀌어 버린 것이다. 당장 할 수 있는 일, 당장 해야 할 일은 물을 퍼내고 설비들을 닦고 말리는 일밖에 없었다. 깊은 암흑 속, 희미한 랜턴의

포항제철소 각 공장에서 분리되어 나온 모터들이 수리를 기다리고 있다.

실낱같은 불빛 속에서, 차오른 물을 퍼내고 또 퍼냈다. 수전 시설이 겨우 복구되자 비상 발전기 쟁탈전이 벌어졌다. 발전기 하나만 있으면 양동이로 밤새도록 물을 퍼내겠다며 제발 자기 공장부터 배치해 달라고 하던 공장장과 직원들의 눈빛을 잊을 수 없다고, 그 눈빛은 형언할 수 없는 절박함을 앞에 둔 사람의 간절함과 애절함 그 이상이었다고 한다. 우선순위에 의해 일을 진행할 수밖에 없었던 임 부장에게 그런 상황은 잊을 수 없는 또 하나의 고통스런 기억이다.

135일의 기적, 어둠에서 빛으로

"공장장님! 명장님! 진짜 할 수 있을까요? 이대로 끝나는 걸까요?"

직원들의 절망스런 질문에 대답은 이러하였다.

"언제 우리가 할 수 있는 것만을 해왔던가?"

그랬다. 포스코는 언제나 불가능을 가능으로 만들어 왔다. 무에서 유를 창조해 왔다. 철강 불모의 이 나라를 조강생산력 세계 4위의 나라로 만들었다. 불굴의 도전정신의 포스코 DNA로, 포스코인의 가슴마다 용광로처럼 끓고 있는 애사심으로 무엇을 못 해낼까. 멈춘 심장을 되살리기 위해서 무엇을 못 할까.

여기서 임 부장은 '포스코 DNA'에는 복구 DNA가 강하게 내장되어 있다고 말한다. 포항제철소 건립 당시 모든 기술을 외국에 의존했다는 것은 잘 알고 있는 사실이다. 기술을 전수해 준 사람들이 자기 나라로 돌아가고 난 이후 모든 문제들은 스스로 해결해야만 하였다.

주변 인프라가 전무했던 시절, 이를테면 어느 한 부분의 설비나 기계에 고장이 발생하면 제철소 내에서 직원들이 직접 뜯어내고 고치고 수리하는, '완전복구' 능력이 있어야만 했다. 그 복구 DNA는 오늘날 포스코의 기술력으로, 나아가 포스코의 문화와 전통으로, 그리고 역사로 이어져 오고 있다고 한다. "50년 회사의 1년 차 직원은 1년 차가 아닌 51년 차"라고 임 부장이 힘주어 한 말이 참 인상적이었다. 그러니 포스코의 직원들은 모두 최소 55년 차 직원이라는 말이다.

그 모든 것이 하나로 모여 드디어 3일째부터 전기가 들어오고 냉천범람 4일 만에 휴풍에 들어갔던 3고로가 다시 뜨겁게 쇳물을 품었다. 이어서 일주일 만에 2고로와 4고로가 가동되었다. 고로가 다시 가동되는 그 순간의 벅찬 감동은 포항제철소가 건설되었을 당시 첫 쇳물을 쏟아 내던 때의 감동과 다를 바 없었다.

불가항력, 망연자실. 여의도 3배가 넘는 제철소의 절반 이상이 어른 키 높이만큼 흙탕물에 잠긴 상상초월의 상황. 모든 설비들이 엿가락처럼 휘어지고 종이처럼 구겨진 최악의 상황. 그 참담한 절망을 딛고 다시 뜨겁게 뛰는 심장, 다시 일어난 제철소! 대동맥에서부터 실핏줄까지, 그 피와 살이 기적같이 살아났다. 어떻게 이런 일이 일어날 수 있을까. 아니, 해낼 수 있을까. 최소 6개월 이상이 걸린다는 모두의 예상을 깨고 불과 135일 만에 일관제철소의 일사불란한, 정교하고도 거대한 시스템이 정상화될 수 있을까!

물론 천우신조天佑神助 같은 여건들도 있었다. 제철소 내에서 냉천과 가장 먼 지점에 고로가 위치한 점이 그러했다. 거기에 세계 최고의 기술력을 가진 포스코였기에 가능했다. 그러나 그 무엇보다도 고로만큼이나 뜨거운 어떤 것이 포스코인의 가슴에 용솟음치고 있었기 때문이 아니었을까. 그리고 그 뒤에는 지난 반세기 동안 피와 땀과 눈물을 함께한 50만 포항시민의 간절한 응원, 협력사는 말할 것도 없고 경쟁사까지 하나가 되어 전력을 다해 준 것 또한 '포스코 재난극복 135일의 기적'의 힘이었다고 믿는다.

새로운 역사, 새로운 도약

'제철보국'의 기치로 시작하여 지금의 '기업시민'까지. 지역의 각종 시설기반에 대한 지원과 협조는 물론, 포스코만의 독특한 봉사활동 프로그램인 포항지역 마을과의 자매결연을 통한 봉사, 그리고 지역 사회의 새로운 문화를 만들어 가는 기업 메세나 활동은 '더불어 함께 발전하는 기업시민정신'의 실현이었다. 따스한 공존공생의 가치로 포스코는 지난 반세기 동안 포항시민과 함께해 왔다.

그러니 포항제철소의 고로가 어찌 포스코만의 심장일까! 다시 타오른 저 용광로는 포항시민의 심장이고 이 나라 기간산업의 심장이다. 더 나아가 포스코라는 이름은 바로 포항의 심장이요, 이 나라의 심장임을 이번 재난에서 다시 한번 확인하였다.

500년 기록을 깬 슈퍼 태풍 힌남노가 덮친 처참함, 그 속에서 불과 135일 만에 포항제철소는 기적적으로 복구되었다. 멈춘 지역의 심장, 이 나라의 심장은 뜨겁게 되살아 펄떡이고 있다. 지난 50년을 그랬듯이 포스코는 미래 50년의 위대한 역사를 써나갈 것이다. 이번 재난극복의 기적은 제2의 포스코 건설의 대역사大役事이면서 새로운 역사歷史의 출발점이 될 것이다.

재난의 시작부터 지금까지 계속된 하루 2번의 회의를 통해 간부들은 머리를 맞대어 지혜를 짜 모았다. 두툼한 임지우 부장의 노트 한 권이 수없이 계속된 회의 기록들로 빼곡하게 가득 찼다. 고향 진주에서 산 세월보다 포스코와 함께 포항에서 산 세월이 더 길다며 스스로 포항사람이라고 말하는 임 부장은 인터뷰 마지막에 이런 말을 했다. 이번 재해를 극복하면서 경주 최부잣집을 떠올렸노라고. 수많은 사람들과 응원해 준 지역민들, 협력사와 경쟁사들이 엄청난 재난 상황 속에서 극복에 동참해 주었는데, 포스코가 그간 회사의 이익만을 위해 왔더라면 과연 그들로부터 그러한 도움을 받을 수 있었을까 생각했다고. 그러면서 더불어 함께 발전하는 '기업시민정신'과 '공公의식'을 다시 한번 강조했다.

그리고 그는 마지막으로 힘주어 덧붙였다. 신은 어쩌면 포스코에 극복 가능한 재난을 주었고, 이를 통해 앞으로 100년의 포스코를 향한 재도약의 기회, 전화위복의 기회를 주었다고. 포스코는 오늘 새로운 역사를 위한 새로운 도약의 시점에서 옷매무새를 가다듬고 신발 끈을 고쳐 매고 있다고.

인터뷰를 마치고 돌아서는 임지우 부장을 보며 그의 가슴속에서 고동치고 있는 고로만큼이나 뜨거운 애사심을 진하게 느꼈다. 135일 완전복구의 날, 포스코는 수많은 임지우 부장으로 가득함을 느끼는 순간이었다.

"빠르게보다는 안전하게!"

글을 마무리하면서 인터뷰를 위해 포스코에 들어서면서 보았던 문구를 다시 한번 되뇌어 본다. 이 말이 어찌 포스코에만 적용되는 말이겠는가. 이 나라의 모든 산업 현장에서, 더 나아가서는 앞만 보며 정신없이 달려가는 오늘을 사는 우리 현대인들이 새겨야 할 따스한 잠언이자 빛나는 경구이리라.

지난해 여름밤, 모처럼 송도 해변을 걸었다. 때마침 보름 즈음의 한껏 부푼 달이 중천에 둥그렇게 떠올랐다. 핸드폰에서는 드뷔시의 〈달빛〉 선율이 흘러나왔다. 밤하늘의 달빛과 핸드폰의 달빛을 환상적인 조화로 짚어 가게 만든 것은 건너편 포스코의 야경이었다. 영일만을 수놓던 그 아름다운 빛의 향연을 다시 보고 누릴 날이 곧 다가오고 있다고 믿는다.

서숙희

3부

함께
밝히는
희망의
불빛

6장
불이 꺼질 뻔한 용광로

제철소의 심장, 고로

자연 상태의 철을 가공하여 제품으로 구현하기 위해서는 여러 공정이 필요하다. 그것은 철광석iron ore과 같은 원료를 활용하여 선철pig iron을 생산하는 제선 부문, 선철 혹은 고철에서 반제품인 강철을 만드는 제강 부문, 반제품을 가공하여 다양한 형태의 최종 제품을 생산하는 압연 부문으로 구분할 수 있다. 제선 부문과 제강 부문은 합쳐서 선강 부문으로 불리기도 하며, 선강 부문은 상上공정, 압연 부문은 하下공정에 해당한다. 오늘날의 철강산업은 제선, 제강, 압연의 세 부문을 한 지역에 통합시킨 일관제철소integrated steel mill가 주도하고 있다.

제선 부문의 핵심적인 설비는 용광로이다. 용광로는 제철소의 상징이며 심장에 비유된다. 심장이 멈추면 사람이 죽듯, 일관제철소에서 용광로의 가동이 중지되면 모든 공정이 작동할 수 없다. 용광로의 외부는 철로, 내부는 특수 내화물로 만들어져 있으며 한번 만들어진 용광로는 수십 년 동안 사용된다. 오늘날의 용광로는 110미터 이상으로 높기 때문에 흔히 '고로'라고 불린다. 지상에서 고로의 꼭대기로 가려면 우리가 100미터 달리기를 하는 거리를 사다리를 타고 올라가야 하는 셈이다.

철을 생산하는 데 사용되는 원료에는 철광석, 유연탄, 석회석이 있다. 이러한 원료를 고로에서 효과적으로 활용하기 위해서는 미리 두 가지 공정을 거쳐야 한다. 첫 번째 공정은 소결sintering 공정이다. 철광석을 잘게 부숴 응축시키면 덩어리 형태의 분광석이 만들어진다. 그것을 석회석 및 코크스cokes 가루와 혼합하여 처리하면 일정한 크기의 소결광이 된다. 두 번째 공정은 코크스 제조 공정이다. 유연탄을 밀폐된 가마에서 1,000~1,300도의 고열로 가열하면 코크스가 만들어진다. 유연탄을 나무에 비유한다면 코크스는 숯에 비유될 수 있다. 코크스는 고로에서 철광석을 녹이면서 철을 분리시키는 역할을 담당한다.

이렇게 만들어진 소결광과 코크스는 컨베이어벨트를 통해 고로 꼭대기로 들어간다. 고로에서 1,200도의 뜨거운 바람을 불어넣으면 코크스가 타면서 발생한 열에 의해 소결광이 녹는다. 동시에 코크스에서 나오는 일산화탄소가 소결광과 환원반응을 일으킨다. 이러한 반응을 충분히 거치면 붉고 뜨거운 용암처럼 보이는 쇳물이 생산된다. 그 쇳물은 액체 상태의 선철로, '용선liquid metal'으로 불린다.

고로에서 원료가 용선으로 만들어지는 데는 5~6시간이 소요된다. 용선의 온도는 1,540도까지 올라간다.

용선을 냉각한 후 제품으로 가공하는 경우도 있지만 대부분의 용선은 강철을 만들기 위한 중간 원료로 사용된다. 고로에서 생산된 쇳물은 '토페도 래들 카'로 불리는 용선운반차를 통해 제강 부문의 핵심 설비인 전로steel converter로 옮겨진다. 용선운반차는 철로를 따라 고온의 쇳물을 운반할 수 있도록 잠수함 모양으로 특별히 제작된 열차에 해당한다.

그렇다면 우리나라에는 몇 대의 고로가 있을까? 포스코는 포항제철소에 4개의 고로를, 광양제철소에 5개의 고로를 준공했다. 그중 포항 1고로는 1973년 6월 9일에 첫 쇳물을 생산한 후 48년 6개월이 지난 2021년 12월 29일에 종풍終風을 맞이했다. 우리나라에서는 오랫동안 포스코만 고로를 가동해 오다가 현대제철이 2009~2013년에 당진제철소에 고로 3개를 준공했다. 현재 우리나라에서 가동 중인 고로는 11개인 셈이다.

나는 생각한다, '고로' 존재한다

포스코가 2017년부터 빅데이터와 인공지능을 활용한 '스마트 고로'를 추진해 왔다는 점도 주목할 만하다. 포항제철소의 2고로를 시작으로 3고로와 4고로가 스마트 고로로 변신했고, 광양제철소에도 확

1973년 첫 쇳물을 생산했던 포항제철소 1고로.

고로에서 생산한 쇳물을 용선운반차에 담아 제강공장으로 운반한다.

대하여 적용하는 중이다. 포항제철소 2고로는 2019년에 우리나라 최초로 세계경제포럼WEF: World Economic Forum에 의해 '등대공장lighthouse factory'으로 선정되기도 했다. 등대공장은 4차 산업혁명의 핵심 기술을 활용해 세계 제조업의 미래를 혁신적으로 이끌고 있는 공장을 의미한다.

과거에는 고로 표면의 온도와 압력, 그리고 배출가스의 성분을 측정하여 고로 내부의 상황, 즉 노황爐況, blast furnace condition을 추정했다. 이에 따라 제선 부문은 숙련된 직원들의 경험에 의존했으며, 그들의 암묵지가 포스코의 큰 자산이었다.

반면 스마트 고로는 실시간으로 수집된 데이터를 통해 수많은 사례를 학습한 후 고로의 상태를 스스로 점검한다. 이를 바탕으로 조업 조건을 선제적으로 제어하여 품질이 우수하고 편차가 적은 쇳물을 생산하는 데 기여한다. 스마트 고로를 활용하면 직원들의 근무 여건을 개선하는 효과도 누릴 수 있다. 데카르트의 유명한 경구인 "나는 생각한다, '고로' 존재한다"가 떠오르는 순간이다.

포항제철소의 '에이스 고로'에 해당하는 3고로를 통해 좀 더 자세히 살펴보자. 3고로에는 42개의 풍구(불을 피울 때 바람을 일으키는 기구)가 설치되어 있다. 지금은 고화질 카메라 덕분에 중앙운전실에서 연소 상태를 실시간으로 확인할 수 있다. 이에 반해 옛날에는 사람이 직접 풍구 앞으로 가서 허리를 숙여 연소 상태를 점검했다고 한다. 3고로와 4고로를 관할하는 2제선공장장 손기완은 "제가 키가 크니까 당시에는 허리가 아파서 힘들었다"고 전언한다.

철광석과 유연탄을 비롯한 원료의 품질도 정확히 알 수 있다. 이전에는 사람이 하루에 3번, 한 번에 40킬로그램 정도를 삽으로 떠서 입도(입자의 평균적인 크기)나 습도를 관찰했다고 한다. 당시에는 소수의 샘플에 대한 관찰에 불과했고, 실시간도 아니었던 셈이다. 출선이 이루어지는 장면도 실시간으로 볼 수 있다. 과거에는 2시간마다 사람이 직접 가서 서모커플thermocouple로 쇳물의 온도를 측정하는 방법을 사용했다고 한다. 이제는 고로의 온도가 자동적으로 제어되며, 특별한 상황에서만 인간이 개입하면 된다.

제철소를 구한 '신의 한수'

이렇게 안정적으로 조업이 이루어지고 있던 중에 '힌남노'라는 애물단지가 접근한다는 소식이 전해졌다. 역대급 초대형 태풍이 포항을 관통한다는 예보에 김학동 부회장은 고로의 휴풍을 지시했다. 휴풍 지시에 대해 현장의 관계자들은 "너무 과도한 것이 아닌가?"라고 생각했다고 한다. 이전에도 태풍은 여러 차례 포항을 거쳐 갔지만 단 한 번도 고로를 정지시킨 적은 없었기 때문이었다. 당시의 상황에 대해 최규택 제선부장은 다음과 같은 소회를 밝혔다.

힌남노가 접근하고 있던 9월 5일 야간이었다. 2고로와 4고로는 새벽 3시에 휴풍을 완료하고 3고로는 감광減鑛 상태에서 태풍을 통과시키기로 했다.[1] 상황실에서 밤샘 근무를 하다가 6일 오전 6시에 태풍 상황이 악화되고 있음을 느끼고 3고로로 이동했다. 장대처럼 내리는 비로 인해 도로도 철도선로도 보이지 않는 길을 뚫고 3고로에 도착했다. 중앙 운전실에서 상황을 지휘하던 7시경에 소장님의 전화가 왔고 3고로에는 이상이 없다는 보고를 드렸다. 그런데 채 10분도 되지 않아 제철소 전체에 정전이 발생했고, 3고로에 대해서도 휴풍을 실시했다. 출선과 감광으로 사전에 철저히 대비했기 때문에 피해는 전혀 없었다.

고로에 쇳물이 차 있는 상태에서 전기공급이 차단되면 고로 내의 쇳물이 밖으로 넘치게 되는 사고가 발생한다. 다행히 2고로와 4고로는 휴풍이 되어 있었고, 3고로의 경우에는 쇳물이 많이 없는 상태에서 휴풍을 했기 때문에 2차 사고가 없었다. 이런 면에서 김학동 부회장의 휴풍 결정은 글자 그대로 '신의 한 수'였다. 부회장은 제선부에서 오랜 경험을 쌓아온 명실상부한 최고의 수장이었다. 여기서 중요한 점은 포스코가 '자발적으로' 휴풍에 대한 결정을 내렸고, '사전에' 철저히 준비했기 때문에 피해를 최소화할 수 있었다는 사실이다.

만약 고로를 적절한 타이밍에 세우지 않았다면 어떤 일이 벌어졌을까? 휴풍을 하지 않으면 쇳물이 계속 나오고 그것이 후속 공정으로 흘러간다. 침수된 생산 라인으로 쇳물이 계속 흘러들었다면 다량

---

1   감광은 철광석의 양을 줄이고 유연탄의 양을 늘려 용선의 생산량을 제한하는 것을 의미한다.

의 폭발 사고가 발생했을지도 모른다. 또한 휴풍이 되지 않은 상태에서 정전이 된다면 후속 공정의 설비를 복구하는 것은 거의 불가능하다. 가령 고로가 쇳물을 보내고 제강공정과 압연공정이 계속 작동하고 있었다면 모터를 비롯한 설비들은 거의 모두 고장이 났을 것이고, 아무리 청소를 해도 무용지물로 전락했을 것이다. 신의 한 수는 고로에 국한된 것이 아니라 제철소 전체의 생명과 직결되어 있었던 셈이다.

골든타임을 사수하라

최규택 제선부장의 소회는 이어진다.

이후 이틀 동안 제철소는 한 치 앞도 안 보이는 칠흑의 어둠 속에 잠겼다. 그것은 우리 모두에게 두려움을 주기에 충분했다. 그리고 제철소 복구 과정의 험난함을 예고하고 있었다.

휴풍을 하더라도 고로에는 냉각수가 주입되어야 한다. 고로의 온도가 매우 높기 때문에 이를 식혀주지 않으면 터져 버리기 때문이다. 제철소 전체가 정전이 된 상황에서 제선부 직원들은 경유로 작동하는 비상발전기를 돌렸고, 이어 디젤 펌프가 가동되어 물이 공급되기 시작했다. 그렇게 해서 가장 급한 불은 껐다. 갑작스런 상황에서 놀라긴 했지만, 평소에 훈련이 되어 있었기 때문에 가능한 일이었다.

가장 심각한 문제는 휴풍이 오래가면 '냉입 사고'로 이어진다는 점이었다. 냉입은 고로 내부의 쇳물이 엿처럼 얼어 배출이 되지 않는 상황을 의미한다. 사람이 배설을 할 수 없으면 몸 안에 독소가 쌓이는 것과 마찬가지로 고로가 냉입을 당하면 기능을 상실하게 된다. 냉입 사고가 발생하면 이를 해결하는 데 수개월이 소요되고, 심각할 경우에는 설비 자체를 교체해야 한다. 제철소로서는 천문학적인 손해를 봐야 하는 상황이 되는 것이다. 그래서 제선부 엔지니어들의 가장 중요한 사명은 냉입 사고를 막는 데 있다고 한다. 다시 말해 제선부 엔지니어들에게는 냉입 사고가 오명을 쓰는 일에 해당하는 셈이다.

냉입 사고를 피할 수 있는 골든타임은 7일 정도다. 그 전에 다시 송풍을 해서 고로를 따뜻하게 해주어야 한다. 이를 위해서는 전기도 필요하고 물도 필요한데, 수전受電과 수수受水가 정상화되는 데는 3일이 걸렸다. 재송풍에 이르는 동안 제선부 직원들의 속은 타들어갔고 입은 바짝 말라 갔다. 결국 3고로는 108시간(4일 12시간), 4고로는 156시간(6일 12시간), 2고로는 160시간(6일 16시간) 만에 재송풍에 성공했다. 골든타임이 7일 정도이니 4고로와 2고로는 하마터면 냉입에 걸릴 뻔했던 셈이다. 3고로, 4고로, 2고로에 재송풍이 시작된 시점은 각각 9월 10일 19시 37분, 9월 12일 14시 33분, 9월 12일 19시 34분이었다.

손기완 공장장은 3고로의 재송풍에 대한 소감을 다음과 같이 표현했다.

박태준 회장님이 첫 출선할 때 감격의 눈물을 흘리고 '만세!' 하던 그 느낌을 어렴풋이나마 알겠더라고요. 그 당시에는 저보다 훨씬 더 고생했을 거 아닙니까? 왜냐하면 저분들은 무에서 유를 했고 저희들도 완전 암흑천지에서 전기도 안 되고 물도 안 되고 아무것도 안 되는 상황에서 다시 제철소를 하나씩 가동하는 거나 마찬가지더라고요. 스팀이 새로 들어오고 전기가 새로 들어오고 그런 것들을 우리가 하면서 진짜 옛날에도 노심초사했겠구나 하는 생각이 들었습니다. 저도 만세가 절로 나오더라고요. 정말 울컥하고 그렇게 했던 기억이 있습니다.

제선부 구성원들에게 고로는 자식과 같은 존재다. 휴풍은 사람으로 치면 아무것도 먹지 않고 아무것도 배설하지 않는 상태를 의미한다. 거꾸로 표현하면, 배설이 되지 않으니 먹을 수가 없는 것이다. 고로와 동고동락하는 제선인製銑人의 처지도 마찬가지였다. 전기도 물도 들어오지 않는 상황에서 며칠 동안 먹는 것을 보류하면서 밤샘 작업을 했다. 간이 화장실은 사고 발생 후 3일째에 설치되었고, 그때서야 제선부 요원들은 다시 음식을 먹을 수 있었다.

어떻게 쇳물을 처리할 것인가

고로가 다시 가동하기 시작했다고 해서 문제가 끝난 것은 아니었다. 더욱 심각한 문제가 기다리고 있었다. 고로에서 나오는 쇳물을 받아줄 후속 공정들이 복구가 되지 않은 상태에서 쇳물은 어떻게 처리해야 하는가? 참으로 난감한 문제가 아닐 수 없었다.

가장 간단한 방법은 용선운반차를 활용하는 것이지만, 포항제철소의 용선운반차 54대에 보관 중인 쇳물도 이미 굳어 가고 있었다. 김진보 포항제철소 부소장은 용선운반차를 추가적으로 확보하기 위해 동분서주했다. 그 결과 광양제철소의 용선운반차 18대가 선박을 통해 포항제철소로 이송되었다. 경쟁업체인 현대제철도 당진제철소의 용선운반차 5대를 흔쾌히 빌려주었다. 그러나 용선운반차로 모든 쇳물을 감당할 수는 없었다. 용선운반차로 처리할 수 있는 쇳물의 용량은 그리 많지 않으며, 그나마 쇳물을 임시적으로 보관하는 정도에 불과한 것이다.

다른 방법으로는 주선기casting machine를 생각할 수 있다. 주선기는 용선을 주조하는 기계로 주조의 주鑄, 용선의 선銑, 기계의 기機가 합쳐진 용어다. 주선기를 활용하면 이동하는 주형에 쇳물을 주입하여 일종의 바를 만들 수 있다. 금으로 만든 바가 골드바, 즉 금괴라면 철로 만든 바는 '철괴'에 해당하는 것이다. 포항제철소에도 주선기가 설치되어 있으며 간혹 제강 부문에 문제가 발생하면 주선기가 활용되기도 했다. 그러나 태풍 피해로 전기가 원활히 공급되지 않아

주선기를 작동시키는 것은 곤란했다. 설령 주선기를 가동했다고 하더라도 그것으로 소화할 수 있는 쇳물의 양은 그리 많지 않았다.

이처럼 용선운반차나 주선기를 이용하는 방법은 실질적인 대안이 될 수 없었다. 그야말로 그림의 떡에 지나지 않았던 것이다. 보다 특단의 대책이 요구되었다. 이러한 상황에서 등장한 아이디어가 바로 '사처리sand control'였다. 글자 그대로 모래사장을 조성해 그곳에서 쇳물을 처리하는 작업에 해당한다. 모래 위에 쇳물을 부어 냉각, 응고시키고 일정 시간이 지난 후 다시 이송해 후속 공정에서 사용할 수 있도록 하는 것이다.

사실상 사처리는 고로가 1개만 존재하는 제철소에서 활용되는 방법이다. 고로가 2개 이상 있으면 특이한 상황이 발생할 때 서로의 출선량出銑量을 조절하여 대응할 수 있지만, 고로가 1개만 있으면 제강 부문이 받쳐 주지 않을 경우에 쇳물을 별도로 처리해야 하는 것이다. 포항제철소와 광양제철소의 경우에도 건설 초기에는 사처리장을 운영했지만, 조업이 안정화된 이후에는 철거하는 수순을 밟았다. 30여 년 전에 포스코가 사처리를 했다는 소문만 무성할 뿐, 이제는 직접 경험한 직원이 없는 먼 나라의 이야기에 불과했다.

사沙처리를 위한 사투死鬪

일촉즉발의 상황에서 포스코는 재빨리 사처리장의 조성을 추진했다. 포항제철소에 정전이 발생한 시점이 9월 6일 7시 27분이었는데, 이로부터 8시간 정도가 지난 15시 30분경에 사처리장 조성이 결정되면서 사처리팀이 구성된 것이다. 제선부장의 주관하에 'OB'로 불리는 포스코 전직 선배, 포항과 광양의 제선부 명장, 포스코 및 협력사 직원 등 35명이 총출동했다. 그중에는 인도네시아의 크라카타우 포스코PT. KP: PT. Krakatau POSCO에서 4년 동안 근무하면서 사처리에 대한 경험을 가진 이원홍 선배도 있었다. PT. KP는 크라카타우스틸과 포스코가 합작하여 2010년에 유한책임회사PT: Perseroan Terbatas의 형태로 설립한 제철소인데, 아직 고로가 1개였기 때문에 사처리장을 운영하고 있었다.

첫 번째 과제는 사처리장을 조성할 부지를 선정하는 것이었다. 용선운반차가 접근할 수 있는 선로 옆이어야 했고, 폭발 위험이 없도록 바닥에 물이 고여 있지 않아야 했다. 그러나 태풍 힌남노로 인해 물웅덩이가 없는 곳이 없었다. 우여곡절 끝에 냉선을 보관하는 장소가 사처리장 부지로 선택되었고, 물웅덩이를 흙과 파쇄 슬래그로 제거하는 평탄화 작업이 이루어졌다. 사처리장은 모두 2개로 조성되었으며, 1개당 1천 톤의 쇳물을 처리할 수 있었다. 사처리장의 조성이 완료된 시점은 9월 8일 15시경이었다.

곧이어 9월 8일 16시에는 사처리 1차 시도가 있었다. 그러나 용

포항제철소 제선부 선후배 직원들이 사처리장을 건설하여
야간 사처리 작업을 하고 있다.

선운반차 내의 쇳물이 굳어 있는 바람에 실패로 끝나고 말았다. 사
처리팀은 용선운반차 내부에 온도가 높은 쇳물을 섞어 녹이는 방법
으로 응수했다. 용선운반차를 움직일 수 없었기 때문에 450톤 크레
인을 동원하여 크레인의 힘으로 용선운반차를 기울이는 아이디어도
활용되었다. 9월 9일에는 민족 대명절인 추석 연휴가 시작되어 장

비와 인력을 구하기 어렵게 되었는데, 다행히 포항제철소 내 협력사들이 많은 도움을 주었다. 게다가 추가적인 우천이 예고되어 있어 사처리 작업 시 폭발할 위험이 우려되었다. 이에 대비하여 사처리장 전체를 포장재로 덮는 복포覆包 작업도 진행되었다.

9월 10일에 들어서는 3고로의 재송풍이 이루어진다는 방침이 정해졌다. 재송풍 이전에 사처리에 성공해야 하는 압박감이 팀원들의 어깨를 짓눌렀다. 다행히 당일 15시 30분에 사처리가 처음으로 성공리에 실시되었고, 19시 37분에는 3고로의 재송풍이 시작되었다. 이로써 고로의 숨통을 틀 수 있었다. 그러나 아직 후속 공정이 복구되지 않아 그 숨통이 얼마나 이어질지 모르는 상황이었다.

다행히 9월 11일 22시에는 2~4전로가 가동되기 시작했다. 이제 고로의 숨결이 한결 부드러워졌다. 사실상 전로가 적시에 가동되지 않을 경우에 고로 1기의 재송풍을 계획적으로 지연시키는 방안도 거론되었는데, 제강부 직원들의 신속한 복구작업으로 이를 극복할 수 있었던 것이다. 참으로 다행스러운 일이었다. 그동안 사처리된 쇳물의 양은 9,079톤에 달했다. 드디어 4고로와 2고로도 재송풍을 맞이할 때가 되었다. 9월 12일 14시 33분에는 4고로, 19시 34분에는 2고로가 다시 가동되기 시작했다. 용선의 온도가 1,540도에 이른 시점을 살펴보면, 3고로는 9월 12일 8시, 4고로는 9월 14일 6시, 2고로는 9월 14일 4시였다.

9월 17일이 되자 고로의 조업이 안정세에 진입하는 양상을 보였다. 9월 17일 당일에 2고로는 73퍼센트, 3고로와 4고로는 65퍼센트의 가동률을 보였다. 이후에도 상공정과 하공정의 밸런스를 감안하여 조업복구계획이 수시로 조정되었다. 매일매일 복구 상황을 면밀히 파악하고 이를 바탕으로 고로의 가동률을 결정하는 일이 반복되었다. 상당기간 감산減産 조업을 하는 것은 불가피했다.

결국 힌남노 사태가 발생한 후 100일 만에 포항제철소의 주요 공장이 모두 가동되고, 135일 만에 포항제철소 전체의 복구가 완료되면서 고로도 100퍼센트의 가동률로 완전히 정상화될 수 있었다. 이제 고로는 마음껏 먹고 호흡하고 배설할 수 있게 되었다. 포항제철소가 복구되는 데 최소한 1년은 걸릴 것이라는 예상을 깨고 4개월 만에 평상시의 모습으로 돌아온 것이다.

위기를 통한 학습

위기를 통해 배운다고 했던가? 이번 힌남노 사태를 통해 포스코가 잃은 것도 많았지만 얻은 것도 많았다. 다른 부서도 마찬가지겠지만, 특히 제선부의 직원들은 위기를 극복하는 과정에서 서로에 대한 신뢰를 강화할 수 있었다. 특히 기성세대와 MZ세대가 서로 공감할 수 있는 계기가 마련되었다. 제선부 직원의 수는 460명 정도인데, MZ세대가 40퍼센트 가까이 된다. 힌남노 사태 이전에 MZ세대는 선배들의 지시에 따라 업무를 수행하는 정도였고 그다지 적극적인 자세를 보이지 않았다고 한다. 오히려 MZ세대가 자신의 진짜 정서

나 실력을 드러낼 기회가 없었는지도 모른다. 그런데 힌남노 사태로 동거동락하면서 MZ세대가 선배들을 보는 눈이 달라졌다. 선배들의 정신력과 문제해결 능력에 존경심을 가지게 된 것이었다. 거꾸로 기성세대는 MZ세대가 헌신적인 자세로 복구작업에 동참하고 번뜩이는 아이디어를 제안하는 것을 보고 한솥밥을 먹는 동료라는 생각을 가지게 되었다. 이와 같은 세대를 넘나드는 신뢰와 협력은 천금千金을 주고도 사기 어려운 소중한 자산임에 틀림없다.

지역사회와의 소통도 빼놓을 수 없다. 포스코는 각 부서별로 자매결연을 한 마을이 있는데, 제선부의 경우에는 해도동이다. 안전이나 환경을 보는 눈높이가 올라가면서 지역 주민들이 포스코에 바라는 것도 점점 많아졌다. 이에 따라 지역 주민들과 포스코의 사이가 과거에 비해 다소 소원해졌으나, 힌남노 사태를 계기로 다시 회복되는 양상을 보였다. '포스베가스'라는 별칭이 있을 정도로 포항제철소가 찬란하게 빛나는 것이 당연한 일이었는데, 거의 4일 동안 칠흑 같은 어둠에 싸이자 지역 주민들이 포항제철소의 의미를 다시 생각하게 된 것이다. 실제로 해도동 주민들은 제선부로 위문 방문을 가서 떡도 주고 격려도 하는 등 물심양면으로 응원해 주었다. 이처럼 힌남노 사태는 포스코와 지역사회가 하나의 공동체라는 사실을 다시 확인하는 계기로 작용했다.

기술적인 면에서도 상당한 학습이 있었다. 기술학습의 대표적인 예로는 '보열형保熱形 휴풍'을 들 수 있다. 이는 휴풍 상태가 유지되는 동안에 열손실을 최소화하는 방법이다. 기존의 통상적 휴풍과 달리

고로의 전단인 열풍로와 후단인 가스 배출구를 완전히 차단하여 고로에서 방출되는 열을 최소화함으로써 조업을 재개할 때 쇳물의 온도를 용이하게 확보할 수 있도록 하는 것이다.

두 번째 예로는 '장기간 감산 조업'을 들 수 있다. 그것은 수개월에 달하는 오랜 기간 동안 고로 내부의 가스량을 줄인 상태에서 감산 조업을 실시하면서도 조업의 안정성을 지속적으로 확보할 수 있는 기술에 해당한다. 아직까지 정교하게 정립된 개념은 아니지만, 힌남노 사태를 통해 새롭게 학습한 것을 정교화하고 표준화하여 공식적인 기술로 자리 잡을 수 있기를 기대한다.

돌이켜 보면, 포스코가 이번과 같은 힌남노 사태처럼 5일 이상 모든 고로를 세워본 적은 없었다. 물론 고로를 개수할 때는 조업을 수개월 동안 중단한다. 그러나 고로 개수는 하나의 고로에 국한된 작업으로, 다른 고로는 정상적으로 작동하는 상태에서 이루어진다. 고로가 제철소의 심장이라는 비유로 돌아가 보자. 힌남노 사태로 포항제철소의 모든 고로는 사활이 걸린 심장수술을 받아야 했다. 수술을 위해 심장을 잠시 멈출 수는 있지만 적절한 타이밍에 심장이 작동하지 않으면 생명을 잃게 된다. 그런 절체절명의 순간에 포스코의 제선인들은 노련하고 헌신적인 의사로서 심장수술을 훌륭히 집도하고 깔끔하게 마무리했다. 하마터면 불이 꺼질 뻔한 용광로가 다시 살아났다.

불이 꺼지지 않은 용광로여, 영원하라!

송성수

7장

'왜? 왜? 왜?'로 찾은 해결책

그날, 포항제철소로 돌아가다

곽경제 과장은 그날 인천 송도로 출장 가는 길이었다. 차 안 라디오에서 포항의 한 아파트 지하주차장이 급작스럽게 물에 잠겨 인명사고가 났다는 뉴스가 흘러나왔다. 그는 깜짝 놀랐고 의아했다. 태풍 힌남노는 새벽에 동해상으로 빠져나갔는데, 주거지가 물에 잠기다니? 정작 태풍이 포항을 휩쓴 간밤에도 큰 사고 소식은 없었지 않나.

이어진 뉴스에 따르면 사고 원인은 아파트 옆 냉천의 범람이었다. 그는 냉천을 익히 알았다. 평소에는 거의 말라 자갈 바닥을 내보이는 실개천이었다. 아무리 기록적인 폭우가 내렸다 한들 그런 실개천이 인명을 빼앗을 만큼 무섭게 돌변했다는 사실이 믿기지 않았다. 그리고 냉천 건너편 포항제철소가 떠올랐다. 포항제철소는 그의 본사, 그러니까 곽경제 과장이 포스코 인재창조원으로 파견 근무를 나오기 이전까지 약 7년간 전기 엔지니어로 일했던 곳이다. 그는 운전하는 틈틈이 예전 동료들에게 전화를 걸어 보았다. 포항제철소의 철저한 비상 대비체제를 모르지 않으나, 믿기지 않는 자연재해가 바로 옆에서 발생한 만큼 혹시 어떤 영향이라도 받지 않았을지 걱정되었다. 누구도 전화를 받지 않았다. 아니, 상대가 전화를 안 받는 게 아니라 발신음조차 나지 않는 불통이었다. 이럴 리가 없었다. 이런 일은 있을 수가 없었다. 다른 데도 아니고 포항제철소에서. 그의 심장이 두근거렸다. 그러나 그는 그때까지도 다른 데도 아니고 그 포항제철소의 모든 휴대전화 중계기가 전원 장치의 침수로 꺼져 있을 줄이야 상상도 하지 못했다.

송도에 도착해서도 찌뿌둥한 채로 출장 업무를 마친 저녁, 휴대전화 단체채팅방을 본 그는 제 눈을 의심했다. 이게 제철소라고? 집채만 한 모터들이 물에 잠긴 사진에 울컥 눈물이 나왔다. 그중 한 대는 그가 전기 엔지니어로 근무하던 시절, 벽면 하나를 다 무너뜨리고 초대형 크레인으로 조심조심 끌어내어 수리했던 것이었다. 그렇게 크고 강하고 민감한 기계들이 나란히 하필 상극相剋인 물에 머리 끝까지 짓눌려 함부로 유린당하고 있었다.

막막하다고 할까, 답이 없다고 할까. 참담한 현장 사진들을 계속 보자니 집이 완전히 무너져 폐허가 돼버린 듯한 느낌이 들었다고 할까. 포항제철소는 우리나라에서도 중요한 거잖아요. 아주 중요하고 굳건했던 존재가 갑자기 죽어 버린 느낌 …. 뭐라 할지, 잘 표현이 안 되네요.

포항제철소 전기강판공장에서 생산된 코일이 물에 잠겨 있다.

　말로 다 옮길 수 없는 그 순간의 심정이 곽 과장의 얼굴에, 그로부
터 4개월이 지난 뒤의 인터뷰 중에 고스란히 되살아났다. 대단히 명
석한 인상에 침착하기도 한 그가 끝내 눈가를 붉혔다. 결과적으로
135일 만의 복구라는 기적이 이루어졌기에 망정이지, 그렇지 못했
다면 그 재난은 포스코 직원들에게 평생의 트라우마로 남았을 듯싶
었다. 그리고 트라우마로 남았다면 재난 이전으로 돌아가지 못했을
터인데, 기적으로 반전된 지금은 돌아갈 까닭이 없을 터. 2022년 9
월 6일 냉천범람이라는 예기치 못한 사태로 50년을 쉴 새 없이 가동
돼 왔던 포항제철소가 멈춘 것은 그런 일이었다. 포스코 역사에서,
또 그 충격을 겪은 개인들의 인생에서 이전과 이후를 명백히 갈리게

하는 한 획이었다.

그 며칠 뒤 그는 전화를 받았고 요청에 답했다. 교육 업무에 뜻을 두고 인사 공모에 응해 선발되어서 갔던 인재창조원이지만, 그는 즉각 짐을 쌌다. 업무 인수인계도, 동료들에게 작별인사를 할 새도 없었다. 급했다. 그는 포항제철소로 돌아왔다.

'기계는 어때?'

쇠를 만드는 과정은 원료를 쇳물로 녹이는 제선, 불순물을 거른 후 판으로 뽑아내는 제강, 그 판을 눌러서 얇게 펴는 압연으로 크게 나뉜다. 포항제철소의 면적이나 공장 수에서 제선과 제강을 합쳐서 반, 압연이 다른 반이라고 할 수 있는데, 이번에 침수된 포항제철소의 절반이 대개 냉천에 가장 가까운 압연 쪽, 곧 압연공정 전역이었다. 곽경제 과장은 압연공정을 복구하기 위해 꾸려진 비상 설비복구반의 4개 팀 중 스테인리스 설비 복구를 담당하는 3팀에 간사로 배속되었다.

그때까지 기름을 넣어 돌리는 발전기로 사무실에 컴퓨터와 조명을 켜놓는 게 고작이었다. 거대한 공장들 내부는 지면보다 훨씬 깊어서 물만 한가득이고 깜깜했다. 물 위는 깜깜하고 모든 기계들을 삼켜 버린 물은 밤바다처럼 검었다. 기계들은 다 폐기되고 포항제철소는 문을 닫아야 하는 걸까? 무엇보다 먼저 해야 할 업무는 암울함을 떨쳐내는 것이었다.

그리고 한꺼번에 마비돼 버린 수십만 대의 기계를 수리할 기술자들을 되도록 많이 또 빨리 끌어모아야 했다. 포스코의 사업장인 광양제철소는 물론 공급사, 협력사, 이미 은퇴한 60대 선배들한테까지 지원 요청을 했다.

"기계는 어때?"

선배들은 다른 질문은 하지 않았다. 마치 그가 전화로 지원 요청을 받았을 때처럼, 그들도 관심은 오로지 기계였다. 위중한 병을 앓는 자식의 병세를 묻는 듯했다. 경험 많은 선배의 걱정스러운 어조에 곽 과장은 가슴이 더욱 답답해졌고, 선배는 말을 잇지 못하는 그로 인해 걱정이 깊어지는 것 같았다. 짧은 침묵 속에 팽팽한 긴장이 오갔다.

평상시에도 기술자들은 기계가 고장 나면 한밤중이든 휴일이든 현장으로 튀어온다. 기계가 잘 돌아가도록 끊임없이 살펴보고, 닦아 주고, 고쳐 주는 것이 그들의 업이고 삶이다. 그런 의미에서 기계의 손상은 그들 자신의 손상이기도 하다. 은퇴한 기술자라고 해서 그다지 다르지 않다. 어떤 이는 포항제철소가 처음으로 웅웅 돌아가던 감동적인 순간의 기억이 있고, 어떤 이는 어느새 낡은 기계를 리모델링하여 새 기계로 재탄생시켰던 뿌듯한 기억이 있다. 지금 후배들이 지켜 내려는 건 지금의 기계들만이 아니며, 치료가 시급한 환자도 기계들만이 아니었다. 본인이 운영하는 사업 때문에 자리를 비울 수 없는 단 한 명을 제외하고 선배들은 모두 다음 날이라도 달려오겠다고 했다.

포항제철소를 복구해야만 한다고, 그것도 하루빨리 복구해야만 한다고 누구나 생각하지만 그렇게 될 것이라고는 그 누구도 확언할 수 없었다. 복구 계획은 책상 위에서 짜일 수 없었다. 현장에서, 방금 뻘에서 나온 기계 앞에서, 평소 그 기계를 '마이 머신'으로 맡아 유지 보수를 해왔던 담당자가 의견을 내고, 정비 파트장들, 공급사의 전문가들, 사내 기술계통의 거장이라 할 '명장'들을 포함한 중앙 정비부서가 함께 검토하여, 말하자면 버텀업bottom-up 방식으로 수립되었다.

기계에서 구동을 하는 부분은 깨끗이 세척하고 건조하여 기름칠하면 다시 쓸 수 있지만, 문제는 전자·전기 제어에 관련된 부분이었다. 섬세한 기판들이 물에 닿아 오염된 장치들은 당장은 작동하더라도 갑자기 멈추거나, 그보다 심각하게 오작동할 우려가 있었다.

'다시 쓸 수 있을까, 없을까?'

이것이 설비 복구 전체에서 가장 중요한 판단이었다. 설비 하나가 살아나면, 유사한 기종 전부의 소생 가능성이 훌쩍 높아졌다.

'그럼 얼마나 걸릴까?'

'세척과 건조를 대량으로 처리할 수 있는 업체를 확보해 맡깁시다!'

'이것과 구조가 비슷한 기종은 무엇, 무엇이 있나?'

비상 설비복구반은 복구를 최우선순위에 두고 압연공정의 업무를 잠정적으로 재분할하고 프로세스를 새로 짰다. 이를테면 공장 전체에 깔려 있는 수만 대의 전동모터를 수리하기 위해 전 부서가 달라

제철소 공장 내 설비가 토사로 뒤범벅이 되어 있다.

붙느니 모터 전담팀을 따로 만들고, 부서마다 우선순위를 정해 준 다음 다른 업무에 집중하도록 했다.

그리고 전담팀에서도 복잡한 설비의 경우에는 수리 범위를 분할 하여 몇 개의 세부 전담팀으로 나누었다. 여기까지 해서 다음으로 보내고, 또 다음으로, 다음으로. 수리 범위를 어디서부터 어디까지 로 분할할 것인가? 이 또한 중요한 판단이며, 판단을 제대로 하는 것이 곧 기술력이었다. 이번 기적이 일어날 수 있었던 비결 중 하나 는 포항제철소의 기술력이었다.

"이쪽으로 빼놓기만 해주세요."

"저리로 보내기만 해주세요."

"그건 걱정하지 마십시오."

"이건 안 하셔도 됩니다. 저희에게 맡겨 주십시오."

비상 설비복구반은 프로세스를 총괄하면서 조율하고, 어느 과정에선가 부담이 과도해지면 떠맡아서 해결책을 강구해 나갔다.

'스테인리스 26개 라인을 당장 다 복구할 수 없다면, 제품을 최소한이라도 생산하게끔 한두 개 라인이라도 먼저 복구할 수 없을까?'

'그 일정도 수리에 필요한 기계를 몇 대 더 산다면 앞당길 수 있지 않나?'

'기계가 오려면 적어도 한 달은 걸리는데? 그럴 바에야 사내 다른 부서들의 도움을 받아서 그 기계를 직접 만들어 버릴 수는 없을까?'

아이디어들이 계속 터져 나왔다. 그리고 검토도, 업무 반영도 빨랐다. 제안부터 실현까지 평소와는 비교할 수 없는 속도로 진행되었으며, 끓는 물의 대류對流처럼 급박하게 아래위로 오가며 토의되었고, 성취감과 보람은 즉각적이었다.

"한 부서가 언제까지 뭘 하겠다 했는데, 제가 속으로 안 믿은 적도 있어요. 제 개념으로는 될 수가 없었거든요. 근데 그게 되더라고요!"

하루에 2번씩 복구 현황을 파악하여 복구 점검회의에 보고하는 업무를 하면서 곽 과장은 현장의 시시각각 꿈틀댐을, 복구에 임하는 사람들의 간절함을, 되살아나려는 포항제철소의 의지를 느꼈다.

복구에 필요한 인력을 최대한 동원하다 보니 협력사 직원들과 일용직이 대거 투입되어, 평소보다 몇 배나 많은 인원이 현장에서 바

글거렸다. 자칫 작업이나 동선이 얽힐 수도 있는 데다 새로운 인력들이 현장에 익숙지 않은 면도 있어서 사고의 위험이 급증했다. 사실 숨 가쁘고도 아슬아슬한 나날이었다. 아무리 복구가 급해도 사람의 안전이 먼저였다. 또한 사고가 터지면 복구 지연은 둘째 치고 복구할 거리가 오히려 늘어날 수도 있으므로, 안전 유지는 복구와 직결되기도 했다.

사내 각 부서와 협력사, 공급사의 안전 담당자들로 꾸려진 '안전 패트롤'이 현장을 끊임없이, 또 속속들이 돌아다녔다. 작업장마다 어떤 위험 요인이 있는지, 또 작업자들이 그런 위험 요인을 알고 작업하고 있는지 2중, 3중으로 점검하고 조치를 강구토록 했다. 일례로, 공구들이 충전을 위해 한곳에 너무 많이 꽂혀 있어 불이 나려는 것을 막은 적이 있었다. 이런 사례들과 이로 인해 새로 수립된 안전수칙은 복구 점검회의에 즉각 보고되고 각 부서장들에게 공유됨으로써 수평으로 전개, 곧 전체 현장에 일시에 퍼졌다. 하루에 2번 부회장이 주재하는 복구 점검회의의 주요 안건이 복구와 안전이었다.

애초에는 2023년 9월까지였던 복구 예정 기간이 날마다 여기저기서 쑥쑥, 무엇보다 안전하게 줄어들어, 복구 계획이 8차까지 수정되었다. 2023년 9월에서 2023년 1월로, 침수피해 135일 만으로.

위기에서 발현된 것

시뻘겋게 달궈진 쇠판을 과거에는 수없이 두드려서 폈겠으나, 요즘은 엄청나게 무거운 롤러로 눌러서 반죽을 밀듯 펴낸다. 그리고 얇게 눌린 판과 판들을 연달아 기다랗게 이어서 두루마리로 돌돌 말아, 코팅이나 연마 같은 후속 공정으로 넘긴다. 생산 라인마다 용접기가 있어야 하는 이유이다.

제선과 제강이 복구된다 해도 압연이 막히면 병목 현상이 일어날 수밖에 없는데, 압연의 핵심 설비인 용접기는 워낙 예민해서 섣불리 손을 댈 수조차 없었다. 부품이 대개 해외에서 온 것들이라 새로 발주한다 치면 한 대에 22억 원이라는 고가를 감수하더라도, 납품까지 18개월이나 걸린다는 문제가 있었다. 피해 설비 중 예상 납기기간 최장으로, 그동안 생산 라인을 멈춰 놓고 기다린다는 것은 도무지 가능하지가 않았다. 광양제철소에서 용접기를 관리해 온 김현만 파트장을 비롯한 14명의 설비 전문가들이 급파되었다.

"광양제철소와 포항제철소는 한 식구 아닙니까. 여기 있는 이 설비는 우리 설비나 마찬가지지요."

차라리 자력 수리, 자체 자재 보급이라는 불가능에 도전하기 위해 그들과 포항제철소의 엔지니어들로 어벤져스, '용접기 성능복원 TF'가 결성되었다. TF는 주요 부품인 '통신 커넥터'와 '카드' 등을 우선 광양제철소에서 긴급 공수해 왔으며, 다른 부품들도 수리가 덜 급한 기계들에서 뚝딱뚝딱 대체 가능한 것들로 찾아내기 시작했다.

그리고 부품별로 해외 공급사의 전문가들을 연결하여 차근차근 정밀하게 진단하고 수리 작업을 정확하게 수행해 나갔다.

자재 수급은 용접기만이 아니라 압연설비 수리 전반의 난제였다. 평소에는 각 설비 담당자가 알아서 필요 부품을 구매하고 예비로 쟁여 두기도 하지만, 예비량마저 물에 잠겨 쓸 수 없게 된 데다 담당자들은 구매고 뭐고 할 경황이 없었다. 비상 설비복구반은 수리에 필요한 부품들의 리스트를 모조리 취합하여 스웨덴, 미국 등지의 공급사에 무수히 전화하고 이메일을 보내 조기 납품을 요청, 간청, 애원했다. 공급사에 포스코의 다른 회사가 이미 주문해 놓은 물량이 있으면 양쪽의 양해를 얻어 포항제철소로 먼저 돌렸고, 경쟁사에까지 도움을 구했다.

"일단 다 보내 주세요. 사양이 좀 다르더라도 저희가 개조해서 쓸 수 있는 부품들이 있으면 지원을 부탁하겠습니다."

중국의 청도, 장가항, 베트남 등지에 있는 포스코의 해외법인들에게 비축해 놓은 부품들의 리스트를 엑셀 파일로 요청하여 활용 가능한 부품들을 모조리 받아 냈고, 국내 공급사의 부품일지언정 납품 기한을 도저히 앞당길 수 없으면 그 부품들이 이미 나가 있는 해외 각국의 소매상들을 샅샅이 파악하여 일일이 접촉했다. 하다못해 해외직구 사이트인 아마존, 알리바바 등에 저 먼 나라의 개인들이 한두 개씩 올려놓은 매물들마저 뒤졌다. 우주선이나 탱크의 부품을 당근마켓에서 찾는 셈, 평소에는 당치 않은 일이나 궁즉통窮則通, 궁하니 통했다.

예정에 없던 막대한 물량을 포항제철소에 대기 위해 공급사, 협력사들도 비상이었다. 밤낮 없는 풀가동, 직원 급구, 특근수당과 보너스 지급은 물론 휴식시설 확장에 식사와 간식 보강에, 어느 사장님은 근무자들에게 홍삼까지 대령한다고 했다. 그들에게는 실적을 비약적으로 높일 호기인 것도 사실이었지만, 그 바탕에는 포항제철소가 이 위기를 꼭 넘겨야만 한다는 공동의 절박함과 포항제철소는 반드시 해내리라는 믿음이 깔려 있었다.

포스코의 역사가 중요한 자산이라는 것을 저는 이번에야말로 실감했습니다. 포스코의 일하는 방식, 포스코의 저력을 그분들이 잘 알고 계시더라고요. 포스코는 한번 목적지를 정하면 진짜 눈에 불을 켜고 달려가니까, 간다 하니 우리도 당연히 함께 간다, 이런 식이었어요. 또 공급사, 협력사들과 함께 고생하면 함께 잘된다는 신뢰가 구축되어 있었고요. 이제껏 포항제철소가 당장의 이해만 따지지 않고 상생相生하려고 했던 노력이 쌓여 이번 복구 과정에서 에너지로 발현된 것 같습니다. 우리도 좋고 상대방도 좋고, 비즈니스 위드 포스코Business with POSCO. 그리고 사업관계에서만이 아니라 정말 많은 도움을 받았습니다. 포항 지역 주민들을 비롯해 온 국민이 걱정하고 응원해 주신다는 걸 저희도 느꼈어요. 큰 힘이 되었죠. 제가 몇 달 전까지 인재창조원에서 2년 8개월 동안 교육했던 '기업시민'이 우리의 경제적 가치와 사회적 가치가 조화를 이루도록 하자는 취지거든요? 이번에 위기를 겪고 보니, 사회적 가치가 경제적 가치를 지켜 주기도 하는 거였어요.

곽경제 과장은 말했다.

위기 상황에 이 정도 대응할 수 있는 체제를 갖춘 회사가 포스코만은 아닐 겁니다. 우리나라에도 여럿 있을 거예요. 그런데 포스코에는 그 이상의 뭔가가 분명히 있는 것 같아요. 예를 들어 문제해결 과정이 1번부터 10번까지 있는데 1번은 이래서 안 되고, 2번은 1번이 안 돼서 안 되고, 3번은 전제 조건이 있는 데다 어려운 조건이고, 4번도 그런 식이고…, 이렇다고 칩시다. 그러면 안 되는 게 맞는 거잖아요. 그런데 포스코는 그럼 1번은 건너뛰면 안 될까? 2번을 다른 식으로 하면 안 될까? 3번을 전문 업체에 의뢰하면 안 될까? 4번과 5번을 뒤바꾸면 안 될까? 집요하게 따지고 든단 말이죠. 문제를 다 해결한다는 뜻이 아닙니다. 끝끝내 해결하려는 마음가짐이랄까, 적극적인 자세를 말하는 거예요. 저야 맡은 업무에 급급한 수준이지만, 간사로 복구 점검회의에 들어가 보면 정말 달라요. 한계를 인정하지 않아요. 왜 안될까? 왜 그렇게밖에 안될까? 왜 더 잘 안될까? 왜? 왜? 왜? 문제 제기가 계속 나와요. 이러니까 포스코는 안 될 것이 없겠구나 하는 생각이 들더라고요. 그래서 이번 수해복구도 해낼 수 있었다고 저는 봅니다.

이른바 '포스코 DNA', 하면 한다는 정신이 젊은 세대에게 전수되겠느냐는 질문에 본인도 30대인 곽 과장은 솔직한 말로 답하기 시작했다.

"아무래도 젊은 세대는 다르죠."

애사심으로 똘똘 뭉친 베이비붐 세대는 차차 은퇴해 가고, 현재 포항제철소는 근속 연수가 길지 않은 젊은 직원들이 다수이다. 그들이 똑 부러지고 내 할 일과 아닌 일이 분명한 것은 — '꼰대'들이 보기에는 '이기적'인 것은 — 포항제철소라고 해서 예외가 아니다. 연령상 중간 허리쯤에 해당하는 곽 과장은 윗세대와 아랫세대의 차이를 절실히 느껴 왔다. 그랬던 것이 이번 수해복구를 계기로 변화하리라고 그는 생각한다.

그런데 이번에 복구를 함께하면서 확실히 달라졌어요. 긴박한 상황에서 서로 의지할 수밖에 없고, 그러다 보니 서로 이해도 더 하게 되고, 신뢰도 생기고요. 포스코의 위기였지만, 포스코의 정신이 이어지는 절호의 기회이기도 했어요. 네, 전화위복이지요. 직원들 입장에서도 열의만 있다면 둘도 없을 기회였습니다. 공장을 새로 지을 때가 아니라면, 크고 복잡한 기계들을 뜯어본다든지 이런 경험을 어떻게 해보겠습니까? 몇 년 배울 것을 단기간에, 아니 이전이나 이후로나 적어도 20여 년 동안에는 배울 수 없는 것을 배웠을 거고, 경력에도 남을 겁니다. 제가 인재창조원으로 파견 근무를 나갔던 것도 우리 회사 사람들이 일을 좀 더 행복하게 했으면 좋겠다는 생각 때문이었습니다. 막상 비상복구팀에서 일하게 되니 저 자신도 교육 콘텐츠가 와도 볼 새가 없긴 합니다만, 이번 경험을 변화의 계기로 삼는 젊은 사원들이 있는 것 같습니다. 내가 이런 것도 할 수 있구나! 좀 더 배워야겠다, 좀 더 재미있는 걸 해봐야겠다, 좀 더 나아져야겠다! 이런 마음이 제가 쓰던 교육용 언어로는 향상심向上心이거든요.

미증유의 재해로 배운 것들

일선에서 복구작업을 했던 실무자의 경험담을 들려 달라는 부탁을 끝으로 인터뷰를 마친 다음 날, 음성 파일이 하나 날아왔다. 이번에는 곽 과장이 질문자가 되어 입사 2년 차의 박제혁 사원을 인터뷰한 녹음 파일이었다.

"무릎 통증을 언제 처음 느끼셨나요?"

"수해 피해가 나고 한 달 뒤였습니다."

박제혁 사원은 계단을 오르내리거나 설비를 들여다보기 위해 자세를 낮추면 오른쪽 무릎이 찌릿찌릿 아팠다. 한 달 동안 많이 걸어서 그런가 보다 했다. 공장은 넓디넓고, 초기 복구작업이란 온종일 걸어 다니는 것이었다. 그런데 지켜보던 파트장이 심상찮다며 포스코 건강증진센터에 가보기를 권했다. 박 사원은 오른쪽 무릎 연골이 다 닳아서 없는 데다 슬개골이 어긋났다는 진단을 받았다. 걸을 때마다 뼈가 갈리는 상태라서 수술이 결정되었다. 그 순간 그의 머릿속에는 한 달째 격무로 피로에 찌든 선후배들의 얼굴이 스쳐 갔다.

처음에는 끝이 안 보였다. 뻘을 뒤집어쓴 설비들은 형체조차 알아볼 수 없었다. 이걸 언제 다 복구하나 하는 생각을 하고 있으면 아무 짓도 못 할 것 같아서, 그들은 조를 나눠 조금씩 손을 댔다. 작업을 하고 있는 한 어쨌든 복구는 진행되고 있는 것이므로.

설비가 일부나마 모습을 드러내기 시작하자 되는구나 싶었고, 설비를 빨리 보고 싶어서 점점 더 속도를 내게 되었다. 누가 채근하지 않아도 설비가 온전히 살아서 돌아가는 모습을 어서 빨리 보고 싶었다. 전날 야근으로 눈이 퀭한 채로 출근해서 점심 먹자마자 깜빡 자고 겨우 일어나 오후 작업을 하다가도, 저녁 늦게 설비 하나가 살아나 돌아가면 와! 하며 몰려갔다.

'멋지다! 아, 다행이다!'

135일 만의 기적적인 복구란, 135일 동안 주말 하루 빼고 밤 9시, 10시, 때로는 자정까지 야근이 이어졌다는 뜻이다. 그리고 복구작업에 따라 열흘이건 보름이건 한순간도 쉬지 않고 자리를 지켜야 하는 경우도 있었다. 누군가는 지병이 급격히 악화되었고, 누군가는 없던 병을 얻기도 했으며, 면역력이 떨어져 잔병치레로 대다수가 약을 먹었다. 아파도 아플 새가 없었다. 박제혁 사원도 수술 후 회복 기간을 최소한으로 줄여 현장으로 돌아와서 진통제를 먹어 가며 일했다. 선후배들에게 미안하기도 했고, 그런 상황에서 본인의 공백을 스스로 견딜 수가 없었다.

최첨단 기계들이 모조리 무력하게 가사 상태에 빠진 포항제철소에 사람이 있었다. 그들이 꿈틀대며 살아나려는 현장의 가쁜 숨결이었으며, 내젓는 손이었고, 다시금 바닥을 딛고 일어서는 발이었다. 불굴의 포스코, 그 꺾이지 않는 의지와 기적적인 부활의 능력이란 결국 사람이었다.

후판부 2후판공장에서 직원이 토사를 씻어 내느라 안간힘을 쓰고 있다.

파트장님은 제가 2년 차의 신입인데도 알아서 일을 잘한다고 칭찬해 주셨는데, 그게 실은 선배님들이 다 알려줘서 한 거였거든요? 이미 짜인 멘토-멘티 관계도 아니고, 라인이 다른데도 말이에요. 기계요소는 공통이니까, 제가 정말 많이 배웠습니다. 선후배 관계가 밀착됐다고 할 정도로 굉장히 좋아졌죠.

포항제철소의 명운이 걸린 극단적인 상황에서 윗세대의 애사심이 말로가 아니라 몸으로 폭발했다고나 할까. '선배님들이 저렇게까지 하시네?'라며 적잖은 후배들이 영향을 받았다. 또한 자신의 역량 개발에 관심이 많은 특성상, 후배들이 어려운 일에 자청하여 나서서 선배들을 놀래기도 했다. 이 친구들에게 이런 면이 있었나?

"기억에 제일 많이 남은 일은 뭘까요?"

"감속기를 뜯어 베어링이라든가 내부를 들여다본 거요. 평상시에는 해볼 수가 없는 일이니까요."

"자신감을 얻었겠네요."

"네, 이번에 워낙 큰일을 겪어 봐서, 앞으로는 무슨 일이 생겨도 겁이 안 날 것 같아요. 회사만이 아니라 다른 데서도요."

"업무 외에 힘든 점은 없었나요?"

"여자친구가 불만이 많았습니다. 만나지를 못하니 달랠 수도 없었죠. 그런데 여자친구가 이해해 주더라고요. 포스코부터 살려야 한다는 기본적인 동의가 있었어요."

"저도 큰애가 6살이고 둘째가 4살, 4살이지만 개월 수로는 이제 26개월이라 막 말을 하기 시작했는데….."

직원들의 아빠 노릇, 엄마 노릇, 자식 노릇도 135일 동안 거의 유예되었다. 돌보지 않은 기계가 고장 나듯, 가족들도 빈자리에 힘겨워했다. 가사와 육아 분담 같은 실제적인 문제만이 아니었다. 돌발 상황의 연속이라 쉴 새 없는 복구 현장에서 다급한 가족의 전화를 받으면 가슴이 철렁했다. 또 뭔가 지키지 못한 약속 때문일까 봐, 아니면 제 몫을 해주지 못해 불안하던 어떤 일이 기어이 잘못됐을까 봐.

한편 가족들은 가족들대로 미안해했다. 밤마다 네온사인처럼 포항의 밤하늘을 밝혀 주던 포항제철소가 무거운 어둠에 덮인 것을 그들도 보고 있었으며, 그 어둠이 그들의 가슴에도 얹혀 있었다. 그쪽이 우선이라는 것을 가족들은 인정해 주었다. 최대한 참고 견디고,

212

함께 버텨 주었다. 포항제철소 복구를 함께해 주었다.

"병원에서는 수술 후에도 꾸준한 관리가 필요하다는데, 그동안에는 설비 정상화시키는 것, 원상복구시켜서 다시 돌려야 된다는 것 말고는 다른 것을 생각할 시간이 없었어요. 복구가 완료되면 생각해 보죠 뭐."

"아뇨, 지금부터라도 신경 쓰셔야죠. 건강은 누구도 대신 지켜 줄 수가 없어요."

포스코 역사에서 이전과 이후를 가른 한 획을 그들은 통과했다. 건너야 할 것은 온 힘을 다해 건넜고, 가져와야 할 것은 놓치지 않고 가져왔다. 그런데 그 일이 과연 '상식을 벗어난 기이하고 놀라운 일'이라는 사전적 의미에서의 기적이었는지, 이제 그들은 알지 못한다. 지금은 그 경험과 기억이 단단한 현실이 되어, 그들이 그 위에 서 있기 때문이다.

오수연

8장
'다시 숨 쉰다'는 것

희박한 공기 속으로

"공기와 같다고 할까요. 평소엔 거의 느끼지 못하다가 어느 날 갑자기 '아, 내가 호흡을 하고 있었지' 하면서 새삼 느끼게 되는···."

포스코가 자신에게 어떤 존재인지를 비유해 볼 수 있냐고 물었을 때 생산기술부 생산기술섹션 이종경 리더가 한 대답이다.

그의 대답에 고개가 절로 끄덕여졌다. 공기라는 단어가 가진 당연하면서도 특별한 의미 때문이기도 했지만, 그가 언급한 '어느 날 갑자기'가 특정한 하루 혹은 한순간만을 가리키는 것이 아니라는 사실이 절감되었기 때문이다. 태풍 힌남노가 몰아치면서 시작된, 135일로 상징되는 길고 긴 사투의 시간들이 켜켜이 쌓여 있다는 것, 곧 숨이 막힐 것 같은 절체절명의 순간들을 지나온 자만이 누릴 수 있는 호흡의 자유로움이 생생히 전해진 까닭이었다.

그래서였을까, 평지의 30퍼센트 산소밖에 존재하지 않는 해발 8천 미터의 에베레스트 등정을 기록한 존 크라카우어의 명작 《희박한 공기 속으로》의 어느 대목이 떠올랐다.

정상에서 내려오기 시작했을 때 나는 몹시 초조했다. 날씨 때문이 아니었다. 산소통에 부착된 계기의 바늘이 산소가 거의 바닥났다는 걸 알려 주었기 때문이다. 나는 급히 하산의 발길을 옮겨 놓아야만 했다.[1]

"힌남노를 겪고 나서야 비로소 느끼게 됐다는 게 이상할 수도 있지만, 생각해 보면 당연한 일인 듯싶습니다. 실제 공기에 대한 느낌도 그렇잖아요. 이번처럼 큰 위기가 닥친 적이 없었으니까요. 그동안 자잘한 위기들은 있었지만 견딜 수 있었고 극복이 가능했죠. 이렇게 몸과 마음을 옥죄는 위기는 처음이었습니다."

근속 15년을 넘긴 이종경 리더에게 제철소가 공기로 인식되는 데는 그 '공기'가 하루하루 그를 살아갈 수 있게 한다는 것, 생명 유지에 필수적인 요소라는 것 이상의 무엇이 작용했다. 그에겐 언젠가 '제철소를 총괄하는 일'을 담당하고 싶은 꿈이 있었고, 제철소가 스러진다면 그 꿈도 함께 스러질 터였다. 이 리더에게 필요한 공기란 제철소의 존립 그 자체였다. 그가 세상에 태어나기 전부터 작동하

---

1 존 크라카우어 저, 김훈 역 (2007), 《희박한 공기 속으로》(Into Thin Air), 황금가지, 25쪽.

던, 처음 가동된 이후 50년 가까이 한 번도 멈춘 적 없었던 제철소의 고로가 정지했을 때, 그는 산소 게이지가 바닥으로 떨어지는 걸 불안한 눈길로 확인하며 죽음의 그림자를 짊어진 채 하산의 발길을 떼던 희박한 공기 속 알피니스트와 다르지 않았다.

힌남노에 휩쓸린 포항제철소

포스텍 융합문명연구원으로부터 '포스코 냉천범람 피해복구'와 관련된 자료들을 이메일로 받은 건 2023년 새해가 밝고 며칠 지나지 않은 때였다. 메일을 열어 보기 전까지 나는 포항제철소에 무슨 일이 일어났는지 전혀 알지 못했다. 더구나 이메일보다 먼저 우편으로 도착한 송호근 선생의 《혁신의 용광로》를 흥미롭게 읽은 탓에 '재난'이니 '극복'이니 하는 단어가 주는 위기감은 '1도'(단 하나도) 와닿지 않았다. 와닿았다면 그건 오히려 내가 태어나 중학교를 졸업할 때까지 살았던 고향 기업에 대한 자부심, 대한민국 산업을 이끌어온 포항제철소의 돌올突兀한 위용이었다.

굴뚝, 고로, 철탑이 즐비한 근육질 공장을 사회학적으로 분해할 지력을 모아야 했다. 한국의 중화학공업을 일으킨 저 근육질 공장에서 뭔가 희망의 실마리가 발견되지 않을지도 모른다는 두려움도 앞섰다. 그러나 내 예상은 빗나갔다. 부정적 시선이 소멸되는 데에는 시간이 오래 걸리지 않았다. 방문 횟수가 늘어날수록 부정적 시선은 긍정적 이해로, 긍정적 이해는 급기야 존경심으로 진화했다. … 열연공장의 부서 책임자는 오·폐수를 정화해 버들치를 키우고 있었고, 화초가 자라는 작업통제실이 많았다. 수조는 오·폐수가 제대로 정화되었는지를 측정하는 장치였고, 화초는 통제실 직원들의 건강과 직결된 공기의 오염도를 가늠해 주는 예보관이었다. … 부서원의 팀워크는 최고 수준이었고, 작업장의 몰입과 헌신은 단연 돋보였다. 스웨덴의 '생산성 동맹 productive coalition'보다 월등히 나은 조직 자본을 배양하고 있었다. 한국형 생산성 동맹이었다. 포스코의 작업현장 전체가 그렇게 작동하고 있었다.[2]

'벅찬 미래를 달구는 포스코 스토리'라는 부제가 달린 송호근 선생의 책은 혹독하기로 명성이 자자한 춘천의 겨울, 아파트 서재 밖으로 내다보이는 새파랗게 질린 의암호의 냉랭한 물빛을 따뜻하게 녹여 냈다. 컴퓨터를 켜고 인터넷에 접속해 이메일을 열던 내 손가락은 무심했다. 맨 위에 첨부된 2022년 12월 25일 자 〈매일경제〉에 실린 송 선생의 '현장관찰기'를 클릭한 순간 상황이 급전했다. 작지 않은 충격이 밀려들었지만, 그럼에도 불구하고 여전히 긴가민가했다.

9월 6일 새벽부터 쏟아진 폭우는 시간당 101밀리미터, 4시간에 354밀

---

2 송호근, 앞의 책, 7쪽.

리미터를 기록했다. 기상청에 의하면 200년 기록을 갈아치운 폭우였다. 포스코 서쪽 담장에서 약 10킬로미터 떨어진 가뭄 방지 오어저수지가 물을 토해 내기 시작했다. 냉천의 수원지인 오어저수지를 떠난 물이 포스코 서쪽 3문과 담장에 도달하는 데에는 약 90분 정도, 35년 차 베테랑 이백희 제철소장의 무전기에서 다급한 목소리가 터져 나온 그 시각이었다.[3]

그제야 지난 늦여름이 떠올랐다. 냉천범람으로 물이 들어찬 아파트 지하주차장으로 차를 빼러 들어간 어머니를 구해 냈지만 자신은 끝내 빠져나오지 못한 중학생 이야기. 텔레비전 화면에서 눈을 떼지 못한 채 고향의 형제들에게 안부전화를 건 일이 생각났다. 하지만 같은 시간 포항제철소가 물에 잠겼다는 사실은 말 그대로 금시초문이었다. 더구나 대한민국의 경제가 돌이킬 수 없는 상황에 처할지도 모를 위기였다는 건 상상할 수도 없는 일이었다.

메일함에서 "포스코 힌남노 극복 우수 수기"라는 제목의 압축파일을 풀고 하나씩 읽어 나가면서 비로소 제대로 된 충격 속으로 빠져 들어 갔다. 전쟁 상황에서나 나올 법한 아비규환, 아수라장, 처참, 초토화 같은 날것 그대로의 표현들과 만날 때마다 조금씩 더 벌어지던 입은 오랫동안 다물어지지 않았다.

---

3   송호근(2022. 12. 25), "포스코 100일의 시련, 100일의 기적", 〈매일경제〉.

대형 셔터 문은 밧줄로 단단히 동여매어 강풍에 견디도록 조치한 뒤 주간근무를 마치고 다음 날 근무를 위해 집에서 대기했다. 태풍이 우리 지역을 관통할 것이라는 기상청 예보에 촉각을 곤두세운 채 무사히 지나가길 바랄 뿐이었다. 하지만 우리와 교대를 해야 하는 C조 동료들은 새벽녘에 공장 대형 출입문을 뚫고 몰아친 물폭탄을 피해 지상 루퍼 위로 긴급히 대피해야만 했다. 엄청난 양의 흙탕물이 점점 불어나 지상으로 차오를 때는 '이렇게 사람이 죽을 수 있겠구나'라는 극도의 공포에 휩싸였다. … 포항제철소 재난상황실의 긴급 문자를 받고 수해 당일 낮 12시에 출근하기 위해 차를 몰고 나갔으나 제철소 1문까지 가는 것도 너무 먼 거리였다. 시내에도 수해가 심한 데다가 아직 빠지지 않은 물이 도로를 덮쳐 모든 차들이 길 위에서 꼼짝할 수 없었다. 겨우 우회해 회사에 들어오니 도로엔 여전히 물이 가득 고였고 주차장의 차들은 서로 뒤엉켜 있었다. 공장 지하에 뻘흙과 함께 고인 물을 빼내는 작업이 우선이었지만 제철소 전체가 동시다발로 당한 터라 장비의 지원이 원활하게 이뤄질 수 없었다. 전기가 끊긴 지하의 설비들이 온전하지 않을 거란 생각이 들자 대한민국 산업의 심장이 멈춘 것 같은 절망감에 휩싸였다. 변압기가 폭발하고 통신시설(기지국)이 물에 잠겨 제철소 안은 암흑 세계였고 핸드폰은 더 이상 소통의 수단이 되지 못했다. 재난상황이라는 말로 다 설명할 수 없는, 말 그대로 아수라장이었다.[4]

---

4 포항제철소 STS압연부 2냉연공장 전정식 과장의 포항제철소 냉천범람 수해복구 수기 "산업의 심장을 다시 뛰게 하라" 중에서.

후판제품공장의 틈새 사이로 물 한 방울이라도 들어오지 않도록
직원들이 헝겊 등을 끼워 놓은 모습이 보인다.

11호 태풍 힌남노가 동해상으로 물러나면서 한숨 돌리는가 싶던 2022년 9월 6일 새벽 급작스럽게 돌변한 상황은 포항제철소 직원들이 써내려간 글에 공통적으로 담겨 있다. 수해가 일어나기 전날 교대 B조 근무 중 태풍에 대비해 공장의 출입문을 봉쇄하고, 비닐을 씌우고, 모래를 2단으로 쌓는 작업을 진행했던 STS압연부 2냉연공장 과장의 증언은 당시의 상황을 눈으로 보는 듯 생생하다.

상호부조, 완전한 복구의 화두를 풀어내다

이종경 리더와는 업무 중에 잡힌 인터뷰라 여유롭게 얘기를 나눌 시간이 없었던 탓에 그동안 자료만으로 훑었던 사항들에 대한 팩트체크 과정을 거친 뒤 복구 상황에 대한 얘기로 집중했다.

"복구에 대한 믿음에도 불구하고 이대로 끝나는 건가라는 생각이 무시로 들었습니다. 고로가 돌아가지 않으면 하루 500억 원의 손실이 생기는데 고로를 다시 돌아가게 한다고 해서 문제가 모두 해결되는 게 아니었으니까요. 경영진의 휴풍 결정은 신의 한 수였지만, 마치 문제 하나를 해결하고 나면 다시 풀기 어려운 문제가 나타나는 식이었죠. 우리를 긴장시킨 건 풀어 낸 문제가 또 다른 풀어야 할 문제가 되기도 한다는 겁니다."

침착하게 당시 상황을 설명하는 이 리더는 시종일관 차분했지만 난감하고 긴박했던 순간들을 떠올릴 때면 표정은 굳어졌고, 어두워지는 낯빛도 다 감추진 못했다. 그의 목소리 사이사이에 스민 고뇌가 마치 "행간도 꼼꼼히 읽어 달라"는 주문처럼 끈끈하게 내 귓속으로 밀려들었다.

"생산기술부는 제철소의 제품 생산에서 물류까지 총괄하는 종합 컨트롤타워입니다. 설비기술부, 안전방재그룹, 자재구매그룹, 인사노무그룹이 함께 참여하는 '냉천범람 피해복구반'에서 생산기술부가 담당하는 역할도 크게 다르지 않습니다. 저는 생산기술부 부장님과 함께 생산 및 물류에 관한 복구를 검토하는 일을 했습니다. 복구반에선 매일 복구 점검회의가 열리는데, 상황이 긴박하게 돌아가는 데다 하루하루 해야 될 일, 진행해야 할 과제들이 엄청나게 많아서, 뭐랄까요, 절망에 빠져 있을 시간조차 없었다고 해야 할까요?"

그의 입가에 비로소 잠깐이지만 엷은 미소가 어렸다.

힌남노 태풍이 닥치기 전날과 당일까지 운영된 '자연재난 대책반'은 '냉천범람 피해복구반'으로 바뀌고, 그곳에서 핵심적인 역할을 담당하는 생산기술부의 리더였던 그의 머릿속에는 여의도 면적 3배 크기의 포항제철소 전체가 거대한 캔버스처럼 펼쳐져 있었다.

부분적인 재개나 가동은 온전한 복구를 위한 시작에 불과했다. 모든 압연라인이 최대 지하 18미터까지 침수되고 냉천에서 쏟아져 들어온 뻘흙들이 기계장치를 완전히 덮어 버린 상황이라 압연라인이 정상적으로 작동되지 않는다면 고로에 새로 불이 지펴지고 쇳물을 생산하기 위해 바람이 다시 주입된다 해도 판매 가능한 제품을 생산할 수는 없는 일이었다. 한 곳이 제대로 작동되지 않으면 공장 전체가 흔들릴 수밖에 없는 일괄제철소의 운명이었다. 재료 투입에서 완제품 생산까지 전체 공정이 포스코 안에서 이루어지는 일괄제철소의 강점이 위기에 봉착한 것이다.

"냉천범람 후 나흘 만에 3고로가 정상적으로 가동을 시작하고 이틀 사이에 제강공정의 조업 재개와 제철소의 고로 전체가 복구되었는데, 제강이 빨리 돌아온 게 새로운 문제를 던져 주게 된 겁니다. 하루 4만 톤의 절반인 2만 톤만 생산된다고 해도 공장 전체가 정상적으로 가동되기까지는 슬래브가 계속 쌓일 것이고, 그렇게 100일이면 200만 톤이 되는 거죠."

선철에서 불순물을 제거하고 강鋼을 만드는 제강공정이 재개되어도 구조용 강재를 제조하는 압연라인이 돌아가지 않으면 철강 반제품인 슬래브를 어딘가에 쌓아 두어야 하는데 제철소 안이든 밖이든 그만한 공간을 확보하는 게 관건으로 등장했다. 이 공간을 확보하는 일은 뻘흙에 덮인 기계설비를 깨끗이 닦아 내는 일과 다르지 않은, 중차대한 복구의 일환이었다. 게다가 1천 도가 넘는 슬래브를 들 장비(크레인)가 없었다. 이때 도움의 손길을 건넨 곳이 경쟁사인 현대제철.

고로가 멈추는 경험을 해본 적 없던 포항제철소와는 달리 현대제철은 파업 등으로 부분적인 고로 정지를 겪으며 슬래브를 운반하는 장비와 노하우를 갖고 있었다. 경쟁사가 흔연히 내밀어 준 손길은 나라의 경제가 걸려 있을 때 사적 이익을 위한 경쟁은 무의미하며 오히려 서로를 해치는 결과를 초래할 수도 있다는, 경쟁의 순기능順機能이 드라마틱하게 발휘되는 순간을 장식했다. 적재할 공간이 부족할 때 슬래브를 구매해 주거나 완제품이 생산될 때까지 묵묵히 참고 견뎌 준 고객사들에 대한 고마움도 여느 때엔 생각하지 못한 일이었다. 그들은 비가 내릴 때 우산을 버리고 함께 비를 맞아 준 고마운 존재들이었다.

정반대의 경우도 있었다. 어려움에 처한 제철소가 오히려 원료 공급사를 위해 하기 힘든 결정을 내린 것이다. 제철소가 정상적으로 운행되지 못할 경우 공급사의 매출 감소가 불을 보듯 빤했을 때, 포

현대제철은 경쟁사임에도 불구하고 용선운반차를 당진에서 보내 주었다.

항제철소가 택한 '제강공장 가동 전 원료 선구매'였다. 공급사의 입장에서 본다면 이 결정이야말로 신의 한 수였을지 모른다.

"예를 들면, 포스코에 스테인리스 스크랩 원료를 공급하는 11개 공급사 중 하나인 서울스텐은 포스코 매출 의존도가 90퍼센트 이상입니다. 냉천범람으로 제철소의 스크랩 입고가 중단되는 가슴 철렁한 사태가 벌어진 겁니다. 이때 포스코가 스테인리스 제강공장 가동 전에 10월 계약 물량을 선구매하기로 결정함으로써 매출 감소를 최소화시킨 거죠."

냉천에서 범람한 물이 가장 빨리 밀려들어 가장 큰 침수피해를 입었던 스테인리스 2제강과 3제강공장이 끈질긴 복구 끝에 재가동에 들어간 것은 재난이 있고 2달여 후. 이후 스테인리스 스크랩 원료의 공급은 정상적으로 이루어졌다.

복구에 대한 믿음이 실현되기까지

"복구 점검회의가 열릴 때마다 12월까지는 복구가 된다는 이야기가 계속 나왔고, 믿음이 갔습니다."

재난 상황이 발생하고 언제쯤 복구가 이뤄질 것으로 예상했는지를 물었을 때 이종경 리더는 대답을 주저하지 않았다. 살짝 소름이 돋았다. 진정한 자신감은 위기에서 생겨나고 다져지는 법이다. 겨울이 되어 봐야 소나무의 푸르름을 알게 되고, 눈물 젖은 빵이 어려운 시절의 훈장이 되려면 견디고 이겨 내야만 하듯. 이때 가장 필요한 것이 이겨 낼 수 있다는 믿음일 것이다. 신념만으로 돌파되는 건 아니지만, 난관을 돌파하는 데 필요한 덕목으로 신념만 한 게 달리 있을 리 없다.

"사실, 초기 용선을 나르는 래들 문제로 전체 고로에 문제가 발생할 수 있다고 생각됐을 때는 '아, 망했구나' 싶기도 했었죠. 하지만 그때를 제외하고 한 번도 복구를 의심해 본 적이 없습니다. 1열연 등 계획된 공정대로 공장이 복구될 때쯤 복구가능에 대한 신뢰감이 한층 높아졌고요."

믿음을 품고 결연하게 떼어 낸 걸음을 멈추지 않고 나아가야 했다. 견인불발堅忍不拔의 의지는 완전한 복구라는 결실을 맺어야만 빛을 발할 터였다. 무엇이든 끝나고 돌아보면 명확히 보이지만 과정 속에선 안개 속을 걷는 것과 마찬가지다. '묵묵히'와 '결연히'는 여전히 땀과 고뇌, 인내와 성실 앞에 붙어 있던 2개의 부사였다. 침수피해를 입은 개별 공장들이 정상적으로 가동되는 복구들이 쌓이고 쌓여 제철소 전체가 재난 이전으로 돌아가는 '완전한 복구'의 날에서야 비로소 떼어질. 그리고 그날이 왔다.

"아이가 초등학생인데 주말이면 함께 놀아 주던 아빠가 주말에도 매일 출근하니까 많이 섭섭해 하더라고요. 아내도 늘 웃는 얼굴로 힘내라며 격려를 보내 줬지만, 나중에 그러더군요. 속에선 불안과 불만이 교차했었다고요."

혹시 스트레스나 우울감 같은 걸로 상담을 받지는 않았냐고 물었을 때, 이 리더의 입가에 오묘한 미소가 어렸다.

"병원에 간 적은 없지만, 제 생에서 가장 힘든 4개월이었습니다."

이종경 리더와 '짧고 굵게' 만난 뒤 집으로 돌아와 관련 자료들을 다시 숙독하고 미처 살펴보지 못한 기사들을 훑었다. 그렇게 며칠을 보낸 뒤 원고를 쓰기 시작하던 날 아침, 아파트 현관문 밖에 놓인 신문을 집어 들고 거실로 들어와 훑어보다가 "포스코 포항제철소 오늘부터 정상화"라는 굵은 글씨가 눈에 들어왔다. 신기했다. '태풍 피해 135일 만에 복구 완료'라는 부제가 붙은 기사를 묘한 기분으로 읽어 나갔다.

포스코는 도금공장과 스테인리스 1냉연공장을 끝으로 태풍 침수피해를 입은 제철소 복구가 완료돼 20일부터는 전 공장이 정상조업 체제에 돌입한다고 19일 밝혔다. … 제철소 내 18개 공장이 전부 침수됐는데, 1972년 가동을 시작해 노후화 판정을 받았던 1후판공장을 제외한 총

17개 공장이 원상 복구됐다. … 복구 과정에서의 최대 난관은 흙탕물에 잠겼던 대형 설비들의 복구였다. 170톤에 달하는 압연기용 메인 모터, 압연기 모터에 전기를 공급하는 장치인 모터 드라이브가 대표적이다. 이 설비들이 빨리 복구되지 못했으면 제철소 정상화까지 더 걸릴 수도 있었다. 포스코 쪽은 "압연기용 메인 모터는 1년 이내 수리가 불가능하다고 단언한 전문가들이 많았는데, 직원들이 직접 분해하고, 세척·조립해 재가동에 성공했다. 모터 드라이브는 인도 철강사 제이에스더블유가 자사 열연공장용으로 제작 중인 설비를 내줘 조기 정상화가 가능했다"고 설명했다.[5]

신문을 내려놓고 잠시 고개를 숙인 채 생각에 잠겼다. 이종경 리더가 한 말들이 뒤섞인 채 들려왔다. 자전거를 타고 전국을 돌고 싶다는 얘기, 포항공대에서 대학원 과정을 밟을 때의 얘기, 멘토와 같은 어떤 선배의 얘기, 포스코에 입사할 마음을 굳혔을 때의 얘기, 인도네시아에서 한 해를 살며 만났던 한적한 해변 얘기 ….

"공장을 새로 짓는다는 마음이었어요. 처음부터 다시, 하나하나. 그러다 보니 일이 너무 많았습니다. 솔직히 힘에 부치기도 하고, 이겨 낼 수 있을까 자신감이 꺾일 때도 있었죠. 하지만 그런 과정을 지나온 탓인지 뿌듯함은 더 큰 것 같아요. 사실 진짜 복구는 지금부터 시작이죠. 복구를 할 때는 물리적 복구가 목표였지만, 진정한 복구

5 〈한겨레〉(2023. 1. 20), "포항제철소, '힌남노' 침수 135일 만에 17개 공장 완전 복구".

는 예전 매출을 회복하는 거니까요. 새롭게 개발하고, 다른 회사들에 뒤처지지 않게 활동해야죠. 포스코 사람이면 누구나 같은 생각일 겁니다."

그리고 잠깐의 휴지休止, 숨소리조차 잦아들던 본사 비즈니스홀의 널따란 사무실 풍경이 스쳐 갔다. 멈추었던 이종경 리더의 목소리가 이어졌다.

"저희 생산기술부는 물류의 동맥들을 이어 주는 역할을 합니다. 머리와 심장과 사지가 제 역할을 할 수 있도록 하는 핏줄이라고 할까요. 끊임없이 움직이지만 주목을 받진 못하죠. 저희 부서 직원들이 이번에 참 많이 힘들었어요. 그럼에도 전체적 복구로 완성시키기까지 불완전한 부분들에 대한 책임은 저희한테 있는 게 되는데, 그래서 오히려 생산기술부가 없으면 안 되겠구나, 라는 생각이 새삼스럽게 들긴 했습니다. 하지만 수고하고 노력한 만큼 칭찬받고 위로받지 못한 것 같아 리더로서 미안함과 아쉬움이 큽니다. 제철소가 온전히 정상화되기 위해 저희 부서가 기울인 노고가 좀 더 인정받았으면 좋겠어요."

내 기억 속의 포철, 다시 숨 쉬다

어릴 적 내게 포스코는 그냥 '포철'이었다. 여름방학이면 아침부터 해질녘까지 온몸이 빨갛게 익도록 물장구를 치며 놀았던 송도해수욕장 푸른 물굽이 너머 높다란 굴뚝들을 가진 '포철'은, 그럴 리 없지만, 어느 날 갑자기 소년의 눈앞에 모습을 드러냈다. 나만이 아니었다. 다이빙대까지 신나게 헤엄쳐 간 소년들은 숨을 몰아쉬며 바라보았다. 일제히, 꽤 오랫동안, 포철의 굴뚝들 위로 뭉게뭉게 피어오르던 하얀 연기를.

"거인의 입김 같아!"

문학적 감수성이 뛰어난 어떤 녀석의 입에서 나온 그 말은 한 번도 본 적 없는 거인을 만들어 냈다. 황토색 작업복에 짙은 갈색의 작업화를 신은 아저씨들이 자전거를 타고 형산강 다리를 건너 거인의 집으로 갔다가 돌아왔고, 우리는 그들을 '포철 사람들'이라 불렀다. 자고 일어나니 유명해졌더라는 영국 시인 바이런의 말처럼, 포항은 마치 조그맣고 고요하던 항구도시에서 단 하루 사이에 거대하고 역동적인 산업도시로 변해 버린 것 같았다.

포철 아저씨들의 머리 위에 올라앉은 하얀 헬멧 앞에 박힌 '좌우가 바뀐 알파벳 Z'(철을 가리키는 Steel의 S라는 걸 그때는 알지 못했다), 청림에 사는 친구가 시내버스로 오가며 보았다고 전해 준 포철 축구단의 푸른 잔디구장과 녀석의 노트 맨 뒷장에 휘갈겨진 국가대표 이회택 선수의 사인이 아련히 떠오른다.

포철에 대한 내 기억은 매우 산발적이다. 그마저도 중학교를 졸업하며 고향을 떠난 1970년대 중반에 멈추어 있다. 포스코가 처음 세워진 것이 내가 초등학교 3학년 때인 1968년이라는 것도 이번 취재과정에서 역사관(Park1538 포스코 역사박물관)을 둘러본 뒤에야 비로소 알게 된 '사실'이다.

"공기는 우리를 살아 숨 쉬게 합니다. 자유는 우리를 살아 숨 쉬게 하는 공기, 어떤 대가를 치르더라도 가져야만 하는 생명의 숨결입니다. 그것을 위해 우리가 지불하지 못할 것이 무엇입니까?"

마하트마 간디가 던진 '자유'가 생산기술부 이종경 리더가 이야기한 '공기'와 씨줄과 날줄로 얽힌다.

55년 전 자본도 기술도 경험도 전무한 상태에서 세워진 '포철'이 세계적 철강기업이 되기까지 거의 대부분의 스토리가 빠져 있던 내 머릿속은 이제 차갑고 맑은 '공기'로 채워져 있다. 힌남노가 지나간 자리에 덮쳤던 절망의 질료들을 하나씩 하나씩 걷어 내 다시금 온전히 숨 쉴 수 있도록 한 '포철 사람들'의 소중한 선물이다.

하 창 수

9장
세대 화합의 미래를 열다

폐허가 된 공장 앞에서

2022년 9월 5일, 태풍 힌남노의 상륙 예정으로 포스코 직원들은 만일의 사태에 대비해 비상대기 중이었다. 언제나 그렇듯이 자연의 위대한 힘을 사람의 힘으로 막는다는 것은 불가능한 일이고, 철저한 대비와 혹시 있을 피해에 대한 수습이 최선이라는 것을 모두 알고는 있었으나, 막상 닥치고 나니 태풍의 힘은 그야말로 강력하기만 했으며, 태풍이 지나가는 그 시간은 어떤 인력으로도 거스를 수 없는 시간이 되어 버렸다.

그 밤, 포스코 전 직원이 모두 그랬을 것이다. 전기강판부 2전기강판공장 권영익 부공장장의 마음도 마찬가지로 밤새 쉬지 않고 내리는 비와 몰아치는 바람 때문에 타들어 갈 대로 타들어 갔고, 졸이던 마음은 뜬눈으로 밤을 새우는 동안 탄식과 체념으로 바뀌고 있었다. 걱정에 회사로 연락해 보았으나 새벽녘, 회사와의 통신은 이미 먹통이 되었다.

퇴근 전에 사전 조치를 잘 하고 왔음에도 불안한 마음을 떨칠 수가 없었다. 쉬지 않고 쏟아붓는 비는 공포 그 자체였다. 중요한 설비의 전원을 차단하고 주요 간부들과 직원들은 비상대기 중이었지만, 자연의 위대한 힘, 불가항력의 자연재해이었음에 불안함은 커져만 갔다. 비가 잠깐 소강상태에 접어들자 그는 서둘러 집을 나섰다.

날이 서서히 밝았고, 비도 멈추었다. 힌남노는 그 존재를 알리고 사라져 버렸다. 태풍이 지나간 자리에 남은 그 고요함이란 어떤 절망의 다른 모습이리라. 권영익 부공장장은 집을 나서며 생각에 잠겼다. 어스름하게 밝아 오는 거리는 어떤 때보다 한산했다. 포항시는 힌남노의 피해를 직격으로 입었다. 거리는 곳곳이 침수되고 유실되어 차가 움직일 수 없었다. 거리의 참상을 목격하자 지난밤, 태풍 피해를 준비하고 막고 할 여유가 없었음을 알게 되었다. 회사 출근이 쉽지 않았다. 회사로 가는 길이 유실되거나 침수되어 사라져 버렸다. 많은 직원이 걱정스러운 마음으로 회사로 향하는 것을 목격할 수 있었다. 모두 다 같은 마음이었다. 어렵게 회사로 향했지만, 막상 도착하고 보니 침수로 인해 현장에 다가가기가 어려웠다.

그는 33년이나 다닌 회사가 낯설게 느껴졌다. 그의 눈에 들어온 포스코는 폐허나 다름없었다. 그 어떤 가늠도 되지 않았다. 날이 완전히 밝자 모든 것이 확연해졌다. 무엇 하나 감이 오지 않았다. 무엇을 어떻게 수습해야 할지 엄두가 나지 않았다. 회사에 출근해서 그가 처음 느꼈던 것은 뭔가 복구를 할 수 있는 상황이 아니라는 절망감이었다.

특히나 그가 일하는 2전기강판공장은 냉천과 가장 가까운 공장이어서 그 피해가 참혹했다. 냉천의 범람으로 지하설비는 완전히 물에 잠겼고 지상에 있는 현장도 1.7미터가량 물이 차 있는 상황이었다. 물이 서서히 빠지기 시작하자 붕어나 자라가 공장 안을 돌아다니고 있었다. 가만히 있으면 안 된다는 생각을 한 사람은 그 혼자만은 아니었을 것이나, 무엇을 어디에서부터 시작해야 할지 난감하기만 했다. 공장 침수만 문제가 아니라 회사의 시스템이 멈추어 선 것이 더 걱정스러운 일이었다.

이튿날 출근을 하려는데 회사로 갈 방법이 없었어요. 어렵게 돌고 돌아 회사에 도착해서 보니 아무 말도 할 수 없었어요. 사람이 그렇잖아요. 어느 정도 뭔가 가늠이 되어야 내가 뭔가를 할 수 있겠다, 그런 생각이 드는데, 이번엔 아니었어요. 그 처참한 광경을 처음 봤을 때, 솔직하게 이렇게 모든 게 끝날 수도 있겠다 싶었어요. 체념이 들더라고요. 과연 우리가, 회사가 다시 일어설 수 있을까, 살아날 수 있을까, 참으로 참담했습니다. 공장을 보는데 물이 서서히 빠지더라고요. 하지만 물이 문제가 아니었어요. 물은 빠졌는데 물이 나가고 남은 자리에 뻘이 한 20~30센티미터 정도 공장바닥이 꽉 있었으니까요. 뻘 때문에 공장 안으로 들어갈 수도 없었어요. 처음 겪는 일이라 어떤 장비가 있던 것도 아니었으니, 당장 뭘 어떻게 할 수도 없었어요. 공장을 바라보자 절망감이 보였습니다. 하지만 오래가지 않았습니다. 그렇다고 가만히 바라만 보고 있을 수도 없었으니까요. 그날부터 무작정 뭐라도 해야 했어요.
— 권영익 부공장장, 전기강판부 2전기강판공장

물은 빠졌는데 뻘이 공장 전체에 수십 센티미터 두께로 덮여 있었다. 직원들이 공장에 진입하는 것 자체가 어려웠다. 복구가 가능한 상황이 아니었다. 권영익 부공장장은 복구가 가능한 상황을 먼저 만드는 게 본인이 할 일이라는 것을 깨달았다. 이 회사를 재건할 수 있을까, 의문이 들었지만 그런 고민은 당장은 필요치 않았다. 단전으로 회사 시스템이 무너졌지만 그런 것도 개의치 않았다. '당장 할 수 있는 일을 하자', 그는 생각했고 실행했다. 그가 가장 먼저 한 일은 빨리 사람이 공장 안으로 들어갈 수 있게 하는 것이었다. 일단 공장 진입을 위해 길을 내야만 했는데, 사람이 할 수 있는 일이 아니었다. 그는 개인적으로 장비를 동원했다. 회사 시스템 전체가 무너져 먹통이 되니 개인적인 신뢰를 발휘할 수밖에 없었다.

힌남노로 막대한 피해를 본 포항에서 장비를 동원하는 일이 쉽지 않았다. 그는 울산에 있는 지인에게 전화를 걸어 사정했다. 살려 달라고 애원했다. 하지만 울산도 태풍 피해로 곳곳에 길이 막혀 포항까지 장비들이 오는 게 쉽지 않은 상황이었다. 어렵게 장비가 섭외되고 다행스럽게도 두 시간 만에 현장에 장비가 도착했다. 8시쯤 전화했는데 10시에 굴착기 3대와 지게차 1대가 도착했다. 사정을 들은 업체도 최선을 다해 포스코를 돕기 위해 애를 쓴 것이었다. 울산에서 긴급으로 오긴 했지만, 당시 회사 시스템은 먹통이 되어서 정식으로 작업을 맡길 수도 없는 상황이었다. 계약하고 정식 절차를 밟아야만 했지만 그것은 불가능했다. 그가 내민 것은 달랑 명함 한 장뿐이었다. 신뢰로 당장 공장에 길을 내는 것으로 복구작업이 시작되었다.

당장 일을 시작하려면 계약을 해야 할 거 같았어요. 하지만 당장 계약을 할 수 있는 방법이 없었어요. 그래서 장비업체에 제가 가지고 있는 명함 한 장씩만 딱 돌렸어요. 그분들한테 내가 책임질 테니 바로 작업을 시작하자고 했지요. 회사에서 돈이 안 나오면 내가 주겠다고 했어요. 잠깐 멈추어 선 회사 시스템은 그렇게 다시 움직이고 있었어요.

　　　　　　　　　　　　— 권영익 부공장장, 전기강판부 2전기강판공장

그는 울산에서 장비를 동원해서 공장 바닥의 뻘을 퍼내는 작업을 먼저 시작했다. 길을 내니 사람들이 하나둘 공장 안으로 진입했고, 이제 사람들의 몫이 남게 되었다. 하지만 그를 포함하여 공장 안에 어렵게 진입한 사람들은 다시 한번 망연자실할 수밖에 없었다. 공장 안은 정말이지 밖보다 더 아수라장이었다. 물에 완전히 잠긴 공장을 어디에서부터 어떻게 손을 대야 할지 난감했다. 누구랄 것도 없이 조용히 삽을 들었다. 바로 그날부터 할 수 있는 일을 시작했다. 누구도 무슨 일을 어떻게 시작해야 하는지 알고 있는 사람은 없었다. 누구도 겪어 보지 못한 일이었기에 그랬다. '할 수 있는 일을 시작하자', 마음먹었고 그 생각은 포스코 직원 전부 같았다. 135일의 기적, 첫날은 그렇게 시작되었다.

할 수 있는 일부터 시작하자

인사노무그룹 이호정 과장의 하루도 다르지 않았다. 그는 현장 직원이 아니라 지원부서에 있다 보니 회사 전반의 상황을 챙기고 관리해야 하는 막중한 책임이 있었다. 관리 차원에서 지원부서의 많은 직원이 태풍 전날 만반의 태세를 갖추고 야간 근무를 했다. 그날은 특별히 자기 당번이 아니어도 걱정되는 마음에 많은 직원이 자발적으로 회사에 남아 있거나 집으로 갔던 사람들도 회사로 되돌아왔다. 리더 이상 직책을 가진 직원은 물론이고 혹시나 모를 돌발 상황에 대응하고자 많은 직원이 비상근무를 했다. 지원부서뿐만 아니라 현장에서도 동일하게 비상 대응을 하고 있었다. 이호정 과장은 충분히 준비했고 대비가 잘 되어 있다고 믿었고, 그것은 사실이었다. 다만 그것을 넘어선 자연의 힘이 공장에 들이닥친 것이었다.

모두 준비도 잘하고 대비하고 있었습니다. 역대급 태풍이 올라온다고 하니까 그래도 걱정은 많았어요. 근무를 마치고 집에 들러 뉴스를 보고 있자니 걱정이 되어서 가만히 있을 수가 없었습니다. 제철소 주변에 대한 뉴스가 많이 나오더라고요. 물에 잠긴 거리라든가, 그런 거

보면서 마음을 졸이고 있었어요. 회사에서는 직원들은 출근을 일단 하지 말고 집에서 대기하라고 했는데, 집에 가만히 있을 수가 없었습니다. 회사도 걱정이었지만 전날 늦은 시간 회사를 나설 때까지도 회사에 남아서 비상대기하던 사람들의 걱정이 더 컸습니다. 전화가 안 되어서 불안감이 더 커졌어요. 그때까지만 해도 회사 상황을 정확히 알지 못했으니까요. 연락이 안 되니까, 뭔가 좀 이상하다, 회사에 무슨 큰 문제가 있는 것 같다고 생각했습니다. 남았던 사람들을 위해 먹을 것을 좀 사서 본사로 돌아오게 되었습니다. 그때 들어오는 과정에도 아까 부공장장님께서 말씀하신 것처럼 바로 갈 수가 없었습니다. 포항은 형산강을 중심으로 위아래로 나누어져 있는데, 강북은 지대가 높아서 피해가 적은 편이었어요. 강남 쪽으로 내려와 보니까 거리가 아수라장이었었습니다. 차들이 떠다니다 처박혀 있었고, 도로에 물이 가득 차 있었어요. 그렇게 간절하게 회사를 향해 갔습니다.

— 이호정 과장, 인사노무그룹

그는 회사로 들어가며 간단한 먹거리를 준비해 갔다. 포스코 본사로 겨우 들어와서 보니 비상대기했던 직원들의 몰골이 말이 아니었다. 지난밤의 사투와 고된 하루가 고스란히 그 모습에 담겨 있었다. 씻지도 못하고 제대로 먹지 못한 상황이었다. 고립된 상황에서 느꼈을 공포가 고스란히 전해졌다. 비상근무를 했던 직원들은 그가 준비해 온 먹거리로 요기하며 순식간에 들이닥친 물의 무서움에 관한 얘기했다. 물과 전기가 끊기다 보니 간단한 조리도 불가능했다.

이호정 과장은 그 상황을 지켜볼 수밖에 없었다. 그는 어떻게든 현장을 둘러보아야겠다고 생각했다. 현장 상황을 파악해야지 무엇이 어떤 곳에 필요한지 알 수 있기 때문이었다. 직접 발로 뛰며 눈으로 둘러본 현장 상황은 아주 심각했다. 연락이 되지 않으니 일일이 찾아다닐 수밖에 없었는데, 공장 안에 가득 들어찬 뻘 때문에 공장 안에서의 이동이 쉽지 않았다. 물은 금세 빠져나갔지만, 물이 잠깐 남기고 간 피해가 엄청났다. 특히 냉천 가까이 위치해 있는 현장의 상황이 심각했다.

그날 공장을 처음 둘러봤을 때 재난 영화의 한 장면 같았어요. 공장의 그 큰 철문이 권투 선수에게 어퍼컷을 맞은 것처럼 그렇게 구겨져 있었고요, 공장에 주차돼 있던 차들은 뒤엉켜 물이 흘러간 자리를 따라 떠내려가 처박혀 있었습니다. 켜켜이 쌓여 있는 차들을 보니 말이 나오지 않았어요. 공장 안은 보지 않아도 충분히 짐작할 수 있었습니다. 지하설비는 완전히 물에 잠겼을 텐데, 과연 공장이 다시 돌아갈 수 있을까? 의문이 들었습니다. 걱정된 마음에 현장으로 나온 직원들도 망연자실 전쟁터 같은 상황을 한동안 지켜만 보고 있었어요. 한 바퀴 둘러보다가 냉천하고 가장 가까운 전기강판공장 쪽을 지나는데 부공장장님이 이미 거기서 진짜 맨발에 맨손으로 뻘을 퍼내고 계시더라고요. 그 모습을 보며 깨달은 게 많았습니다. 우왕좌왕, 망연자실 걱정이 앞설 때 이미 뭔가를 시작하고 계신 모습을 보았습니다. 우리 회사가 가진 저력이라는 것은 바로 이런 게 아닌가 생각했습니다. 얼마 지나지 않아서 굴착기와 지게차가 2전기강판공장에 도착하고 길을 내기 시작했어요. 장비가 내는 길을 따라 사람들이 누구의 지시도 없었지만, 자발적으로, 삽을 든 사람은 삽으로, 삽이 없는 사람은 맨손으로 할 수 있는 일을 하기 시작했어요. 제가 해야 할 일도 그래서 더 알 수 있었어요. 제가 하는 일이 직원들이 필요한 것을 준비하는 일이니, 무엇이 필요하고 어떤 지원이 있어야 하는지 파악을 시작했습니다.

― 이호정 과장, 인사노무그룹

이호정 과장은 직접 공장 안으로 들어가 상황을 확인했다. 침수된 장비나 설비는 가동할 수도 없었고, 가동하면 더 큰 문제가 발생했기 때문에 먼저 공장을 정리하는 게 급한 일이라는 것을 알 수 있었다. 공장 안으로 어떤 장비가 들어갈 수가 없었기에 직원들은 삽과 넉가래로 뻘을 퍼 나르기 시작했다. 물이 나오지 않으니 물로 씻어 낼 수도 없는 상황이었지만 직원들은 너나없이 복구에 이미 참여하고 있었다. 처음 겪는 일이니 뭐가 옳고 그른지 판단하기 어려웠으므로 다양한 의견과 아이디어로 차근차근 현장을 정리하기 시작했다. 그렇게 사무실과 현장 정리와 청소부터 복구작업은 진행되었다. 꽤 많은 직원의 차가 여전히 처박혀 있었지만, 그보다 공장복구가 먼저인 듯 한동안 차들은 그렇게 방치되어 있었다. 회사부터 살려야 우리들의 삶이 있다고 모두 믿었고, 그것은 한마음이었다.

복구 초반 시스템, 통신, 전기, 수도가 돌아가지 않으니까 직원들이 그냥 자발적으로 할 수 있는 일들을 먼저 시작했다. 이호정 과장은 누군가의 지시 없이 직원들이 그렇게 자발적으로 회사 일에 참여한 것이 거의 처음이라고 회상했다. 본인이 해야 할 일은 그들을 지원하는 일이었고 마찬가지로 그 과제는 다른 직원이 행하는 것처럼 스스로 찾아야만 했다. 부족함 없이 이미 복구작업에 돌입한 직원들을 지원해야 했으나, 회사가 보유하고 있던 장비마저 거의 모두 침수된 상황이어서 외부의 지원이 절실했다. 그는 포항시, 시민, 군, 협력업체 등에 도움을 요청했다. 그마저도 당장은 힘든 상황이었으나 다른 지역의 침수피해 복구가 안정되자 지원이 활발하게 이루어지기 시작했다.

포스코가 가진 신뢰와 지역사회에 미친 헌신과 영향으로 각지의 도움이 곧 쇄도하기 시작했다. 사무 스태프 직원이나 현장 직원의 구분이 사라졌다. 모두가 공장을 정리하는 일에 몰두했다. 많은 사람의 삶이 변화되었다. 일터가 사라질지 모른다는 불안감은 절실함과 간절함으로 변하기 시작했고, 예상했던 것보다 빠른 속도로 복구작업이 진행되었다. 복장은 노동하기 편한 옷으로 변했고, 절망 가득했던 얼굴에는 조금씩 희망의 웃음이 번지기 시작했다. 직원들은 본인 부서가 아니라 피해가 가장 큰 현장으로 먼저 출근했고, 삽이 있는 사람들은 삽질했고, 장비가 없는 직원은 맨손으로 장비를 닦고 뻘을 날랐다.

손길이 필요한 곳에 직원들의 손이 있었다. 익숙지 않은 일에 작업의 속도는 더뎠으나 시간이 지나자 어느 정도 현장이 정리되기 시작했다. 가장 먼저 통신이 복구되었다. 그러자 이호정 과장에게 각 현장의 지원 요청이 쏟아지기 시작했다. 그에게 가장 중요한 일은 복구에 필요한 인력과 장비를 현장과 매칭시키는 것이었다.

절망의 눈빛이 희망의 웃음으로 번지다

공장 안의 피해 상황도 제각각이었는데, 특히 지하설비 침수가 가장 심각했고 피해가 막심했다. 사람들은 이 고난을 이기고 다시 일어설 수 있을지 반신반의했다. 하지만 국가적으로, 국민으로서 이런 고난과 역경을 이겨 낸 사례가 중요한 경험치가 되었다. 태안 앞바다 기름유출 사고 복구로 기억되는 힘이 그것 중 하나였다. 사람 손으로 모두가 나서면 아무리 큰 어려움도 극복할 수 있다는 믿음이 직원들 사이에 있었다. 침수가 많이 된 곳도 있었고, 덜한 곳도 있었다. 편차가 있었지만 하나하나 닦고 말리고, 필요한 것은 새로 장만한다면 불가능한 일도 아니라고 믿게 되었다.

　가장 시급한 것은 전기공급과 수도시설 복구였는데, 피해를 본 공장만큼 전기설비의 복구도 만만치 않은 일이었다. 가장 먼저 전국에 있는 발전기를 모두 공장으로 끌고 왔다. 포스코의 피해가 알려지자 포항시, 시민은 물론이고 전국 각지에서 장비와 인력의 도움이 이어지기 시작했다. 발전기와 함께 급수차도 모이기 시작했다. 장비가 지원되기 시작하니 복구작업에도 속력이 붙었다.

물론 저만의 생각일 수 있겠지만 참 신기했어요. 그게 뭐냐면 우리 회사니까 이게 가능하구나! 이런 느낌 말이에요. 우리 회사니까 이런 지원과 도움이 쇄도하는구나 하는 마음이 들더라고요. 과연 이게 가능할까? 의문이 들 때면 해결되는 힘을 우리 회사가 가지고 있다고 느끼게 되었습니다. 우리가 무너지면 우리만 무너지는 게 아니고요, 포항시, 시민, 협력업체 등 많은 사람이 함께 걱정하고 간절하게 이 힘든 상황을 이겨 내기를 바라고, 함께하고 있구나 느꼈습니다. 정말 뿌듯하고 자부심이 생겼습니다. 특히 밖에 있는 사람들은 잘 알지 못하겠지만 우리 회사는 지하설비 규모가 엄청납니다. 그게 모두 침수되어 버렸으니 실은 그 불안감과 절망감은 이루 말할 수 없었어요. 거의 공장을 다시 지어야만 하지 않겠나 그런 생각도 들었고요. 재원이나 인력, 그사이 우리 일은 멈춰야 할 텐데, 회사나 직원이 입을 수밖에 없는 피해는 이제 시작이구나 하는 생각으로 절망감이 들 때 밖에서 응원하고 지원하는 장비, 손길이 정말 마음을 다잡게 했습니다. 침수된 장비는 사람 손으로 다 꺼집어내야 하고, 손봐야 하는데 처음에는 그게 불가능했어요. 그 일을 지원 나온 소방대원과 해병대원이 많이 도움을 주었어요. 특히 해병대 젊은 친구들이 500명 정도가 저희 공장을 지원해 주는 데 참으로 고마웠습니다. 기억에 남는 말이 있는데, 사단장님이 오셔서 "저희는 작전 중이고 전쟁을 치르는 중입니다. 꼭 이깁시다"라고 얘기하는데 울컥했어요. 같은 마음이 이런 거구나, 이런 마음으로 시련을 극복하는구나 하고 마음에 되새겼습니다.

— 권영익 부공장장, 전기강판부 2전기강판공장

포스코 지하설비는 그 규모가 엄청나다. 깊이는 최대 지하 18미터에 이르고, 그 공간의 넓이도 어마어마한데 그곳이 물에 잠겼으니 실제 들여다보지 않고서는 피해 규모 자체도 파악이 되지 않을 정도였다. 또한 위험이 산재해 있어서 아무나 복구작업을 위해 들어갈 수도 없는 노릇이었다. 전국 각지에서 동원된 양수기로 물을 퍼내는 데만 수일이 걸렸다. 물을 퍼내고 남은 흔적은 처참하기만 했다. 엄청난 공간 안에 물이 가득 찼으니, 그 광경을 보고는 할 말을 잃을 수밖에 없었다. 물이 빠져나간 자리에는 1미터에 가까운 잉어가 발견되기도 했다.

시간이 지나면서 어느 정도 상황이 정리되기 시작하자 본격적으로 회사 밖의 지원이 현실화하기 시작했다. 특히 소방대원, 군인들의 전문적인 복구 손길이 가장 큰 도움이 되었다. 자칫 위험에 빠질 수 있는 곳에 전문인력이 투입되기 시작했고 복구 속도는 활력을 얻기 시작했다. 상식적으로 제철소라는 특성상 불을 다루는 곳이고 전기로 하는 일들이 많은데, 이 모든 것이 물에 잠겼으니 해결방안이 있을까 싶었지만, 사람의 손으로, 의지로 불가능한 일이란 없었다. 그것은 아주 간단한 일이지만 복잡한 일이었다. 장비나 설비를 살리려면 완전 분해를 해서 말릴 것은 말리고, 닦을 것은 닦고, 그래도 불가한 것은 교체해야 하는 일이 그것이었다.

본격적인 복구작업은 장비와 설비를 공장 밖으로 드러내는 일부터 시작되었다. 엄청난 규모의 설비들은 장비를 이용해 밖으로 끄집어냈다. 수십 톤이 넘는 장비들을 지상으로 내오는 일 자체가 불가능에 가까운 일이었지만, 차근차근 서두르지 않고 안전에 가장 중점을 두고 작업이 진행되었다. 수도시설이 완벽히 복구되지 않았으니 엄청난 규모의 급수차도 전국 각지에서 끌어와야만 했다.

특히 추석 명절 이후에는 그룹 사업회사의 지원이 큰 도움이 되었다. 포스코홀딩스, 포스코인터내셔널, 포스코건설, 포스코ICT, RIST 등 여러 사업회사에서 꾸준한 지원이 있었고 이는 복구 속도를 끌어올리는 큰 힘이 되었다. 사업회사에서는 10월까지 쉬지 않고 지원을 왔다. 광양, 서울, 인천 등 각지에서 버스를 이용해 5시간 거리의 포항까지 대규모 지원에 나선 것이다. 각 회사에서 마련한 버스를 타고 포항까지 왔는데, 포스코를 돕기 위해 새벽 5시에 집을 나서 포항으로 향하곤 했다. 5시간여를 달려온 그들을 달리 챙겨 줄 방법이 없었음에 포항제철소에서는 미안한 마음이 들 정도였지만 그들은 어떤 대가나 요구도 없이 묵묵하게 본인들의 일처럼 수해복구에 매진했다.

그룹 사업회사에서 온 직원들은 항상 모든 것을 알아서 할 테니까 신경 쓰지 마시라며 포항제철소 직원에게 위로를 건넸다. 심지어 장비라든가 안전 보호구, 일회용 작업복, 도시락마저 챙겨 와서 포스코 현장의 수고로움을 덜어 주기 위해 애썼다. 특히 사업회사 직원들은 담당한 설비들 위주로 역할이 분담되어 복구작업에 임했고, 그로 인해 복구 속도를 낼 수 있었다.

그렇게 가을 내내 지원을 다녀간 사람은 1만 명 이상이었다. 그룹 사업회사뿐만 아니라 광양제철소의 경우 설비가 거의 유사하므로 가장 큰 도움을 받을 수 있었다. 설비에 능통한 직원들의 도움으로 설비 복구도 엄청난 속도를 내기 시작했다. 직원들은 밖으로 나온 설비들을 일일이 씻어 내고 말리는 일을 반복했다. 작은 공구부터 거대한 설비까지 그 일은 꼼꼼하고 세심하게 반복되었다. 공장의 기반시설도 물에 모두 휩쓸린 후라 변변한 화장실이나 욕실도 없었다. 복구 과정에서 가장 필요한 기본적인 간이시설을 급조해서 만들었다. 그 불편함은 이루 말할 수 없을 지경이었지만, 누구 하나 불만이나 불편을 제기하는 사람이 없었다. 모두가 함께 감내하고 같은 목표를 위해서 묵묵히 본인의 맡은 일을 실천할 뿐이었다.

예상은 했지만 복구작업은 더디고 매일매일 엄청난 작업량이 직원들에게 주어졌다. 복구작업이 시작된 지 몇 주가 지나고, 끝이 보이지 않는 나날이 계속되었다. 실로 엄청난 피해를 확인하는 일이라, 몸은 말할 것도 없고 정신적인 소모가 굉장했다. 현재의 포스코는 전자 시스템에 의해서 공장이 돌아가므로, 직원들의 주요한 업무는 설비를 관리하고 운영하는 것이었다. 그러다 보니 직원들도 전산 업무를 주로 했지, 종일 삽질을 해본 경험이 없었다. 그렇게 몇 주를 살다 보니 몸에 무리가 오기 시작했고, 매일 반복되는 노동에 정신적으로 피폐해져 가고 있었다.

모두 지쳐 가고 있었다. 그렇다고 가만히 있을 수도 없었으므로, 그런 어려움을 참아내며 복구에 임했다. 그들에겐 같은 목표가 있었기 때문이다. 그 하나의 목표는 더딘 듯 멀리 있어 보였으나 엄청난 의지로 복구 속도를 끌어올리고 있었다.

하루는 작업 도중 한 분이 탈진했어요. 몸이 완전히 지치다 보니 패닉이 온 거예요. 오후 한 3시쯤이었는데 연락받고 현장에 가보니, 완전히 퍼져 있더라고요. 한계가 오기 시작한 거죠. 어지러워서 갑자기 넘어지고 토하고, 그래서 구급차를 불러서 병원을 데려가는데, 그분의 아내도 연락을 받고 병원으로 오는 중이라고 하더라고요. 그런데 가만히 보니 이런 모습으로 가족을 만나게 하면 안 될 거 같은 거예요. 온몸이 흙투성이에 장화를 신고 있었는데, 탈진해서 누워 있는 모습이 너무 안타까웠습니다. 우리들끼리야 다 같이 그런 노력과 헌신을 매일 경험하다 보니 알고 있었고 같은 처지니까 이해했는데, 가족들이 보면 마음이 아프겠더라고요. 그래서 얼른 깨끗한 옷으로 먼저 갈아입혔습니다. 그게 울컥했어요. 마음이 안 좋았습니다. 우리야 매일 보는 모습이 그러니까 몰랐던 것인데, 그런 일이 있고 보니 우리 모습을 돌아볼 수 있는 계기랄까, 그랬어요. 정말, 이 일이 언제 마무리되고 우리의 일상을 되찾을 수 있을지 의문이 들었습니다. 모두 지치기 시작했으니까요. 그런데 사람이 정말 이상해요. 그런 일이 있으면 쓰러지고 낙담하는 게 아니라, 오히려 힘이 났어요. 링거 하나 맞고 현장으로 돌아온 동료를 보면 그런 의지가 생겼습니다. 다시 말하지만, 그 마음이 하나였던 것 같아요. 이겨 낼 것이라는 스스로 믿음, 서로에 대한 믿음.

— 권영익 부공장장, 전기강판부 2전기강판공장

복구활동에는 본사 스태프 직원들도 남녀노소 합심하여 참여하였다.

MZ세대 직원들도 모두가 하나 되어 복구활동에 참여하였다.

135일간의 기적, 세대를 넘어 미래로

포스코의 대략적인 인원 구성은 50대 이상이 50퍼센트, 40대가 10 퍼센트, 20~30대가 40퍼센트 정도로 구성되어 있다. 그렇다 보니 50대 이상 선임과 MZ세대 간에는 한 세대의 차이가 나는 게 사실이었다. 회사 내에는 여기서 오는 세대 차이가 아무래도 있을 수밖에 없었다. 특히 선임 선배들은 흔히 말하는 '포스코의 우향우 정신'으로 회사를 일으킨 세대들이다. 제철공업은 개인이나 회사의 이익 추구가 목적의 전부가 아니라 국가의 바탕을 이루는 기간산업으로, '우리가 살아야 나라 경제가 산다'라는 정신으로 평생 살아온 세대들이다. 반면 젊은 세대는 생각이 조금 다른 것이 사실이다. 철강산업은 시대적으로 이제 좀 기운 사양산업, 젊은 세대에게 비선호 산업이라고 인식되는 경우도 꽤 되었다. 회사 구성원 사이에 포스코에 대한 인식 차이가 있다 보니 세대 차이가 있는 것은 자연스러운 일이었다. 하지만 이런 세대 차이도 수해복구 과정에서는 오히려 큰 에너지로 발산되었다. 하나의 목표, 하나의 목적을 위해 시련과 고난을 나누는 동지애가 세대를 넘어 이들을 하나로 만들었다.

전기강판부 2전기강판공장 권영익 부공장장과 인사노무그룹 이호정 과장은 복구 과정을 통해 얻은 가장 큰 성과가 있다면 무엇이냐는 질문에 입을 모아 회사 안의 세대 차이를 극복한 것이라고 말했다.

MZ세대 직원들이 모두 함께 복구활동에 참여하고 있다.

복구작업을 하면서 우리가 얻은 가장 중요한 포스코의 자산은 미래를 얻었다는 것입니다. 흔한 말로 MZ세대와 '라떼세대' 간의 갈등 같은 것이 회자되곤 하잖아요. 우리 회사라고 그런 게 없었던 것은 아니었을 거예요. 선배들은 젊은 세대들이 나약하거나, 아직 아는 게 많지 않은데 주장이 강하다던가, 그런 인식도 있었고, 반대로 젊은 세대들은 선배들에 대해 경험에만 의존하면서 새로운 것들을 받아들이지 못한다는 불만도 있었을 테고요. 그런데 어려움에 부닥친 공장을 복구하는 과정에서 그런 마음들이 모두 없어졌어요. 서로서로 이해하게 되었어요. 예로, 선배들은 개구멍이라든지 피트라든지 어디 가면 빠지고 위험한지 훤히 알고 있잖아요. 후배들은 물론 잘 모르죠. 또 설비 정비하는 과정에서 분명 비결이 있으니까, 선배들이 제시하면 후배들은 놀라는 겁니다. 마찬가지로 정말 놀라웠던 것이 젊은 세대들은 정말 아이디어가 좋아요. 작업 능률을 늘리는 데 효과적인 생각에 감탄했어요. 뭔가를 개선하고 어떻게 효율성을 높일 것인가 하는 것에는 굉장하고 적절한 인식이 있었습니다. 가장 중요한 것은 이 모든 과정이 대화를 통해 이루어졌다는 것입니다. 이렇게 한번 해봅시다, 저렇게 한번 해봅시다 하는 의견과 실천이 135일의 기적을 이루어 냈다고 믿어요. 그 힘이 포스코의 미래이고 자산입니다. 어려움만 있었던 것이 아니었어요. 잃어버리는 것을 찾아가는 과정에서 우리는 보배를 얻었습니다.

― 이호정 과장, 인사노무그룹

MZ세대의 특성 중 하나는 책임을 질 줄 안다는 것이다. 구분이 좀 모호할 때는 자신이 왜 이 일을 해야 하는지 반문하지만, 본인이 맡은 일에 대한 책임감은 어떤 세대보다 높다. 최선을 다하고 성과를 내면 그 일에 대한 보상도 확실하게 챙길 줄 아는 세대이기도 하다. 이런 강점이 복구 과정에선 빛이 났다. 이 일은 누구의 책임도 아니었고 누구의 업무로 규정된 것도 아니었기에, 우리 모두의 일이고 극복해야만 하는 책임이 있었기에 젊은 세대들은 복구작업에 적극적이고 열정적이었다. 이런 모습에 선배들은 후배들을 이해하게 되었고, 끈끈한 정이 생겼고, 서로를 응원하게 되었다. 그리하여 그 과정에서 결국은 하나가 되었다. 이는 서로 돕는 데 익숙해지는 계기가 되었고, 더불어 회사를 사랑하게 되는 응집력으로 발휘되었다.

복구작업을 시작한 지 4개월여, 몸은 힘들었지만 웃음이 서로의

포스코 김학동 부회장이 2열연공장 가동 당일 2열연공장 김재훈 사원을 격려하고 있다.

얼굴에 번지기 시작했다. 함께 밥을 먹었고, 잠깐의 휴식 시간에 모여 서로 나누는 얘기에 고단했던 하루를 금세 잊어버리곤 했다. 그전에는 없었던 일이다. 서로의 업무에만 몰두하고 맡은 일에 책임을 지면 되었던 분위기가 서로에 대한 이해와 한마음으로 일구어 낸 우리의 성과로 바뀌기 시작한 것이었다. 현장 분위기는 좋았고 그만큼 수해복구 속도도 빨라졌다.

하루는 복구작업을 마치고 퇴근하는 때였어요. 직원들이 버스 타려고 줄을 서 있는데, 보니까 차림새들이 말이 아니지요. 흙구덩이에 빠진 신발이며, 더러워진 작업복이며 말이 아닌데 모두 웃고 있는 거예요. 서로 인사도 건네고, 고단했던 일과도 나누면서 말이에요. 그 모습이 참 아름다웠습니다. 그 일원이었던 것이 너무 자랑스럽기도 했고요. 이 모습이 우리 포스코의 미래구나, 참 밝다, 먼 훗날 우리가 그때 거기 있었다고 자부하며 말할 수 있겠구나 싶었어요. 참, 모두에게 새삼 고맙다고 생각했습니다.　　　　— 권영익 부공장장, 전기강판부 2전기강판공장

포스코는 지난여름 수해 피해로 사라지고 잃어버린 것이 분명 많았지만, 135일 만에 원상 복구하는 기적을 이루어 냈다. 포스코는 잃은 것보다 더 많은 것을 얻었다. 지역사회, 포스코 직원 모두가 시련을 함께 극복하며 이루어 낸 경험은 분명 다른 모습으로 포스코의 미래에 도래하리라. 수해복구 과정에 참여한 모든 구성원은 그 사실을 경험하게 되었다. 포스코를 돕기 위해 모인 시와 시민들의 염원과 열정을 보며 포스코는 직원들만의 회사가 아니라 지역민 모두의 기업이라는 것을 알게 되었다. 포스코가 지역경제는 물론이고 국가와 함께 살아가야 하는 동반자라는 것을 아는 계기가 되었다. 포스코가 살아나야만 포항, 곧 국가 경제가 살 수 있다는 변하지 않는 사실이 모두의 염원으로 번져나가 빠르게 피해가 복구되었다.

어느덧 포항은 하나가 되어 있었다. 포스코의 피해가 포스코만의 것이 아니라 포항 모두의 것이라는 인식은 처음 우려했던 바와는 달리 정상화를 앞당기는 동력이 되었다. 많은 원천 중에서도 특히 신구 세대의 조화로운 협력과 이해가 가장 큰 힘으로 발휘되었다. 복구 현장에서 가장 필요한 안전에 대한 경험과 준비는 선배 세대들의 몫이었다. 선배들은 수십 년간 다닌 공장 구석구석까지 알고 있던 터라

물속에, 뻘에 잠겨 있던 작은 위험 요소까지도 미리 알고 예방하는 데 큰 힘이 되었다. 젊은 세대 직원들의 아이디어는 수해복구 현장에서 반짝였다. 세대의 화합은 135일 만에 수해 피해복구를 이루어 내고 완벽하게 공장을 정상화하는 데 일조한 가장 중요한 힘이었다.

135일이 지난 지금, 현장이 정상화된 이후에도 신구 세대의 화합은 여전히 남아 포스코의 가장 큰 저력이 되었다. 이는 포스코의 미래에 가장 큰 자산이 될 것이다. 앞으로의 백 년을 이끌어 갈 포스코 정신, 세대 화합으로 고난과 시련을 이겨 낸 새로운 우향우 정신이 만들어 갈 포스코의 미래가 135일간 일어난 진정한 기적이 아닐까.

백 가 흠

10장
전사적인 임직원의 복구 참여
조직문화의 진수

9월 6일 〈한겨레〉 신문은 포스코가 '수해복구 상황실'을 설치하고, "직원과 중장비를 동원해 복구작업을 지원"하고 있다는 사실을 전했다. 눈치 빠른 독자는 '지원'이라는 단어가 어색하다고 느꼈을 것이다. '침수피해를 당한 당사자인데, 지원이 무슨 말?' 하고 의아해할 것 같다. 그렇다. 이 기사는 2022년이 아니라, 힌남노 피해로부터 무려 20년 전인 2002년 9월 6일 기사다. 다음 날인 2002년 9월 7일 매일경제TV는 "태풍 루사에 의한 수해복구에 대대적인 지원활동을 펴고 있는 포스코가 헬기까지 투입해 구호품을 전달"하고 있다는 사실도 전했다.

포스코 DNA에 체화된 재난복구 지원

포스코 임직원의 재난복구 참여는 단순히 어제오늘의 일이 아니다. 포스코는 지난 20여 년간 꾸준히 그리고 변하지 않고, 무엇보다 재난이 발생할 때마다 임직원들의 뜻을 모아 열심히 지원에 참여해 왔다. 포항 지진, 강원도 산불, 수해 등의 재난이 일어났을 때 피해복구를 돕는 일은 포스코가 사회적 책임을 수행하는 방식이자 기업시민으로서의 의무를 수행하는 포스코 DNA의 일부다.

심지어 2022년 9월 포항에 침수가 발생하기 직전인 8월 말에 중부지방에 침수피해가 발생하자, 본사 임직원들은 수해를 입은 이재민들을 위해 간편식 키트를 제작해 전달하기도 하였다. 취업사이트에 갈 필요 없이 구글에 '포스코 사회봉사 취업'을 검색해 보면 포스코가 얼마나 사회봉사를 중요시하는지 금방 알 수 있다, 취업 준비생들에게 포스코의 사회봉사에 대한 강조는 이미 알려진 상식이다.

이러한 포스코의 DNA를 사람의 DNA 단백질에 비유하자면, 펠리노1 단백질이 포스코 DNA에 새겨져 있다고 볼 수 있다. 펠리노1 단백질은 체내에서 작동하면 DNA 손상을 복구하는 ATM-MRN이라는 단백질 복합체를 활성화한다. 그러면 이 복합체가 손상부위로 이동하여 DNA 회복을 돕게 된다. 이른바 면역복구 시스템의 상위 조절자이다. 그러니까, 포스코 DNA에 새겨진 사회적 펠리노1 단백질은 재난이 오면 활성화된다. 재난이 발생하면 포스코 임직원에게 새겨진 펠리노1 단백질이 작동하면서, 손상된 DNA를 복구하기 위해 포스코 임직원들이 현장으로 달려가서 실천하는 것이다.

2022년 9월 6일, 그날도 그랬다. 아침에 출근한 기업시민실 J 차장과 L 과장에게 들려온 소식은 지난 새벽에 포항이 다 잠겼고, 전기가 끊겼고, 아무것도 할 수 없는 상황이라는 것이었다. 소식이 오전 내내 들려오자, 고민이 쌓이기 시작한다. '무엇인가 할 수 있는 일이 있을 텐데, 있을 텐데.' 다음은 기업시민실 J 차장의 말이다.

소식이 계속 들려오는데 '어떻게 하지, 어떻게 하지, 포항은 정신없을 것 같은데' 하는 생각이 들었습니다. 저희 업무에 구체적으로 재난 대응이라는 항목이 정해져 있는 건 아니었지만, 저희가 경영지원본부 산하이기도 하고, 서울에서 무엇인가 지원하고 함께할 수 있는 게 없는지 고민해 보기 시작한 것이죠.

현장에 직접 참여하는 것보다 더 나은 지원 방법은 없을 것이다. 무슨 일이든 함께하는 가장 본질적인 방법은 같이 마주하는 것 아니겠는가. 임직원들의 자발적인 참여를 믿고, 공지를 내기로 한다. 그러자, 포스코에 체화된 펠리노가 활성화된다. 당장 어떤 일을 하게 될지도 전혀 모르는 상태이기에, 현장에서 무엇을 하게 될지 당시로서는 전혀 정보도 없고 알 리가 없다. 말 그대로 삽질이든 무엇이든 도움이 되는 일이면 그냥 하겠다는 참여인 셈이다. 그럼에도 불구하고 참여자가 늘어났다고 한다(그리고 실제 삽질을 상당히 많이 했다는 말도 들려온다).

서울 주재 직원들이 복구활동에 투입되기 전에 냉천 현장을 답사하고 있다.

　참여해 달라는 공지에 참여 인원이 증가하기 시작했다. 그래서 처음에는 버스 2대로 시작했다가 곧 3대 그리고 4대로 늘어났다. 당연하게도 매일매일 서울에서 지속적으로 수행해야 할 업무가 있기 때문에 무작정 참여자를 늘릴 수 있는 건 아니다. 물리적으로 버스를 매일매일 수배하는 것도 쉽지 않았다. L 과장의 말을 들어 보자.

　버스를 매일매일 수배해야 하는 상황이었습니다. 그런데, 버스 운송 업체에서 버스가 잘 구해지지 않는다는 겁니다. 포항에 가면 다 진흙이고 위험하고, 일정도 고되니 안 가는 게 낫다 라는 이야기가 돌아다닌다는 거죠.

　버스도 구하기 어려운 상황이니, 사람들이 얼마나 기피했을지 쉽게 짐작할 수 있다. 그럼에도 불구하고 임직원은 얼마나 많이 참여했을까? 인터뷰에 따르면, 필수인력으로 자리를 비울 수 없는 사람들을 제외하고, 서울을 비롯한 수도권 인근에 거주하는 포스코 임직원들은 거의 대부분 평균 두세 번 넘게 포항에 다녀왔다는 답변이 돌아왔다. 본래 2주 정도 일정을 잡고 복구 참여를 생각했는데, 현지 상황도 심각하고 참여도 많아, 제철소 내부의 기술적 복구작업으로 안정화되어 가던 10월 말에 이르기까지 거의 2달 동안 지속적으로 포항에 내려갔고 끊임없이 참여했다는 것이다.

참여와 관련해 임직원들의 한마음 한뜻을 잘 보여 주는 사례를 이야기해 달라는 요청을 하자, 미담이 쏟아졌다. 서울사무소에서 멀리 거주하는 직원이 다음 날 일찍 나올 교통편이 어려울 것 같으니 근처에서 숙박하고 내려간 이야기, 해외법인 근무자가 서울에 출장 왔는데, 복구작업에 참여하고 싶다며 업무가 비는 주말 복구작업에 기어이 참여하고 출국했다는 이야기, 해외에서 근무하는 임직원들이 사비를 모아 복구에 나선 직원들에게 먹거리를 전달했다는 이야기 등이 넘쳐 났다.

먹거리 전달 이야기가 나왔으니 말인데, 먹거리 전달을 직원들만 한 것은 아니었다. 포스코는 2015년 네팔 지진, 2020년 베트남 태풍 때도 지원하였고, 평소 국내 이주여성 및 다문화가정도 지원했는데, 이들이 소식을 듣고 손수 위생용품과 간식을 보내오고, SNS로 다른 이주여성들과 소식을 공유하여 이들이 기부하기도 했다는 것이다.

광양시 다문화가족센터와 이주여성들이 자체 모금한 돈으로 구입한
위생용품과 간식 등을 포항제철소에 전달하고 있다.

글 서두에 20년 전 기사 이야기를 언급하기도 했지만, 포스코가
그동안 수행한 사회적 책임과 기업시민 활동은 기사를 검색해 보면
쉽게 알 수 있다. 지난 20년 동안 포스코는 우리나라뿐만 아니라 글
로벌 스케일로 각종 재난을 지원해 왔고, 그 이야기가 매년 언론에
끊이지 않고 올라온 사실을 알 수 있다. 실제로 재난이 발생하면 포
스코는 그곳이 지구상의 어느 곳이든지 항상 지원하는 글로벌 기업
시민의 모습을 보여 주었다. 그 결과 이번에 지구적인 기업시민의
시민성이 일반 시민의 시민성으로, 시민들의 자발적인 참여로 돌아
온 셈이다.

임직원 참여와 관련하여, 자연스럽게 "참여자로 여성도 많이 다
녀갔나요?"라는 질문을 던졌다. 아무래도 필자가 여자대학에 재직

하다 보니, 어떤 현상에 대한 남녀 차이가 있는지 물어보는 것이 거의 습관화되어 있다. 인터뷰에 응한 J 차장과 L 과장의 눈이 마스크 위로 동그래졌다. 생각지 못한 질문이라는 표정이다. 회사에서 남녀 구분이 있다고 생각하지 않는다며 "당연히 남녀 상관없이 원하는 분들은 모두 다녀왔습니다!"라고 전하며, 당신들도 다녀왔다는 것이다. 필자는 확인하는 질문을 던졌다.

"언론에 보도된 포스코 복구 사진을 보면 여성이 전혀 보이지 않는다. 물론, 철강산업이 걸어온 역사적 경로의 특성상 회사 내 여성 비율이 타 회사 대비 상대적으로 매우 적어 5퍼센트대 정도인 것을 고려해도 보이지 않던데, 정말 그런가요?"

포스코의 '이주여성 지원 정책'이 만들어 낸 선순환

포스코는 2008년부터 이주여성들이 한국사회에 적응하고 뿌리내릴 수 있도록 합동결혼식, 직업교육, 모국 방문 등을 지원하고 있다. 또한 이주여성들의 모국이 태풍이나 지진 등으로 큰 어려움을 겪었을 때에도 각종 지원을 아끼지 않았다. 이러한 인연으로 금번 수해복구 과정에서 이주여성들은 냉천범람으로 어려움에 빠진 포항제철소를 돕기 위해 자발적으로 위생용품과 간식, 응원의 메시지를 보내왔고, 기부가 꼬리에 꼬리를 물었다. 이들이 모금한 돈으로 마련된 920만 원 상당의 위생용품과 간식은 2022년 9월 28일 응원의 마음을 담은 손편지와 함께 포항제철소에 전해졌다. 포스코는 11월 24일 이들의 온정에 대한 감사의 마음을 담아 광양시 다문화가족지원센터와 이주여성 26명을 포항으로 초청하여 Park1538과 스페이스워크를 견학할 수 있도록 지원했고, 마침 당일 포항제철소 복구 현장에 간식을 전달하고자 포항을 방문한 정인화 광양시장을 만나 인사를 나누기도 하였다. 이들의 아름다운 이야기는 MBC 라디오 프로그램 〈여성시대 양희은, 서경석입니다〉 2022년 10월 4일 방송에 소개되었다.

"포스코에서는 남녀 구별할 이유가 없습니다"라고 말하는 J 차장과 L 과장의 표정은 보이는 것만을 믿어서는 안 된다는 말을 이구동성으로 하는 듯했다.

네트워크, 코디네이터, 리더: 포스코 조직의 유연성과 회복탄력성

전사적인 복구 참여 DNA가 임직원에게 새겨져 있어도 막상 조직 내에서 수월하게, 그것도 단기간에 일사불란하게 수행하는 것은 쉽지 않은 일이다. 조직 내 의사결정 과정이 빠르고 정확하게 이루어져야 하고, 협력을 위한 네트워크 체계가 완성되어 있어야 한다. 그리고 현장복구 조직, 지원을 위해 현장에 파견되는 팀과 이 과정을 매일 반복하여 지원하는 중간지원 조직 간의 소통이 원활해야 함은 물론이다. 또한 상황이나 일이 진행될 때 연락 책임자 또는 리더를 두어, 이른바 POC Point of Contact가 명확한 상태에서 분업이 일사불란하게 진행되는 과정상의 매끄러움을 모두 필요로 한다. 모두가 아마추어가 아닌 프로페셔널이어야 가능한 일이고, 무엇보다 평소에 이와 같은 업무 방식이 몸에 배어 있어야 한다. 조직의 위기 대응 회복탄력성은 갑자기 재난 때 생기는 것이 아니다.

포스코의 회복탄력성은 어떠하였을까? 제철소의 현장복구는 잠시 뒤로 제쳐 두고, 전사적인 조직 차원에서 확보된 탄력성이라는 것이 있을까? 기업시민실의 재난극복을 위한 임직원 참여 과정을 예로 들어 살펴보자. 임직원이 재난복구에 참여하고자 할 경우 먼저 소통 경로가 있어야 한다. 그런데, 기업시민실에서 고민하면서 먼저 지원 조직을 자처한다. 그럼 지원 조직은 참여하겠다고 하는 명단을 전사적으로 최대한 많이 받아야 한다. 사내 메신저와 이메일, 게시판 등을 통해 알리고 전파할 수 있는 모든 방법을 동원하여 공지하였다.

이후 각 사업회사와 부서에서 참여하고자 하는 인원과 사람을 취합해야 하는데, 인터뷰에 따르면 각 선임과 팀장에게 메일을 보내면 자연스럽게 취합이 되었다고 한다. 아무래도 당연히 각 팀과 부서에서는 개별적인 업무 분장이 매일매일 필요할 것이고, 본인이 자주 가고 싶다고 하여도 업무상 쉽지 않을 테니, 이를 고려했을 것으로 생각된다. 자율적인 분업화에 따른 조율이 나타난 셈이다.

그다음 사람을 모아 보내는 일인 만큼 가장 기본적인 물류와 운송의 코디네이션coordination, 다시 말해 조율이 필요할 텐데 이러한 조율은 버스 대절부터 시작하여 출발 당일 아침 간식 마련을 위해 사내 식당을 운영하는 웰스토리 등 외부사와의 협력을 통해 이루어졌다. 이 과정에서 모든 일을 기업시민실에서 다 수행할 수 없기 때문에, 서울사무소 등 다른 부서와 일정 부분 업무를 공유하게 된다. 그런데 흥미로운 건 평소에 이들 모든 부서와 연락하거나 업무를 같이 수행하지 않음에도, 조직도만 보고 연락해도 수월하게 일이 진행되었다는 것이다. 사람과 인프라의 조화가 얼마나 중요한지 단적으로 보여 주는 예이다. L 과장의 말을 들어 보자.

저희가 각각 선임, 팀장에게 메일을 보내면 전파가 되는 체계가 갖춰져 있으니까 공지를 빠르고 쉽게 전파할 수 있었습니다. 소프트웨어 활용 같은 것도 이번에 마이크로소프트팀즈도 새로 만들어지면서 디지털혁신실에서 원활하게 돌아갈 수 있도록 시스템을 운영하는 것도 있었습니다.

매일매일 출발하는 팀에서는 리더를 정하고 해당 리더가 현지에서 접촉할 사람을 섭외하는 일도 수행하였다. 그런데 출발하는 팀의 리더는 정했지만, 현장 상황이 매일매일 변하고 비상사태다 보니 현장에서 직접적으로 요청에 바로바로 연락을 주기 어려운 경우가 다반사였단다. 그래서 매일매일 체크하고 연락할 필요성이 생겼고, 현장에서 해결할 수 있는 것도 있지만 없는 것도 있으므로 현장팀과는 지속적인 연락소통 통로를 열어 두고 피드백을 받으며 바뀌는 스케줄에 대응할 수밖에 없었다는 것이다. 그런데 이 체계를 짜고 실행하는 데 3일이 채 걸리지 않았다고 한다. 그리고 이 과정에서 기꺼이 리더의 역할을 맡은 직원들이 인상적이었다는 J 차장의 말을 들어 보자.

저희가 버스를 타고 갈 인원에서 리더가 필요한데, 저희가 많은 분들을 다 알지 못하지 않습니까. 그래서 같이하시는 팀원들에게 명단을 봐달라며 추천을 부탁드린다고 말씀드리고, 추천받으신 분에게 전화를 드리면 기꺼이 응해 주시는 분들이 대부분이었습니다. 시간을 내서 참여하는 것만으로도 쉽지 않을 텐데, 체력과 신경을 더 써야 하는 일인데도 그 역할을 다 맡아 주시는 것이 인상적이었죠. 그리고 맡아 주셨던 분들이 다음에 갈 때도 또 맡아 주시겠다고 하시고 ….

세세한 이야기를 생략하고 큰 줄기만 이야기하고 있는데도 이러한 소통과 연결이 인적, 디지털, 유선 연결 등 수많은 네트워크 연결을 통해 그리고 자발적인 리더십을 비롯한 임직원들의 헌신을 타고 이루어지고 있는 것을 짐작할 수 있다. 과거 이와 같은 막대한 자연재해를 겪은 적이 없어 임직원 차원의 참여 대응이 조직화된 적이 없었음에도, 마치 그런 일을 겪은 적이 있다는 듯이 자연스럽게 수

클라우드 기반 협업 서비스, '팀즈(Teams)'

마이크로소프트사의 팀즈(Teams)는 메신저, 영상회의, 문서, 팀 관리 등 다수의 인원이 협업하는 데 있어 필요한 기능을 하나의 플랫폼에서 이용할 수 있도록 개발된 클라우드 기반 서비스이다. 포스코는 경영환경 변화에 빠르고 유연하게 대응하기 위해서는 실시간 협업 중심으로 일하는 방식이 필요하다는 판단하에 해당 서비스를 도입하였다. 서울 주재 직원들의 복구 지원에 있어 팀즈의 여러 가지 기능 중 '문서 동시편집' 기능이 큰 역할을 하였다. 하루 수십 명에서 수백 명에 달하는 참여 직원들은 본인의 스케줄 변화에 따라 수시로 문서에 접속하여 참여 여부를 업데이트할 수 있었으며, 주관부서에서는 참여 직원과 개별적으로 연락할 필요 없이 실시간으로 반영되는 정보에 따라 배차, 작업장소 결정 등을 준비하고 추진함으로써 많은 시간과 행정을 단축할 수 있었다.

행해야 할 내용이 나오고, 부서나 협력사 등 조직과 사람을 연결하는 네트워크화된 조직이 나타난다. 그리고 이 조직은 매일매일 생겼다가 사라지는데, 사람이 바뀌어도 안정적으로 운영이 재생되는 지속가능성을 지니고 있다. 결과적으로 위기에 대응하는 조직의 회복탄력성 힘이 평소에 키워진 힘에 기반하여 나타나는 것임을 짐작할수 있다. 위기에 나타나는 조직의 잠재적인 역량이 하루아침에 만들어질 리가 만무하기 때문이다.

만약 평소에 이러한 저력과 역량이 없었으면 어떤 일이 벌어졌을까? 어렵지 않게 상상해 볼 수 있다. 일단 무엇을 해야 할지 몰라 우왕좌왕하면서 상당한 시간이 흘렀을 것이다. 의사결정이 빠르지 않았으면 시간이 많이 지체되었을 것이고, 컨트롤 타워가 있네 없네 하는 말이 나오기 시작했을 것이다. 사람을 어찌어찌 모았다고 해도, 여기저기 연락했는데 일은 진행이 안 되고, 막판에 어떻게 해서 현장에 내려갈 수 있도록 했는데 막상 가보면 현장에서는 맡겨진 일이 없었다면? 여기저기 알아서 일하다가 다녀는 왔는데 제대로 복구한 것인지 아닌지 아쉽기만 하고, 몸은 힘들었는데 막상 제대로 일한 기억은 별로 없고 하는 일이 발생하지 않았을까? 주먹구구가 되지 않았을까?

그러니까 위기 시 빛을 발하는 건 역시 평소 저력과 실력에 기반을 둘 수밖에 없다. 다시 말해 기본 역량이다. 예를 들어, 코로나19 초기 확진자 동선 및 관리 체계를 둘러싼 우리나라의 행정력과 타국가의 행정력을 비교해 보면 답이 나온다. 같은 의미로, 활성화된

포스코홀딩스와 서울 주재 직원들이 후판제품공장에서 복구작업에 주력하고 있다.

서울 주재 임직원들이 합심하여 바닥의 뻘을 제거하고 있다.

전사적인 재난극복 및 복구 DNA를 실행시켜서 복구 6개월 전망을 깨고 100일 만에 2열연공장을 재가동시키고, 135일 만에 침수피해를 완전 정상화할 수 있었던 건, 모든 일이 그냥 자연스럽게 이루어졌기 때문이 아니라는 것이다.

모든 일이 원하는 대로 진행되었을 리가 없다. 애초에 사람들의 노력이, 개인 혼자만의 노력이 아니라 조직 전체의 협력과 저력이, 리더에 대한 신뢰가 얼마나 평소에 충실하게 만들어져 있는가에 달려 있었던 것이다. 전사적인 임직원의 참여는 이를 보여 주는 또 다른 단면이다.

필자는 '위기가 기회다'라는 말을 믿지 않는다. 위기는 위기고, 기회는 기회다. 기회를 기다리는 사람은 있지만, 위기가 기회라며 자신이 위기에 처하기를 기다리는 사람은 아무도 없다. 위기가 기회가 되려면 평소 쌓아 둔 역량이 발휘되어 모두가 안 될 것이라고 했는데, 이를 뚫고 해냈을 때 보여 주는 조직 역량에 대한 다른 이들의 신뢰와 평가가 필요하다. 위기 시에 모두가 인정하는 조직의 역량을 조직이 확인하고, 그 위기가 지나면 확인된 역량과 평판에 대해 다른 이들이 새로운 기회를 만들어 주는 것이다. 극복한 재난은 그제야 기회가 된다.

포스코 정체성, 연대감 그리고 공동체

그러면 포스코 복구 현장에 다녀온 임직원들은 어떤 생각을 할까? 이들에게 현장복구는 어떤 의미이자 기회가 되는 걸까? 몸담고 있는 회사의 주요 설비들이 모두 가동 중지되고 불야성의 제철소가 암흑의 제철소로 바뀐 장소에 다녀온 느낌을 물어봤다. L 과장의 말이다.

> 저희 회사 신입사원들은 제철소에서 3개월에서 6개월 정도 머물면서 거의 전체 공정 교육을 받습니다. 내려가서 보니, 그때 기억이 많이 났습니다. 참여하신 분들 중에 많이 힘들었다는 이야기도 있었는데, 저는 '이게 그때 그 기계인데, 지금 이렇게 되었구나' 그런 생각이 많이 들었죠. 나중에 제가 복구하러 갔던 공정의 기계가 다시 돌아간다는 소식을 들으니 반갑고 여러 가지 생각이 들었습니다.

아마도 여러 가지 생각은 사람마다 다를 것이다. 단순하게 신입사원이 아닌 경력직 사원도 있고, 기계가 익숙하지 않을 수도 있지 않겠는가. 생각이 여기에 미치니, 포스코가 이번에 얻은 건 단순히 재난극복의 경험만이 아니라는 생각이 들었다. 전사적으로 포스코가 얻은 건 포스코 직원들의 동질감, '경험된 정체성experienced identity'의 확인이라는 것이다.

조직 구성원들의 공유된 경험으로 형성된 정체성은 구성원들의 공통으로 인지된 믿음이나 인식으로 각인된다. 마치 IMF를 경험한

공장 외부에서 건조 중인 작업복이 복구작업 당시의 상황을 보여 준다.

세대가 위기를 극복하고 이겨 내는 과정에서 경험한 삶의 대응 방식이 그 세대에 각인되듯이, 이번 포스코 임직원의 힌남노 복구 과정 참여는 포스코 전 직원의 현장 일체감을 만들었다.

지속적으로 강조하고 있지만 이 일체감이 한 번의 경험으로 만들어지기는 어려운데, 포스코는 고유의 QSS^Quick Six Sigma 혁신활동으로 구성원들에게 현장을 혁신하는 문화를 수행하게 한 경험이 있는 회사다. 그것도 무려 2005년부터 시행해 온 활동이다. 전사적으로 경험된 정체성이 공유될 수 있는 그물망이 이미 역사적으로 만들어진 상태였다.

마치 누군가 2022년에 재난을 겪을 줄 미리 알고 있었던 것처럼 제도를 운용하였다는 것이다. 그러니까, 전 임직원이 기본적으로 재난극복 활성화 DNA를 가지고 있고, 조직은 네트워크화되어 유기적으로 움직이고, 활동 이후에는 이를 다시 내재화할 수 있는 기틀이 재난 이전부터 제도화되어 있었던 셈이다. 스티브 잡스의 표현을 빌리면, 우리가 모르던 "점들이 연결connecting the dots"되는 순간이 온 것일 뿐이다.

그럼 복구작업 참여자들에게 각인된 동질감은 어떤 것일까? L 과장이 말을 이어 갔다.

카더가든이라는 가수가 12월 말에 복구된 제철소에서 찍은 뮤직비디오가 있습니다. 이 가수가 유명하다고 하던데, 저는 몰랐어요. 평소라면 사내 방송의 뮤직비디오이니 그냥 지나쳤겠죠. 그런데 직원들이 "어? 저기도 복구되었나 보네"라는 말을 하더라구요. 자기가 갔다 온 현장을 기억하는 거죠.

내재화된 현장 일체감이 회사 조직들의 연대감으로 동질화된다. 연대감은 하나도 과장하지 않고 말 그대로, 뻘이 된 제철소에서 '같이 삽질한 동료 직원'과 함께 만들어졌다. 그리고 같이 일한 경험은 타 부서 사람들과의 자연스러운 대화로 이어졌고, 곧 자기 부서를 뛰어넘는 인적 네트워크로 연결되었다.

연대감과 부서를 뛰어넘는 인적 네트워크가 바로 사회자본이다. 사회자본의 유명한 예는 여기저기 부서에서 돌아가는 이야기를 가장 잘 아는 사람이 예전에는 온갖 부서 사람들이 모이는 장소인 흡연실에서 담배 피우는 사람이었다는 이야기이다. 그래서 어떤 프로젝트를 기획할 때면 각 부서의 입장을 잘 알기 때문에, 모두가 찬성할 만한 기획안을 들고 간다는 것이다. 모든 부서들을 고려해서 아이디어를 내니 다들 실행 가능한 계획이라 보고 창의성이 높다고 평가하게 되고, 또 기획한 사람이 누구인지 모든 부서에서 이미 알고 있으니 기획안에 대한 조율도 매우 부드럽게 가능하고, 그러니 여러 부서에서 평판이 좋아지고, 승진도 잘한다는 이야기가 회자되었다.

시대가 변하자 흡연실이 탕비실로 바뀌는가 했더니 사람마다 취향이 다양해지고, 각자 업무를 보느라 다른 부서 사람들이 탕비실에서 마주치고 이야기하는 것도 옛날이야기가 된 조직이 많다. 인적 네트워크는커녕 부서 내에 갇혀 있다 보니 기업들은 학습조직을 만들고 혁신을 찾아 나서기도 한다.

그런데 이번에 구성된 인적 네트워크는 연대감을 기반으로 형성되어 향후 업무 활동에서 자연스럽게 서로가 서로를 이해하며 대화할 수 있는 기반을 조성한 것이다. 임직원들의 복구 참여와 공유된 경험으로 만들어진 정체성, 그리고 직원들 간의 부서를 뛰어넘어 형성된 인적 네트워크. 이를 한마디로 요약하여 우리는 '공동체'라고 부른다. 공통된 경험과 공유되는 문화가 실천되는 시공간상에 같이 살고 있는 조직이다.

여기서 잠시 포스코 인재상으로 이번에 확인된 포스코 조직 구성원들의 모습을 살펴보자. 포스코의 인재상은 '실천' 의식을 바탕으로 협업하며 시너지를 창출하고, 겸손과 존중의 마인드로 '배려'하

정인화 광양시장, 이백구 광양상공회의소 회장이 직접 복구작업 중인 직원들에게
간식을 전달하고 있다. 이때 쓰인 '모두愛 밥차'는 한 달 전 포스코가 광양시 소외계층의
결식 문제를 해결하고자 취사, 급수 시설을 탑재해 특수 제작한 후 시에 전달한 것이다.
포스코와 지역사회가 누가 먼저랄 것도 없이 온정을 주고받은 또 하나의 사례다.

며, 유연한 사고와 지속적 학습으로 도전적 아이디어를 제시하는
'창의'적 인재다. 문장을 바꾸어 보자. 이번에 포스코 전 직원들이
보여 준 모습은 자발적인 시민성과 주인의식, 책임감으로 복구 실천
에 뛰어들어 타 부서원들과 협력하고, 서로에 대한 배려를 기반으로
리더의 역할을 기꺼이 맡거나 시간이 되면 한 번이라도 더 복구 현
장에 다녀오고, 아이디어를 낼 수 있는 기반인 인적 소통 네트워크
를 만들었다라고. 이미 성취하여 획득한 인재상을 계속 추구할 이유
가 없으니, 현재의 인재상을 기본 디폴트로 하고, 아무래도 인재상
을 바꾸어야 할 것 같은 생각이 든다.

축적의 시간이 만든 성과는 습관이자 제도화된 문화

지금까지 이야기한 사항을 정리해 보자. 전사적으로 재해 복구에 지원하고 참여하는 조직 구성원, 그리고 유기적으로 이를 조직화하고 코디네이션하는 작업이 가능한 인프라, 자연스러운 참여가 만들어진 공동체 연대감의 조화. 이 모든 것들은 한 번의 행위로 나타나서 우리가 보게 된 것이지만, 결과적으로 포스코가 반복해 온 축적의 시간이 만들어 낸 성과의 일부라는 생각을 지우기가 어렵다. 《문명이야기》를 쓴 미국 작가 윌 듀랜트Will Durant가 남긴 명언이 있다.

> 사람은 우리가 반복적으로 하는 일에 의해 정의된다. 그러니, 훌륭함은 한 번의 행위가 아니라 습관이다(We are what we repeatedly do. Excellence, then, is not an act, but a habit).

습관이 전승되고 축적되면 문화가 되는 법. 포스코가 그동안 만들고 제도화한 조직문화의 진수가 이번에 나타났을 뿐이다. 전사적이었던 이번 복구작업의 훌륭함은 전 임직원이 한마음으로 참여한 행위 그 자체에만 있는 것이 아니라, 그 행위를 만들고 조직화한 조직문화에도 있다는 뜻이다. 임직원에게 새겨진 참여 DNA, 조직의 회복탄력성, 그리고 연대감으로 체화된 조직 구성원의 공동체 의식까지. 어느 것 하나 빠진 것이 없다.

윤호영

11장

민관군 어벤져스, 아이언맨을 구하다

포스코에 출동한 어벤져스

2022년 9월 6일, 태풍 힌남노가 포항을 덮쳤다. 포항은 한순간에 수해 재난지역이 됐다. 아침부터 타 지역에 사는 지인들로부터 안부 전화가 왔다. 어느 교수님은 인터넷 뉴스를 통해 보았다는 장갑차 사진을 이야기했다. 포항에 주둔해 있는 해병대 1사단이 시민 구조를 위해 출동시킨 한국형상륙돌격장갑차KAAV 사진이었다. 그 교수님은 "그 사진 한 장으로 포항의 피해가 어떤지 한순간에 실감했다"고 말했다.

포항은 자타가 공인하는 철강산업도시이다. 포스코는 창사 이래 국가기간산업체로서의 역할을 다해 왔다. 철강인들의 신화는 눈부셨다. 포스코의 1고로는 경제국보 1호로 불리기도 했다. 1973년 6월 9일 첫 쇳물을 쏟아 낸 포스코 1고로는 재작년에 명예롭게 은퇴했

포항제철소 내 불어난 물로
직원들이 고립되고,
일반 차량 진입이 불가하여
해병대 한국형상륙돌격장갑차가
진입하고 있다.

다. 철강역사박물관으로의 새로운 탄생을 준비 중인 1고로는 태풍 힌남노에 의해 포스코 전 지역이 침수되는 사상 초유의 사태를 그저 지켜볼 수밖에 없었다.

포스코에서 근무하는 사람들은 흔히 철강인, 철강맨으로 불린다. 쇠를 만들고 다루는 사람들의 모습은 왠지 강인해 보인다. 그래서 자연스럽게 영화 속 주인공 '아이언맨'이 떠오른다. 포스코에는 1만 8천여 명이 넘는 아이언맨들이 일하고 있다. 지금도 철강 신화를 만들어 나가는 아이언맨들에게는 저마다의 스토리텔링이 있다. 40년을 넘게 일한 명장에서부터 갓 입사한 MZ세대에 이르기까지 아이언맨들의 신화는 계속되고 있다.

아이언맨은 철인鐵人의 이미지를 갖고 있다. 그 어떤 어려움도 능히 극복할 투지가 넘쳐흘러 보인다. 그런데 태풍 힌남노가 철강도시 포항을 덮쳤을 때는 아이언맨도 힘에 부쳤다. 자연재난의 규모가 상상 외로 컸기 때문이다. 힌남노는 일반적인 재난의 상상력을 벗어났다. 공장 전 지역이 침수피해를 입은 상황에 화재까지 발생했다. 창사 이래 한 번도 멈춘 적이 없던 용광로마저 셧다운됐다. 강력한 아이언맨도 어쩔 수 없는 상황이 동시다발적으로 발생한 것이다.

절체절명의 위기순간에 어벤져스 팀이 출동했다. 민관군으로 구성된 어벤져스가 아이언맨을 구하기 위해 나선 것이다. 한국형상륙돌격장갑차를 앞세우고 해병대가 포스코를 위한 구조와 복구에 나섰다. 포항과 경북, 전국의 소방대원들도 포스코의 재난 현장으로 줄을 이어 출동했다. 시민단체와 종교단체뿐 아니라 일반 시민들도 포스코를 돕기 위해 마음을 모았다. 민관군 어벤져스의 규모 또한 엄청났다. 포스코 임직원을 포함해서 매일 1만 3천여 명이 넘는 복구 인력이 포스코의 재난극복 현장에서 활약했다.

아이언맨은 어벤져스와 팀워크를 이루면서 더욱 강해졌다. 쇳물이 굳어 가던 고로는 골든타임 안에 기적적으로 다시 살아났다. 근 50년 만에 포스코가 재탄생되는 신화가 다시 쓰였다. 필자는 아이언맨을 도운 어벤져스의 이야기가 사뭇 궁금해졌다. 포스코는 태풍 피해 135일 만에 제철소 완전 복구를 선언했다. 제철소가 완전 복구된 2023년 1월 19일에 필자는 포스코를 찾았다. 태풍 당시부터 복구 과정 전반에서 민관군 협력의 코디네이터 역할을 맡은 이동호 포스코 안전방재그룹장을 인터뷰하기 위해서였다. 포스코의 안전방재 책임을 맡고 있는 아이언맨은 민관군 어벤져스에 대해 어떤 이야기를 들려줄까? 궁금증과 기대감을 갖고 포스코에 위치한 글로벌 안전센터를 방문했다.

급박했던 태풍 피해 첫날의 상황

이동호 안전방재그룹장은 1998년에 입사한 아이언맨이다. 연륜이 묻어나는 그의 모습에는 포스코의 역사가 합쳐져 있는 듯했다. 포스코의 아이언맨들처럼 그 역시 푸른 유니폼이 피부처럼 자연스러워 보였다. 커피를 앞에 두고 이동호 그룹장과 필자, 그리고 포스텍 융합문명연구원의 원주영 연구원이 함께했다. 마침 인터뷰 다음 날이 포스코의 완전 복구 선언이 있는 날이었다. 그 하루 전에 포스코의 안전방재를 책임지고 있는 아이언맨으로부터 그간의 이야기를 듣는다는 것이 매우 뜻깊게 느껴졌다.

아이언맨의 이야기는 포항의 냉천범람으로부터 시작됐다. 냉천은 태풍 힌남노로 인해 전 국민에게 알려진 포항의 하천이다. 그 전에는 지방의 2급 하천 이름을 국민들이 알기는 힘들었을 것이다. 그런데 포항시 오천읍 갈평리에서 발원해서 동해로 흐르는 19킬로미터의 하천 이름은 포스코의 역사와 함께하게 됐다. 냉천의 범람이 포스코 전 지역의 침수로 이어졌기 때문이다. 사실 포스코와 냉천의 역사적 관계는 그 이전에도 있었다. 포스코 건립 당시 공장 부지를 확장하기 위해 냉천 하구를 동쪽으로 돌렸던 역사가 있기 때문이다.

이동호 그룹장은 재난 당시의 이야기를 차분하게 설명했다. 어조는 차분했지만 그의 말에는 당시의 긴박했던 상황이 자연스럽게 녹아 있었다. 창밖을 손가락으로 가리키면서 태풍 당시 어느 정도 물이 찼었는지를 설명할 때는 눈빛이 생생하게 빛났다.

밤에 계속 비가 오고 바람도 심했는데 갑자기 새벽부터 여기 도로가 침수되기 시작했어요. 도로가 침수되는 속도가 정말 눈 깜짝할 사이였습니다. 그때 차량에 사람이 있었으면 못 빠져나온다는 것을 피부로 느낄 정도로 빠른 시간에 물이 차올랐습니다.

2022년 9월 6일 새벽에 동해 바다로 향해야 할 냉천의 물이 포스코를 향해 흐르기 시작했다. 물이 흘렀다기보다 덮쳤다는 것이 적합한 표현일 것이다. 포스코는 당시 태풍의 심각성을 인지하고 제철소의 전 임원과 각 부서 책임자들이 야근을 하고 있었다. 포스코의 전체 생산 라인도 일시적으로 중단시켰다고 한다. 포스코로서는 만반의 대비를 한 셈이다. 그런데 냉천의 범람을 누가 짐작할 수 있었을까. 태풍이 몰고 온 엄청난 물이 바다로 나가기 직전에 제철소를 덮칠 가능성은 예상 답안에는 없던 것이었다.

포항을 종착점으로 빠져나가던 태풍의 위력은 대단했다. 필자 역시 새벽 내내 쏟아지던 비에 그날 잠을 잘 이루지 못했다. 오전 일찍부터 포항 곳곳의 침수 사진과 동영상이 SNS를 통해 전파되기 시작했다. 그런데 제철소에서 화재가 났다는 뉴스가 긴박하게 전해졌다. 이렇게 비가 많이 왔는데 화재가 났다는 것이 언뜻 이해가 되지 않았다. 이동호 그룹장의 설명을 통해 화재의 원인과 진화 과정을 알 수 있었다.

포스코의 중앙변전소가 침수되면서 변압기 설비에서 합선 사고가 발생했다. 그러면서 2열연공장의 대규모 화재로 이어졌다. 안전방재그룹의 상황은 시시각각 급박해졌다. 최우선적으로는 구조를 요청하는 직원들을 신속히 구조해야 했다. 그러면서 화재 진압도 함께 수행해야 했다. 안전방재 상황실로는 물이 차오른다며 구조를 요청하는 연락이 빗발치기 시작했다. 즉시 포스코가 자체적으로 구비한 소방차 3대를 출동시켰다. 그러나 사람을 구하고 돌아오던 소방차도 차오른 물에 갇혀 버리고 말았다. 상황이 심각해지자 이동호 그룹장은 포항남부소방서장에게 즉각 구조 요청을 했다. 그런데 남부소방서에서 출동한 소방차도 물 때문에 포스코 진입에 난항을 겪고 말았다. 엎친 데 덮친 상황, 그야말로 사면초가의 위기 순간이었다.

이동호 그룹장은 해병대 1사단에 긴급히 구조 요청을 했다. 물에서도 운행이 가능한 수륙양용장갑차가 포스코로 출동했다. 당시 오천 일대에서 시민을 구조 중이던 한국형상륙돌격장갑차가 창사 이래 처음으로 포스코에 진입했다. 수륙양용장갑차가 앞을 지나가면서 길을 터주자, 소방차가 그 뒤를 따라가면서 사람들을 태우며 구조 활동을 펼쳤다. 위기 상황에서 펼쳐진 장갑차와 소방차의 합동 작전이었다. 수륙양용장갑차의 등장으로 포스코 내 인명 구조가 모두 완료됐다.

당시의 긴박했던 상황이 찍힌 사진을 이동호 그룹장이 보여 주었다. 수심의 깊이가 대단했음을 알 수 있었다. 수륙양용장갑차가 아니면 인명 구조가 어려워 보였다. 냉천의 물이 범람하면서 물만 들어온 것이 아니었다. 여러 부유물이 함께 딸려 왔고 공장 내에서도 쓰러진 나무들이 물속에 뒤엉켜 있었다. 장갑차가 아니었으면 그러한 상황에서 길을 트기 힘들었을 것이다. 인명 구조가 완료되자 안전방재그룹은 화재 진압과 재산피해 방지, 공장복구 등에 초점을 맞추면서 장기전에 돌입해야 했다. 이동호 그룹장은 당시 인명피해를 막은 것이 정말 다행이었다고 힘주어 말했다.

골든타임 안에 제철소를 살리다

제철소에는 중요한 설비들이 많이 있다. 그중에서도 고로는 단연 핵심적인 설비라고 할 것이다. 포스코의 고로들은 태풍으로 인해 셧다운되는 사상 초유의 상황을 맞이하고 있었다. 인명 구조가 끝나자 이제는 제철소를 살리기 위한 복구작업에 박차를 가하게 된다. 멈춰선 제철소의 고로는 골든타임이 있다. 고로 안에 있던 쇳물이 딱딱하게 굳어지면 고로 자체를 쓸 수 없게 되기 때문이다. 자칫 잘못하면 제철소를 다시 지어야 할 수도 있다. 포스코뿐만 아니라 지역경제, 국가 산업에도 엄청난 피해를 줄 수 있다.

태풍은 지나갔지만 피해 상황은 처참했다. 포스코 임직원뿐 아니라 퇴직했던 역전의 용사들도 복구작업에 참여했다. 그러나 아이언맨들만으로는 힘이 부족했다. 한 번도 경험해 보지 못한 재난 상황을 극복하기 위해서는 민관군 어벤져스의 도움이 절실했다. 제철소 전체를 대상으로 외부에 구호 요청을 했던 사례는 처음이었다고 했다. 민관군이 나서면서 공장복구 작업에도 박차를 가할 수 있게 되었다.

그런데 제철소의 고로를 살리기 위해서는 골든타임을 넘겨서는 안 되었다. 재난 피해 후 초기 일주일이 포스코의 미래를 좌지우지할 수도 있었다. 이동호 그룹장은 제철소의 화재를 완전히 진화하기 위해 경상북도 소방본부에도 지원을 요청했다. 경상북도 소방본부장은 즉시 소방차 20여 대를 제철소로 투입했다. 경상북도지사는 대형 방사포 2대를 포스코로 보내는 업무 지시를 내렸다. 서울 여의도 전체 면적을 2.1미터 높이로 채울 수 있는 물이 포스코를 덮친 데다가 지하시설은 완전히 침수된 상태였다. 대형 방사포는 일주일 넘게 쉴 새 없이 지하의 물을 뽑아내는 배수 작업을 수행했다. 중요한 시설이 지하에 있는 제철소 구조상 지하 침수 상황은 하루빨리 해결해야만 했다.

초기 일주일 동안은 고로를 살리기 위한 복구에 전력을 모았다. 액상 상태로 있는 쇳물은 딱딱하게 굳으면 빼낼 수가 없다. 쇳물을 담고 있는 고로의 골든타임이 끝나는 것이다. 쇳물이 식기 전에 고로를 다시 돌려야 하는데 그러기 위해서는 전기가 다시 들어와야 했다. 전기를 공급하는 지하의 모터를 가동시키려면 지하의 물을 속히 빼내야 했다. 이 사실을 알고 있는 소방대원들의 노력은 필사적이었다. 경상북도 소방본부장이 직접 현장지휘를 했다. 중앙119구조본부에서도 지원을 아끼지 않았다. 매일 소방대원 120~150명이 사력을 다해 물을 빼냈다. 소방차 20~30대와 동력소방펌프 40대 등 가용 소방자원을 총동원하여 매일 투입했다. 대구시 사회재난과와 경상북도 자연재난팀 등에서는 양수기를 긴급하게 구해서 포스코에 전달했다.

이러한 정성이 하늘을 감동시킨 것일까. 태풍으로 침수된 지 4일 만에 선강지역 배수 작업이 완료됐다. 전기 모터가 재가동되면서 기적적으로 고로를 다시 살릴 수 있었다. 파이넥스 2개를 포함해 고로 5개와 제선, 제강 공장이 모두 살아났다.

일주일 만에 집에 갔어요. 3일 동안은 밤을 새우다시피 했구요. 그 정도로 사람이 집중하면 배도 안 고프고 잠도 안 와요. 초긴장 상태로 지내니까 잠도 안 오고 신기하리만큼 식욕도 없어져요.

만약 단 하루만 고로 가동이 늦었으면 어떻게 되었을까? 아마 상상하기도 싫은 일들이 펼쳐졌을 것이다. '하늘은 스스로 돕는 자를 돕는다'는 말이 떠올랐다. 이동호 그룹장은 처음 3일 동안 밤을 새우다시피 했는데, 새벽이 되니까 오히려 정신이 맑아졌다고 했다. 전쟁터에서 새벽에 정신이 맑아진다는 것이 이런 느낌이겠구나 실감했다고 한다. 포스코의 복구 완료 하루 전에 담담하게 소회를 밝히는 이동호 그룹장의 얼굴은 전쟁터에서 귀환한 군인처럼 보였다.

여기까지의 이야기는 태풍 피해 후 일주일도 채 안 된 시간에 일어난 일을 압축해서 기록한 것이다. 그 이후에 포스코의 임직원과 민관군이 연합해서 펼친 피해복구 이야기도 엄청났다. 짧은 지면에 긴 이야기를 다 적을 수는 없겠지만, 민간기업의 재난극복에 민관군이 참여한 사례는 매우 귀하다는 생각이 들었다. 포스코를 국가산업 시설로 흔히 부르지만, 사실 어느 민간기업 하나라도 중요하지 않을 수 있겠는가. 이번 포스코의 재난극복 사례가 중요한 이유를 이러한 측면에서 생각해 볼 수 있을 것이다.

'원 팀'으로 이루어 낸 제철소의 최종 복구

성공적인 배수 작업으로 골든타임 안에 고로를 살려 냈지만, 아직도 포스코의 복구는 첩첩산중이었다. 포스코를 덮친 흙탕물은 엄청난 양의 토사를 제철소에 쏟아부었다. 드넓은 제철소 공장과 지하공간에 들어찬 진흙을 빼내고 공장 설비를 재가동하기 위해서 아이언맨과 어벤져스는 '원 팀'을 이루어야 했다. 고로가 살아나자 원 팀의 사기도 올라갔다. 이제는 얼마가 걸릴지도 모를 최종복구의 목표를 향해 한 발자국씩 함께 나아가야 했다.

이동호 그룹장은 전쟁에서 이기려면 보급이 중요하다는 말이 너무나 실감나게 느껴졌다고 말했다. 매일 평균 1만 3천여 명이 넘는 인원이 제철소 안에서 복구작업에 참여했는데, 숫자만으로도 엄청난 인원이었음을 알 수 있다. 그런데 식당과 화장실, 세탁실 등을 정상적으로 사용할 수 없는 상황에서 1만 명이 넘는 사람들이 복구작업을 수행하려면 얼마나 힘들었을까. 잠시 당시 현장 상황을 떠올려만 봐도 얼마나 힘들었을지 짐작이 가고도 남았다. 그분들이 흘린 땀을 모아 놓았다면 큰 연못 하나는 채울 수 있지 않을까 하는 생각도 들었다.

재난복구 현장은 엄청난 열의로 가득 찼지만 중요한 것은 보급이었다. 이동호 그룹장은 복구 초기에는 밥도 자제해서 먹었다고 말했다. 밥을 먹으면 화장실을 가야 하는데, 정화조가 침수되어 화장실을 쓸 수가 없었기 때문이다. 땀으로 뒤범벅된 옷을 갈아입을 수도 없었고 샤워를 하는 것은 상상도 못 할 일이었다. 극한의 상황에서 복구작업을 했던 분들에게 존경심이 느껴졌다. 필자의 글로 인해 그분들의 수고가 조금이라도 더 알려졌으면 하는 바람이 간절하다.

길어질 수도 있는 현장 복구작업에 민관군 어벤져스는 원 팀으로 끝까지 함께했다. 민관군의 일원으로 참여했던 분들의 노고와 봉사정신은 실로 놀랍다. 이동호 그룹장은 해병대의 젊은 병사들이 참고생이 많았다고 말했다. 군 복무 중인 해병대원들이 지역사회를 위해 재난복구라는 또 다른 전투를 수행했다고 할 수 있다. 그분들에

해병대 장병들이 수해복구 활동에 전념하고 있다.

게는 이번에 참여했던 복구작업이 뜻깊은 기억과 보람으로 남았으리라. 지역사회에서 해병대의 존재감이 이렇게 든든하게 느껴진 적이 없었던 듯하다.

해병대의 도움은 인력 지원에만 그쳤던 것이 아니다. 복구작업 기간 해병대로부터 양수기와 위생차, 물차뿐만 아니라 세탁까지 광범위한 도움을 받았다고 이동호 그룹장은 말했다. 침수피해로 작업복이 모두 떠내려가 단벌로 작업을 할 때 해병대의 세탁 지원이 큰 도움이 됐다고 한다. 해병대의 세탁시설을 이용해서 세탁은 물론 건조까지 해주어 복구 인력들이 옷을 갈아입을 수 있었다는 것이다.

위생차의 도움도 컸다고 한다. 위생차는 화장실의 정화조를 치워주는 차량이다. 위생차의 지원으로 포스코의 화장실을 다시 사용할 수 있게 되었다. 도시에 살면 화장실을 하루만 사용하지 못해도 그 불편함이 이루 말할 수 없다. 하물며 1만 3천 명 이상이 작업하는 공간은 말할 필요도 없을 것이다. 아마도 화장실을 다시 사용하게 되었을 때 밥보다도 더 반갑지 않았을까 싶다.

이동호 그룹장에게 1만 명이 넘는 복구 인력의 식사는 어떻게 해결했느냐고 물었다. 침수피해로 인해 공장 식당을 가동하지 못했기 때문이다. 포스코 자체로는 지원을 나온 인력에 대해 식사를 제공하기가 버거웠다. 제철소 주변의 식당들도 침수피해로 정상적인 영업이 불가능했다. 이번에는 민간이 발 벗고 나섰다. 당시 국내 유명 제과점 본사에서는 상당한 분량의 빵을 공급해 주었다. 포항의 어떤 식당에서는 곰탕 100그릇을 보내 주기도 했다. 피해 지역이 아닌 곳에서 공수해 오는 김밥 100줄, 200줄이 귀했다.

이동호 그룹장에게 민간단체의 복구 참여는 어떠했는지 물었다. 이동호 그룹장은 안전 문제 때문에 민간인은 공장 내의 설비 복구에 투입될 수 없었다고 말했다. 자칫하면 복구작업 중에 안전사고가 일어날 수도 있기 때문이었다. 공장 시설 내에서는 평상시에도 안전이 중요한데, 안전이 확보되지 않은 상태에서 일반 시민들을 복구에 참여시킬 수 없었다는 것이다. 그래서 시민단체와 종교단체 등 민간에서 제철소 복구에 참여하겠다는 의사를 밝혀 왔지만 마음만 감사히 받고 거절할 수밖에 없었다는 것이다.

민간에서는 대신 식수나 음식 등 주로 물품 지원을 통해 포스코의 복구작업을 도왔다고 했다. 평소에 도시락을 공급하던 업체에서는 복구 인력의 식사를 위해 밑반찬을 보내 주었다고 했다. 특히 밥차가 오면 그렇게 반가웠다고 한다. 밥차가 오면 식사뿐만 아니라 물도 마실 수 있고 컵라면과 커피 등도 먹을 수 있었기 때문이다. 민간 건설업자분들도 무엇을 도울지 문의해 왔는데, 양수기를 요청했다고 한다. 다른 장비보다 양수기가 절실했는데, 민간에서 40~50대의 양수기 지원을 받았다는 것이다.

인터뷰를 하던 이동호 그룹장은 문서 한 장을 들고 와서 민관군의 지원 현황 누계를 말해 주었다. 해병대는 연인원 1,957명이 제철소 복구에 참여했고, 소방펌프 217대, 위생차 26대를 포함해 급수, 세탁 등의 지원을 했다. 육군에서도 급수차를 포함해서 지원에 동참했다고 했다. 급수차와 위생차의 경우 인접한 강원도에서도 지원을 해

경북소방본부에서 지원한 방사포를 통해
대량의 물이 뿜어져 나오고 있다.

주었다고 한다.

소방대원의 경우 연인원 784명이 복구작업에 참여했고, 소방차 423대, 소방펌프 848대가 복구작업에 투입됐다고 한다. 펌프의 경우 경상북도에서도 286대를 지원했고, 살수차 30대, 진공흡입차 72대도 보내 주었다고 했다. 각종 기름이 엉겨 있거나 물로 잘 씻기지 않는 경우에는 진공흡입차가 요긴하게 사용됐다고 한다.

인터뷰를 마무리하는 시점에서 이동호 그룹장에게 안전방재그룹을 그동안 운영하면서 느낀 소회를 물었다. 민관군의 협력을 요청하고 조화롭게 조정하는 것이 쉽지만은 않았을 것 같았다. 최종 복구가 완료된 당일 포스코 안전방재 책임자의 마음속 풍경이 궁금했다.

지금 생각해도 그동안 단 한 명의 인명피해, 인명사고가 없었다는 것이 가장 감사한 일입니다. 누구도 경험하지 못한 일을 겪으면서 재난 매뉴얼을 어떻게 새롭게 만들지에 대한 생각도 하게 됐습니다.

포항은 지진을 겪은 도시이다. 포스코에서는 그동안 지진에 대비한 훈련은 정기적으로 실시해 오고 있다고 했다. 지진의 경우 가상의 경계경보가 발령되면 포스코 전 직원이 대응 매뉴얼대로 훈련하고 있다고 한다. 앞으로는 대규모 침수피해와 같은 자연재난에 대한 훈련 매뉴얼도 새로 정비되어 더욱 단단한 제철소를 만들어 갈 것으로 보인다. 비 온 뒤에 땅이 굳어진다는 말처럼 어려움을 겪은 포스코는 새로운 도약을 할 수 있을 것이다.

135일의 기적을 함께 만든 영웅들

인터뷰 다음 날은 포스코가 태풍피해로부터의 완전한 복구를 선언하는 날이었다. 135일의 기적은 포스코의 힘만으로 이룬 것은 아니다. 민관군의 유기적인 협력이 있었기에 그 시간을 보다 단축할 수 있었다. 민관군의 신속한 지원이 없었다면 포스코를 상징하는 용광로는 골든타임을 놓쳤을 수도 있다.

민관군이 총력을 기울여 도우면서 포스코는 자연재난을 극복하고 기사회생했다. 포스코를 국민기업이라고 많이 부르는데, 이번만큼 그 호칭이 실감난 적은 없었다. 해병대의 수륙양용장갑차가 시민을 구조할 때는 국민의 생명과 재산을 지키는 국군의 존재감을 다시금 인식하게 됐다. 그리고 푸른 제복을 입은 철강인들의 존재도 더욱 친숙하게 느껴졌다. 극심한 자연재난으로 많은 인명과 재산 피해가 있었지만, 피해를 복구하는 과정에서 사회 구성원들의 마음이 가까워졌다고 생각한다.

흔히 인생을 희로애락의 과정으로 비유해서 말하곤 한다. 어찌 개인의 삶뿐이겠는가. 국가와 기업체도 기쁘고 좋은 시간뿐만 아니라 힘들고 어려운 순간을 겪게 된다. 힘든 상황에 처했을 때는 누군가의 작은 도움도 큰 위로가 된다. 공장 전체가 침수되는 피해를 포스코가 빠른 시간 안에 극복할 수 있었던 데는 민관군의 유기적이면서 적극적인 도움이 컸다고 여겨진다. 이동호 포스코 안전방재그룹장을 인터뷰한 후에 자연스럽게 든 생각이다.

진흙탕으로 변한 제철소를 내 집처럼 여기면서 구호와 복구작업에 참여한 민관군 어벤져스는 말 그대로 우리 사회의 영웅들이다. 아무리 강한 아이언맨이라도 대규모 자연재난을 혼자서 감당할 수는 없다. 한 명의 영웅이 세상을 구하던 시대는 오래전에 지나갔다. 이름이 알려지지 않고, 조명을 따로 받지 않아도 기꺼운 마음으로 재난에 처한 이웃을 돕는 존재들이 우리 시대의 진정한 영웅들이다. 135일의 기적은 그런 영웅들이 함께 만들어 낸 아름다운 스토리텔링이다.

135일의 기적! 포스코가 존재하는 한 135일의 기적은 계속해서 들리는 스토리텔링이 될 것이다. 그리고 그 스토리텔링의 주인공은 아이언맨과 민관군 어벤져스 모두이다. 해병대원, 소방대원, 지자체 공무원을 포함해 일반 시민까지 135일의 기적을 철강인과 함께 만들어 낸 모든 사람이 영웅이다. 이번 집필이 이러한 영웅들의 이야기를 알리는 계기가 되기를 진심으로 바란다. 앞으로 한 명 한 명의 스토리가 발굴될 수 있는 기회가 마련되었으면 좋겠다. 135일의 스토리는 포스코의 역사일 뿐만 아니라 포항과 대한민국의 역사이기도 하기 때문이다.

노승욱

12장
바다 밖까지 쌓인 신뢰,
폐허를 재건하다

필자는 대학에서 과학기술의 역사를 연구하고 가르치고 있다. 혹자는 과학기술의 역사란 곧 과학의 진보와 기술적 위업에 대한 찬가에 다름 아닐 것이라 생각할지 모르겠다. 그러나 의외로 과학사는 학계에서 주류적 지위를 점하는 데 실패하고 가짜 과학pseudo-science으로 전락한 이론과 실험에 주목하기도 한다. 때로는 불후의 과학자들의 성공 사례보다 이러한 실패의 이야기들이 과학 또한 인간의 활동이라는, 그리고 '완전무구한 과학'이라는 이상ideal은 어쩌면 불완전한 인간이 스스로에게 건넨 부적 같은 것일 수도 있다는 성찰을 우리로 하여금 하게 해주기 때문이다. 기술사 또한 크게 다르지 않다. 우리는 예컨대 대서양과 태평양을 인위적으로 연결시킨 파나마운하의 역사를, 악명 높은 체르노빌 원자력발전소의 역사를, 세계 최대의 수력발전소 싼샤댐의 역사를 공부한다. 압도적인 기술적 숭고tech-nological sublime를 방사放射하는 이러한 거대 기술 인프라에 관한 역사가들의 분석의 중심에는 이 '거대함'이 얼마나 복잡하면서 동시에 취약한가라는 통찰이 존재한다. 그렇다면 과학기술사를 통해 다음과 같은 교훈을 배울 수 있을지도 모르겠다. 대단하고 멋지지만 때로는 삐걱거리는 과학과 기술이라는 '표면'보다는, 주어진 조건 속에서 그 모든 것을 가능케 하는 '이면'의 사람들, 특히 그들의 노동, 지식, 그리고 생의 경험 같은 것들이 더 중요한 것일 수 있다.

2022년 9월, 필자는 태풍 힌남노가 반세기 만에 처음으로 포스코 포항제철소를 정지시켰다는 소식을 전해 들었을 때, 물론 포항시민으로서 안타까웠지만, 그 자체로 특별히 놀라거나 하지는 않았다. 동서고금의 과학기술 역사 속 '멈춰 선 기계들'의 수많은 이야기가 떠올랐기 때문이다. 그러나 부쩍 날씨가 추워졌을 무렵, 이 대규모 기술 네트워크가 135일 만에 사실상 완전히 복구되었다는 사실을 알게 되었을 때, 이는 틀림없이 이례적인 사건이라는 생각이 들었다. 이 기술의 '멈춤'과 '다시 세움' 사이에는 도대체 어떠한 '인간의 이야기'가 펼쳐져 있을까? 필자는 이것이 궁금했다. 2023년 1월, 물과 흙이 말끔히 자취를 감춘 포항시 남구 동해안로 위로 우뚝 솟은 포스코 본사를 찾았다.

광양은 살려야 한다

"전무후무한 위기였습니다."

태풍 힌남노가 할퀸 2열연공장의 복구를 진두지휘하라는 중책이 주어졌을 때, 잔뼈 굵은 엔지니어 이철무 포스코 투자엔지니어링실 실장은 과거의 모든 경험이 무용할 것이라 생각했다. 태풍이 지나간 후 폐허가 된 현장에서 몸소 확인한 상황은 상상 이상으로 심각했다. 15만 4천 킬로볼트급 대형 변압기에서 시작된 화마는 변압기 3대 모두는 물론 바로 옆에 위치한 2만 2천 킬로볼트급 차단기 전체를 집어삼켰다. 외부로부터 공장에 전기를 공급하는 고압 송전케이블 세 가닥까지도 모두 손상되었다. 공장 안으로 지상 1.5미터까지 차오른 물은 지하 7~8미터 깊이의 전기실을 빼곡하게 채웠던 전기시설을 모조리 마비시켰다. 침수된 고압케이블의 길이만 100킬로미터였다.

무엇보다 중요한 압연기 메인 모터들과 모터 드라이브마저도 모두 훼손되었다. 당일 새벽 제철소 전체를 미리 세우고 전기공급을 차단한 '신의 한 수' 덕분에 메인 모터는 침수 이외의 치명적인 피해를 면할 수 있었다. 그러나 모터 드라이브가 문제였다. 침수뿐만 아니라 고열에 의한 지독한 손상까지, 말 그대로 설상가상이었다. 어디서부터 어떻게 손을 써야 할지, 이철무 실장은 막막했다. 그나마 PLCProgrammable Logic Controller(논리연산제어장치) 압연제어 설비가 건재했다는 점이 다행이라면 다행이었다. 십수 년 전 새로 투자한 설비를 배치하기 위해 1층에 있던 PLC 설비를 2층으로 이전했던 기억이 이철무 실장의 뇌리에 떠올랐다. 그래도 하늘이 완전히 등을 돌린 것 같지는 않았다.

그러나 안도할 여유는 없었다. 어쨌든 거의 모든 핵심 설비를 교체해야 한다는 사실에는 변함이 없었다. 이 당면 과제에 기술적으로 대응해야 하는 책임이 이철무 실장의 어깨를 무겁게 짓눌렀다. 빠른 피해복구를 위해 여러 사람들이 가장 먼저 떠올린 대책은 광양제철소의 설비를 일부 뜯어온다는 방안이었다. 그러나 이철무 실장은 광양을 희생시키는 손쉬운 타협안은 처음부터 배제하고 길을 모색하기 시작했다. 광양을 건드린다는 것은 포스코의 500만 톤급 열연공장 전체를 약 1년간 가동 중지시킨다는 뜻이나 다름없었다. 어떤 일이 있어도 "광양만큼은 그대로 두어야" 했다.

1970년에 건설이 시작된 포스코 포항제철소는 제선(철광석을 녹여 쇳물을 제작하는 공정), 제강(쇳물에서 불순물을 제거하여 강철로 전환하는 공정), 압연(다양한 철강 상품을 생산해 내는 공정) 이 한곳에서 가능한 국내 최초의 일관제철소이다. 포항제철소는 세계 최대 규모의 종합제철소라는 타이틀을 1980년대에 광양에 터를 잡은 아우에게 양보했다. 이철무 실장은 제강 출신이다. 3개의 공정 가운데 중간 허리 과정을 기술적으로 장악한 후, 이를 바탕으로 이 실장은 상・하 공정을 아우르는 설비투자 계획 분야로 전문성을 점차 넓혀 갔다. 그렇게 설비투자계획실을 거쳐 투자엔지니어링실을 이끌게 되었다. 포스코의 국내외 설비투자를 총괄하는 이 눈 밝은 현장 엔지니어 출신 임원에게는 포항 공장도 광양 공장도 자식 같은 존재들이었을 것이다. 하나를 살리기 위해 다른 하나를 죽일 수는 없는 노릇이었다.

투자엔지니어링실의 전문성과 경륜

투자엔지니어링이라는 전문분야의 본업은 정상적인 조업이 진행되는 가운데 공정 효율성과 수익성을 극대화하기 위해 필요한 신규 설비투자 및 보수·정비를 기획하고 실행하는 것이다. 이철무 실장의 설명을 들어 보자.

우리 부서는 기능적으로, 엔지니어링 중심의 전문성을 가지고 일을 하는 부서, 이렇게 보면 되겠는데요. 예컨대, 해외투자 〔관련하여〕 무언가 하나 의사결정을 하려면, 비용이 검토가 되어야 하고, 기간이 검토가 되어야 하고, 그다음에 시장 여건이나 판매 계획, 이런 것들이 검토가 되어야겠지요. 판매 계획 같으면, 마케팅 부서에서 전문성이 있는 부분이고, 비용이나 기간 같은 것들은 저희가 〔담당합니다〕. 많은 투자를 계획하고 실행해 보았기 때문에 '이건 돈이 얼마 들 거다', '설비 구성은 어떻게 되어야 한다' 이런 것들을 주로 우리가 검토를 하게 되니까요. … 해외 투자를 담당하는 〔경영 부문의〕 부서는 주로 비즈니스의 구도, 이런 것들을 중점적으로 보게 되어 있고요. 저희는 기술적인 부분을 서포트한다, 이렇게 볼 수 있는 것이죠. … 〔뿐만 아니라〕 국내 양 제철소〔포항과 광양〕의 설비의 신설, 증설, 개보수, 이런 것들을 중점적으로 합니다. 이건 우리가 기획부터 다 합니다. 2년 전부터는 리튬, 니켈 제련 같은 사내 신성장 사업의 엔지니어링 업무도 이쪽에서 모두 진행하게 되기도 했지요. '기업의 성장에는 필히 투자가 동반되는데 사내 엔지니어링 역량을 분산시키지 말아야 실패를 줄일 수 있겠다'라는 최정우 회장님의 철학이 반영된 결과입니다.

힌남노 이전부터 투자엔지니어링실에는 다방면으로 국내외 경험이 많이 축적되어 있었다. 포항과 광양 양대 제철소를 대상으로 한 국내 투자사업 외에도, 이철무 실장의 투자엔지니어링실은 인도 제2의 철강사 JSW스틸JSW Steel, 아르헨티나, 브라질, 멕시코, 베네수엘라, 과테말라, 미국을 망라하는 아메리카 대륙의 선도적 제철기업 테르미움Termium, 그리고 인도네시아 최대 제철소를 운영 중인 크라카타우스틸Krakatau Steel과 협력해 온 역사가 특히 깊다. 포스코는 오랜 기간 세계 철강시장에서 도태되지 않고 생산 역량을 유지·강화해 온 경험으로 무장하고 있을 뿐만 아니라, 예컨대 일본 철강사들과 달리 해외에서 상공정까지 모두 포괄하는 합작사업 경험이 많다. 따라서 이들 해외 철강사들로서도 포스코와 호혜적인 관계를 유지하는 것이 매력적일 수밖에 없었던 것이다.

포스코 입장에서도 해외 대규모 프로젝트에 참여하는 일은 경영적으로도, 중장기적 기술축적 측면에서도 득이 되었다. 포스코의 해외 투자엔지니어링 사업의 수혜 국가들은 주로 국내 전문 엔지니어들로부터 포항과 광양의 경험을 전수받기를 원한다. 해외 각지로 파견된 우리 엔지니어들도 포스코 모델을 소개하고 이식한다는 생각으로 일에 착수한다. 그러나 하늘 아래 만병통치약이 없듯, 아무리 훌륭한 전범典範도 사전적 의미로 '보편적'일 수는 없는 법이다. 해외 현장에 파견된 포스코 투자엔지니어들은 머지않아 이 사실을, 포항과 광양의 성공 방정식이 곧이곧대로 일말의 수정 없이 해외에 적용될 수 없다는 점을 뼈저리게 느끼게 된다. 궁극적으로 이들은 각 현장의 특수성과 다양성을 이해하고 여러 변수를 십분 반영함으로써 일이 성사되게끔 하는 임기응변의 묘를 체득하게 된다. 해외 파견을 마치고 고국으로 돌아온 투자엔지니어들은 이 폭넓은 유연성을 포항과 광양 현장에 역으로 소개할 수 있다. 바다 안팎을 잇는 설비투자 경험의 글로벌한 순환의 중심에 바로 이철무 실장이 이끄는 투자엔지니어링실이 위치하고 있는 것이다.

앞서 말했듯, 투자엔지니어링의 정수精髓는 정상적인 상황하에 제철소라는 기술 네트워크의 효율을 극대화하는 데 필요한 전문성이다. 그러나 재난복구라는 예외적인 맥락에서도 기술투자의 마인드는 반드시 필요하다. 즉, 위기 상황에서 조속히 조업을 정상화하기 위해 어떤 설비를 어떠한 순서로 어떻게 조달할 것인가라는, 지극히 투자엔지니어링적인 의사결정이 요구되는 것이다. 그러한 의미에서 이철무 실장의 투자엔지니어링실을 2열연 복구에 투입하기로 한 김학동 부회장의 결정은 실로 적절했다고 생각된다. 글로벌한 투자

설비 경륜을 갖춘 투자엔지니어링실로 하여금 최선의 전문성을 발휘할 수 있게 해준 것이다.

다시 급박했던 복구 초기의 상황으로 돌아가 보자. 목표는 광양을 건드리지 않고 포항제철소 2열연공장을 복구하는 것이었다. 투자엔지니어링실의 전문성과 경륜 덕분에 조금씩 '솟아날 구멍'이 보이기 시작했다. 이철무 실장은 수년 전 포스코의 미래 먹거리이자 새로운 성장동력으로 간주된 SNG(합성천연가스) 설비투자에 직간접적으로 관여한 바 있었다. 비록 해당 사업은 큰 재미를 보지 못했지만, 이 과정에서 파생된 여분의 변압기가 있음을 진작부터 인지하고 있었던 그였다. 광양의 것 대신 이 변압기를 급히 포항 2열연으로 가져오기로 했다.

우리가 신성장〔투자〕사업도 한다고 했는데요. 몇 년 전에 회사로서는 뼈아프지만, SNG라고, 석탄 가스화 설비가 있어요. 석탄을 크래킹해서 가스를 만들어 그것을 판매하는 등의 사업을 벌인 적이 있는데요. … 건설이 거의 다 된 후에 사업성이 없다 해 가지고, 결국은 문을 닫으면서, '뜯어라' 해 가지고 필요한 것을 이쪽저쪽 사업에 가져다 쓰고 했는데요. 그런데 거기에 대형 변압기가 2대 있었어요. 이거를 다른 조직에서는 잘 몰랐죠. 우리는 … 이런저런 사업을 진행하면서 투자비 비용을 절감해야 하니, 〔그 당시에 관심을 가지고〕사내에 재활용할 설비가 없는지 이리저리 찾아보니 변압기가 있는 거예요. 그래서 '저거 쓰면 되겠다' 하고 알고 있었죠.

고압 송전케이블의 경우, 여분의 3번째 라인을 제외하고 꼭 필요한 두 가닥만 확보하면 되었다. 절묘하게도 기존에 제작 중이던 케이블이 있었다.

이 고압케이블이 오래되었다고 해서 제철소 정비부서에서 교체하려고 제작 주문 나간 게 있었지요. 딱 두 라인이.

차단기 패널들도 국내 기업 LS전선의 협조로 급히 새로 만들어 교체할 여지가 있어 보였다. 집채만 한 압연기 모터의 경우, 제철소 명장들이 헌신적으로 장시간 정성 들여 물기를 제거하고 건조하니 과연 재가동이 되었다. 이제 모터 드라이브를 제외한 모든 주요 설비의 정상화가 가시권 안으로 들어왔다.

여전히 드라이브는 아직 해결이 안 되어 있죠. 드라이브만 해결하면, 광양 것을 안 뜯어도 된다, 이 공식이 성립이 됐죠.

모터 드라이브를 찾아라

이제 마지막 고리, 모터 드라이브에 대해 이야기해 볼 차례다. 투자엔지니어링실이 주도한 2열연 복구의 하이라이트는 신규 드라이브 공수 과정이었다고 번에는 해외투자와 관련하여 축적된 투자엔지니어링실의 전문해도 과언이 아니다. 이성과 경륜이 빛을 발했다.

도시바-미쓰비시 전기산업시스템 주식회사TMEIC: Toshiba-Mitsubishi Electric Industrial Systems Corporation라는 일본계 공급사가 있다. 전 세계 모터 드라이브 시장의 상당 부분을 점유한 굴지의 제작사다. 이철무 실장은 손상된 2열연 모터 드라이브의 정확한 상태를 파악하기 위해 TMEIC사에 긴급 진단을 요청했다. TMEIC로서도 평소 두터운 신뢰 관계를 쌓아 온 포스코 투자엔지니어링실의 어려움을 그저 좌시할 수는 없었다. 이 실장은 조속한 진단팀 파견을 약속받았다. 그러나 그는 이미 어느 정도 진단 결과를 예상하고 있었다.

일단은 진단을 받아봅시다. 그리고 안 되면은 침수된 드라이브는 다른 공장의 임시 스페어를 어떻게든 조합해서 한 번 만들어 보고. … 〔TMEIC에게〕긴급하게 진단을 좀 해달라. 쓸 수 있는지 없는지, 요청을 넣었고요. 우리가 요청을 하긴 했지만, 분명히 못 쓴다고 할 거다, 그렇다면 저랑 같이 일한 복구반장님하고 상의하기를, 〔TMEIC 쪽에서는〕 분명히 못 쓴다고 할 건데, … 〔그렇더라도〕 일단 광양 2열연은 절대 손대지 말자, 방향을 정했습니다.

목표가 분명하니 좌고우면할 필요는 없었다. 주어진 조건에서 최선의 투자를 관철해 내기 위한 냉철함과 유연함. 이 오랜 자신의 업무 철학을 되뇌며 이철무 실장은 고민을 거듭했다. 광양의 모터 드라이브를 가져올 수는 없다. 그렇다면 결국 바다 바깥 어딘가에서 새 드라이브를 찾는 수밖에 없다. 어떻게 할 것인가?

그런데 제가 TMEIC에게 〔추가로〕 요청한 게 있었어요. 뭐냐면, 당신
들이 그래도 글로벌 드라이브 전문 제작사로서 세계적으로 많이 팔았
을 거니까, 〔전 세계〕 전체 제철소 싹 뒤져 가지고 예비품 〔드라이브〕
리스트를 좀 들고 와라, 그러면은 내가 천금을 주고라도 사겠다. 사는
건 회사하고 협의해서 내가 살게, 리스트만 들고 와 줘요. 며칠 있다가
〔TMEIC 측 관계자가〕 한번 보자는 거예요. … 리스트를 왜 빨리 안 주
세요? 빨리 주세요, 그러니까, 〔TMEIC 측에서 말하길〕 사실은 만들고
있는 게 있습니다, 이러는 거예요. 그게 인도의 JSW스틸 것인데, 포
스코한테 〔이 드라이브를〕 빌려주면, 다시 〔새것을〕 만들어야 하는데,
자기들이 보기에 〔그렇게 되면 인도 현지에서의〕 공기工期가 밀리더라는
거예요. 공기 밀리는 것은 둘째 치고, 드라이브를 빌려줄지 말지, 이거
는 우리〔TMEIC〕가 얘기할 수는 없지 않습니까, 그러더라고요. 그런
데 인도라는 나라의 시공 현장에 대해서 저희들은 감이 있기 때문에요,
거기가 원래 〔현지에서의 여러 변수가 많아〕 계획한 대로 잘 못 지키거
든요. 이 이야기를 듣는 순간 속으로는 뛸 듯이 기뻤죠. 〔드라이브의〕
사양도 우리하고 똑같아요. 조금만 바꾸면 되는데. 그래서 알겠다, 하
고, 〔TMEIC 관계자를〕 돌려보내고는, 바로 인도 현지 〔포스코 마하라
슈트라〕 법인장님께 협조 요청을 보냈죠. 물론, 이게 안 될 수도 있으
니 내부적으로는 조속히 검토를 해서 대안도 마련해 두자고 팀에는 지
시도 해놓았지요. 결국 컨틴전시는 실행이 안 되었지만.

인도 JSW는 JSW열연공장용으로 제작 중이던 압연기 모터 드라이브를 포항제철소에 양보해 주었고, 포스코는 2열연공장의 복구시간을 크게 단축할 수 있었다.

이철무 실장의 연락을 받은 천성래 법인장은 기꺼이 현장에서 발품을 팔았다. 더 나아가 포스코그룹 최정우 회장까지 친히 JSW스틸의 사쟌 진달Sajjan Jindal 회장을 움직였다.

JSW스틸 책임자하고 미팅 일정이 잡히고 난 다음에 인도 법인장님하고 "사안이 긴박하니 아무래도 회장님 뜻이나 말씀을 좀 가지고 가는 게 좋겠다"라고 이야기를 나누었습니다. 회장님께서 주재하시는 복구점검회의에서 2열연 복구현황 브리핑을 하면서 이렇게 건의를 드렸지요. "회장님께서 천성래 법인장에게 전화 한 통 넣어 주시면 모터 드라이브 협상에 힘이 될 것 같습니다." 그랬더니 회장님이 그러시는 거예요. "말로 되겠나. … 레터letter 써줘라." 결정적인 편지였다고 생각합니다. 대단한 감각이 아닐 수 없죠.

그렇게 인도 JSW스틸에 납품하기 위해 일본 TMEIC이 제조한 드라이브는 대한민국 포항으로 그 행선지를 돌리게 되었다. 천우신조의 2열연 모터 드라이브 공수 협상 계획은 이제 제법 널리 알려졌지만, 투자엔지니어링실의 전문성과 경륜이 없었다면, 해외 공급사 TMEIC와의 신뢰관계 및 오랜 협력 경험과 인도 철강산업계 현장에 대한 광범위한 이해가 없었다면, 그 첫 단추를 끼지 못했을 확률이 매우 높다.

받는 것이 있으면 주는 것도 있는 법이다. 이철무 실장은 설비자재구매실 등 전문부서와 함께 모터 드라이브를 대가로 JSW스틸에 내어 주어야 할 청구서를 면밀히 검토하고 또 협의하여 조정했다. 인도 현장에서 공기 딜레이가 제법 빈번하게 발생한다고 하지만, 그 핑계가 포스코가 되어서는 곤란했다. 예정된 전체 공기에 차질이 없도록 JSW스틸 측에 각종 자재 운반을 위한 전용 선박 지원을 약속했다. 뿐만 아니라, 포스코가 생산한 고품질 슬래브slab(쇳물이 굳어진 붉은 덩어리)를 저렴한 가격에 공급하기로 했으며, 또, 추후 JSW스틸이 지은 새 제철공장이 시운전 단계에 접어들었을 때 필요시 최고의 기술지원도 해주기로 했다. 포항, 광양, 인도, 일본의 모든 이해관계자에게 궁극적으로 윈윈win-win인 절묘한 모터 드라이브 협상은 이렇게 완성되었다.

최정우 회장이 포스코를 방문한 인도 JSW그룹 사쟌 진달 회장에게 감사인사를 하고 있다. 진달 회장이 JSW 열연공장용으로 제작 중인 설비를 포스코에 내어 주기로 결정함에 따라 포스코는 2열연공장 복구시간을 크게 단축할 수 있었다.

최정우 회장이 인도 JSW그룹 사쟌 진달 회장에게 감사선물을 전달하고 있다.

해외 경험과 국내 경험의 총결

힌남노가 2열연공장을 멈춰 세운 지 정확히 100일이 되던 날, 바다를 건너와 포항에 안착한 사연 많은 모터 드라이브와 여타 주요 기계장비들은 웅장한 소리를 내며 새로운 합주를 시작했다. 이에 우리는 포항제철소의 힌남노 피해 극복을 '100일의 기적'이라고도 부른다. 이 100일을 오롯이 묵묵하게 지탱했던 포스코의 전사_{全社}적인 노고가 없었다면 '기적' 또한 없었을 것이다.

그 가운데에서도 특히 이철무 실장 예하 투자엔지니어링실 구성원들의 전문성, 기지, 헌신에 찬사를 아끼지 않을 이유가 없다. 포항과 광양의 앞바다에서 축적한 불굴의 경험과 광활한 대양 너머에서 좌충우돌하며 쌓은 유연한 경험이 투자엔지니어링실에서 총결_{總結}되지 않았다면, 어떠한 경우에도 광양까지 멈춰 세워서는 안 된다고, 꽃을 피우지 못한 SNG 투자 사업일지라도 두 번 세 번 다시 보아 재활용할 수 있는 변압기의 재고를 파악해 두어야 한다고, 인도와 일본을 잇는 글로벌 네트워크를 어떻게든 활용해야 한다고 결정하고 안배하고 행동하기까지 포스코는 조금 더 먼 길을 돌아가야 했을지 모른다.

전문가들은 우리 시대를 일컬어 인간이 자연력을 능가하는 강도로 지구 행성의 생태적 조건에 압력을 가하게 된 '인류세_{the Anthropocene}'라고 한다. 이른바 기후위기는 인류세의 여러 후과_{後果} 중 하나에 불과하다는 인식이 점점 더 고조되는 가운데, 앞으로도 지구

곳곳에서 힌남노에 필적하는 재해가 더욱 빈번하게 발생할 가능성이 높게 점쳐지고 있다. 다시 말해, 태풍 힌남노는 어쩌면 '전무후유'한 재난일 수 있는 것이다.

그러나 필자는 조심스레 작은 희망을 품어 본다. 비록 우리는 모두 자연의 힘 앞에서 어느 정도 무력할 수밖에 없는 필멸자들이지만, 그럼에도 포스코 투자엔지니어링실의 전문성과 경륜만큼은 이 재난이라는 분기점에 대해 '전유후유'하다고 이야기할 수 있지 않을까. 영일만을 가로질러 의연히 이어지는 포스코의 이러한 경험과 지혜는 추후 유사한 역경을 맞게 될지 모를 국내외의 여러 기업과 시민들에게도 귀중한 참조점이자 위안이 되어 줄 것이다. 그리고 인류세에 요구되는 바는 아마도 인간의 무위無爲가 아닌 더 깊고 포괄적인 유위有爲일 수 있다는 점을 시사하는 사례로서 세계 과학기술사의 한 페이지를 차지하게 될 것이다.

이철무 투자엔지니어링실장과의 만남을 일단락하며 마지막으로 못다 한 말이 없는지 물었다. 이 실장은 잠시 고민하더니 꼭 기억되었으면 하는 이름이 있다며 천천히 운을 뗐다.

제가 복구 이후 첫 코일이 정상적으로 생산되던 날, 단톡방에 "회사를 구한 영웅 여러분들께 삼가 경의를 표합니다"라고 올렸어요. 복구에 참여한 모든 분들의 피와 땀을 정말 잊을 수가 없지만, 복구반장으로 선임된 이덕호 반장님이라고 계십니다. 이덕호 반장님은 열연 정비과장을 역임하신 분이거든요. 공장장도 역임하셨고요. … 이분이 복구반장으로 위축된 게 성공의 핵심 중에 가장 큰 부분이 아닌가 〔싶습니다〕. 앞서 이야기한 대형 변압기나 모터 드라이브 등이 제작에 오래 걸리고 핵심적인 장치이기는 하지만, 그것만 있어서는 안 되고요, 수많은 케이블, 패널, 소형 모터들도 다 복구의 순서도 있을뿐더러, 그 하나하나가 안 되면 결국에는 2열연공장이 안 돌아가는 것이거든요. 중간중간에 난관도 많았고요. 이게 이덕호 반장님 이분 머리 안에 그림처럼 다 들어 있는 거예요. 모든 게. 다 들어 있고, 제가 그래도 〔복구과정에서〕 역할을 좀 했다고 한다면, 이분이 마음껏 할 수 있도록, 〔지원하는〕 그런 거는 확실하게 하자고 했죠.

이철무 실장은 벼가 익을수록 고개를 숙이는 미덕을 보여 주었다. 그리고 이는 결코 거짓된 겸손의 말이 아닐 것이다. 이덕호 반장이 없는 2열연공장의 100일은 필시 우리가 아는 그 기적의 100일과는 다른 모습이었을 것이다.

그럼에도 불구하고, 이 실장과 마지막 악수를 나눈 후 돌아서는 필자의 머릿속에는 자못 그의 뜻을 거스르는 겸손치 못한 생각이 들었더랬다. 누가 복구반장 자리의 적임자인지 판단할 수 있는 통찰까지도 이철무 실장의, 나아가 투자엔지니어링실 전체의 전문성과 경륜이 맺은 열매가 아니었을까 하는.

이종식

4부

135일의 기적, 절대 포기할 수 없었던 동행

13장
따뜻한 동행, 진화된 고객 DNA

생각지도 않았던 충격의 순간

2022년 9월 5일, 이날 필자는 태풍 힌남노가 강력하다는 이야기에 예정했던 이사를 이틀 뒤인 7일로 미룰 수밖에 없었다. 그러면서도 내심으로는 그리 큰일이야 있겠느냐며 가볍게 생각하고 있었다. 당일 오전에도 조금씩 빗방울이 떨어지긴 했다. 그래도 이삿짐은 남구 대잠동 직원 숙소에서 은퇴 생활용으로 얻은 북구 중흥로의 오래된 아파트로 무사히 옮겼다. 도시가스 연결부터 냉장고와 세탁기, 인터넷을 설치하고 까다로운 위성안테나 세팅까지 마쳤다. 그제야 한숨 돌리고는 편안하게 TV나 볼까 하고 채널을 돌렸는데, 뉴스 화면을 보는 순간 충격에 빠지고 말았다.

포스코, 그 포스코가 물에 잠겼단다. 직업은 못 속인다고, 필자도 그랬던 것 같다. 한국은행 재직 시절 주요 직무가 조사연구였고,

2009년 8월 포항에 온 이후로도 계속 지역경제를 살피고 있었던 만큼 제철소가 침수된 모습을 보는 순간 심장이 멈추는 듯했다. 머릿속에는 온갖 상념이 떠다니기 시작했다. 자칫하면 나라 경제까지 흔들릴지도 모른다는 생각부터 들었다.

무엇보다도 포스코 공장 지하의 각종 모터나 전기설비 가운데 외국산 장비도 적지 않다고 알고 있었기에 더욱 걱정이 컸다. 단순 침수라면 물을 퍼내고 씻어 말리기만 하면 큰 문제가 아니지만 전기장치, 그중에서도 외국산 설비들이 망가졌다면 즉시 발주하더라도 도착하기까지는 짧아야 6개월은 족히 걸릴 것이기 때문이었다. 그리되면 포스코도 문제지만, 당장 철강공단을 비롯한 포항경제부터 직격탄을 맞고, 경주의 자동차 부품단지, 울산의 자동차 완성차공장과 석유화학단지까지 모두 흔들릴 가능성이 크다. 무엇보다도 국산 철강소재를 사용하던 자동차, 건설, 조선 등 연관 산업체들은 거의 실시간으로 영향을 받게 될 것이다.

그렇지 않아도 포항시 인구가 50만 명 이하까지 내려간 상황인데, 이거 어떻게 하지? 코로나19 사태 이후 국내 철강회사들이 철강자재의 수급 안정화를 위해 국내 공급망을 재편하려는 좋은 분위기가 무르익고 있었는데, 모두 무산되는 거 아니야? 최근 포스코 본사 이전 문제로 자극적인 붉은 글씨들이 시내 곳곳을 도배하는 등 지역사회와 껄끄러운 상황이었는데, 만약 이번 사태를 빌미로 아예 포항제철소 몇몇 공장의 문을 닫겠다는 결정이라도 나면 어떻게 하지? 온갖 생각에 두통까지 찾아왔다.

포항제철소가 나비효과를 일으키면?

필자의 생각이 너무 나간 거 아니냐는 사람이 있을지도 모르겠다. 사실, 포스코는 민간에서 자생적으로 태어난 기업이 아니다. 대한민국이라는 국가가 나서서 국내 산업에 필요한 '산업의 쌀'을 전담해서 생산하라고 조상들의 핏값까지 보태며 무리해서 세운 기업이다. 마치 고대 단군이 '홍익인간'을 설파하며 널리 인간을 이롭게 하라고 하였듯이, 국내 모든 산업을 이롭게 하도록 '홍익산업'이라는 사명을 부여받고 출범한 기업이다.

태생이 그렇다 보니 쉽게 말해 나라 전체로 보면 쌀 생산 공장을 포항의 제철소에 두더라도 밥 짓는 솥이나 쌀 씻는 양재기, 밥을 푸는 주걱, 주방용기 등은 전국 어디에서 만들고 쓰더라도 상관없었다. 쌀은 포항에서 나지만 이곳에서 쌀가마니를 가져가 어떤 지방에서는 떡을, 어떤 지방에서는 죽을, 또 어떤 곳에서는 쌀 막걸리를 만들면서 그곳에 일자리를 만들고 그에 딸린 식구들을 먹여 살렸다. 나라의 경제 규모가 커지고 다변화되면서 포항에서 난 산업의 쌀만 이용하던 모습도 달라졌다. 저가의 중국 쌀, 베트남 쌀, 고가의 일본 쌀이나 아예 누룽지(철스크랩)까지 전국 각지에서 수입하며 포항산 쌀을 대신하기 시작했다.

결국 포항제철소는 자신들이 만든 쌀을 가져갔던 많은 거래처가 수입쌀을 사용하기 시작하자 2003년부터는 본격적으로 쌀을 수출하기 위해 해외시장 개척에 나섰다. 기업 이름도 아예 세계화 흐름에 맞추어 바꾸었다. 포항제철소가 포스코로 바뀐 이유다. 지금은 수 많은 국적 불문의 쌀로 전국 어디서나 밥, 죽, 떡, 국수를 만들고 있 다. 하지만 고품질의 포항산 쌀만 고집하면서 다양한 제품으로 국제 경쟁력을 높여 온 단골 고객 산업체들의 경우에는 포항산 쌀을 제때 공급받지 못하면 떡가래를 못 뽑고, 또 이 떡가래를 가져가 떡국이 나 떡볶이를 만들어 파는 조그만 가게(중소기업)는 재료 부족으로 영업시간을 단축하거나 심하면 문을 닫을 수밖에 없다.

이 쌀의 생산에서 소비에 이르는 과정을 경제학적으로 공급망 supply chain이라고 부른다. 또 경제 파급효과로 말한다면 쌀을 받아 가공하는 산업체(고객사)는 전방산업에 속한다. 포스코가 산업의 쌀인 철강 자재를 만들어 앞으로 던져 주기에 전방산업이라 부른다. 쌀을 만들려면 철광석, 무연탄, 각종 쟁기와 물, 비료 등 다양한 자 원이 들어간다. 포스코에 필요한 자원들을 뒤에서 건네주는 산업체 (공급사)는 후방산업으로 분류된다. 다양한 산업 가운데 이처럼 전 방과 후방으로 연계되는 산업체를 주렁주렁 달고 다니는 것이 바로 철강산업이다. 그래서 철강산업을 중간수요산업이라고도 부른다. 그런데 철강산업에 필요한 가장 기초적인 재료인 제철, 제강을 생산 하는 고로를 갖춘 일관제철소가 포항(포스코)에 있다. 한 국가의 산 업경쟁력은 일관제철소를 보유하고 있는지 아닌지에 따라 그 수준 이 결정된다고 해도 과언이 아니다.

실제 통계로 보면 우리나라 제조업 내에서 철강산업의 생산액 비 중(2019년 기준)은 6.2퍼센트로 자동차, 반도체, 정유, 석유화학,

포스코가 국민경제에서 차지하는 위치

국가경제산업 전반

공급사		포스코	고객사	
업스트림, 상류, 후방연쇄효과			다운스트림, 하류, 전방연쇄효과	

국내외 조달		포스코	국내외 출하	
철광석	무연탄	• 중간수요산업	자동차	건설
전기가스	설비 etc.	• 국가경쟁력 핵심	조선	석유화학
			태양광 등	철강 etc.

출처: 필자 작성

음식료에 이은 6위다. 2020년 수출액은 약 214억 달러인데, 이 또한 반도체, 자동차, 기계, 석유화학, 정유에 이은 6번째 규모의 수출산업이기도 하다.[1] 단지 순위만 놓고 '겨우 6위인데 뭘?' 하고 반문할지도 모르겠다. 하지만, 앞의 1~5위 산업들 모두 철강이라는 '산업의 쌀'이 있어야만 공장을 돌릴 수 있는 산업이라는 점을 감안하면 이야기가 달라질 수밖에 없다. 철강 자재는 종류가 많고 형태와 이름도 제각각이다. 각자 필요한 자재들을 원재료 삼아 생산 일정에 맞춰 공장을 가동하는 산업체 입장에서는 적기에 자재 수급이 되지 않으면 그냥 손을 놓을 수밖에 없다. 소재부품이 달려 그들의 생산 물량이 줄어들면 궁극적으로는 국민 생활과 밀접한 자동차, 가전,

---

1 산업연구원(2022), "철강산업의 탄소중립 추진전략과 정책과제", 〈ISSUE PAPER 2022-06〉, 36쪽.

건설, 에너지 등 모든 부문의 최종재 가격, 다시 말해 소비자 물가의 인플레이션으로 이어질 수밖에 없다.

구체적으로 보면 포스코에서 자재를 받아 제품을 만드는 주요 고객사, 즉 포스코의 공급망에 속하는 업체는 조선(현대중공업), 자동차(현대·기아차, 한국GM 등), 철강(세아제강, 유니온스틸, 포스코스틸리온 등) 등의 국내 산업체는 물론 베트남(포스코베트남), 인도(포스코마하슈트라스틸), 터키(포스코아쌘TST) 등 세계 각지에 퍼져 있다. 이들 주요 6~7개 고객사만으로도 포스코 전체 매출액의 15퍼센트 전후를 차지할 정도다. 결국, 이 고객사들이 필요로 하는 각종 철강 자재를 포스코가 적시에 공급하지 못하면 이 고객사의 제품을 이용하는 여타 연관 산업체의 공급망까지 연쇄적으로 삐걱거릴 수밖에 없다는 뜻이 된다.

앞에서 국가 차원의 이야기를 하였지만, 포항 지역으로 시야를 좁혀 보더라도 본질은 달라지지 않는다. 당분간 포항제철소가 가동되지 않는다고 가정해 보자. 포항경제의 기둥인 포스코의 그룹사, 협력사 및 철강 연관단지를 모두 포함한 직접적인 포스코 관련 기업 종사자만 약 2만 8천 명에 이른다. 철강 연관단지의 기업만 하더라도 360개 사를 헤아리기 때문이다. 게다가 포스코가 벤처 창업 인큐베이팅에 관여하는 '체인지업 그라운드CHANGeUP GROUND'에는 98개 사가 입주해 있고, 이들의 기업가치만 약 1조 4,018억 원으로 추정되는 상황이다.[2] 거기에 철강 제품을 실어 나르는 운수 등 물류업체까지 영향을 받아 관련 종사자의 소득이 줄어들면 그들에 딸린 식구, 즉 포항시민들은 과연 어떻게 생계를 꾸려 나갈 것인가? 상상만 해도 끔찍하다.

고객사 대신 스스로 낭패를 감내한 포스코

일반적으로 정상적인 기업이라면 매년 '수익 극대화'라는 경영목표 달성에 사활을 건다. 이익을 철저하게 따지다 보면 주변보다는 우선 나부터 살고 보자는 본능이 먼저 작동하기 마련이다. 지난해 9월 포스코의 침수피해 직후 전문가들이나 관련 업계에서는 복구 정상화가 빨라도 6개월, 자칫하면 1년 이상 걸릴 수도 있다고 단언했다.

그러나 포스코의 주요 고객사가 필요로 하는 자재를 공급하는 데 가장 중요한 핵심 설비인 2열연공장은 복구 개시 100일이 되는 날, 기적적으로 정상 가동을 시작했다. 이것을 가능하게 한 원동력은 과연 무엇이었을까? 자신들의 형편에 맞추어, 그리고 어쩔 수 없는 재난 상황임을 내세우며 충분히 여유를 가지고 최대한 비용을 들이지 않는 복구 일정을 세울 수도 있었을 텐데.

이 수수께끼를 풀기 위해 포스코의 대외적인 판매망을 관리하는 마케팅 부서 간부와 인터뷰를 시도하였다.[3] 정작 포스코 직원들은 자

---

2 포스코 홈페이지(www.posco.co.kr) 지역사회보고서, 〈함께해 온 우리, 함께할 우리〉 참조.

기들이 한 일이 얼마나 대단한 일인지, 얼마나 큰 가치를 지닌 것인지 제대로 알고 있는지 궁금했다. 결론적으로 이야기하자면, 직원 모두는 아닐지라도 필자가 인터뷰한 박남식 부소장 정도의 간부직이라면 모두 알고 있었다고 판단했다. 그들이 막대한 비용을 감내하고서라도 지금 진행하는 복구와 고객 대응이 이후 국가 경제에 어떠한 영향을 미칠 것인지를 분명히 인식하고 있었다. 설령 포스코의 젊은 직원들은 자기 직장의 일만 생각하며 해낸 일이었더라도 상관없다. 포항제철소의 가동이 빠르면 빠를수록 포항을 비롯한 인근 경주, 울산, 경북 등 국지적인 지역경제는 물론 대한민국 경제 전체에 환산할 수 없는 긍정적인 효과를 창출하였을 것이 틀림없기 때문이다.

필자가 인터뷰를 시작하면서 "이게 단순히 포스코라는 단일 기업이 자신들끼리 열심히 잘한 것이기도 하지만, 결국 포스코가 지역경제는 물론 대한민국 경제가 제대로 돌아가는 데 핵심인 기업이기에 거시경제적으로는 높게 평가할 수밖에 없다고 본다"고 말하자마자, 박남식 부소장은 1초의 망설임도 없이 "지금 말씀하신 게 정답인데요. 그래서 그렇게 복구를 한 거고요. 그런 측면에서 개별 단위 공정을 복구한 직원들이야 자기 공정에 대해서만 나 이렇게 해서 잘했다, 그런 식으로 다 얘기를 하죠. 근데 사실은 금방 말씀하신 그런

것들이 다 녹아 있는데, 그런 것들을 표현을 잘 안 한 건 맞습니다"라고 대답하였다.

포스코가 '제철보국'이라는 네 글자로 정신을 무장한 전사들로 출발했지만, 반세기가 넘는 시간 동안 그들 대다수는 은퇴하였고, 그 선배들의 경험담조차도 새로이 수혈된 젊은 직원들은 '나 때는 말이야~' 식의 철 지난 이야기로 폄훼하면서 그 정신이 조금씩 무뎌졌으리라 짐작하고 있었다. 하지만 그들 피에 흐르는 DNA가 바뀌기에는 아직 시간이 부족했던 것 같다. 일개 기업이 자기 밥상 챙기기도 바빴을 테고, 그런다고 그것을 비난할 사람도 없다. 하지만 포스코는 지역경제는 물론 우리나라 전체의 전·후방 연관산업, 거미줄처럼 얽혀 있는 수요·공급망이 망가지지 않을지 가장 먼저 걱정했다. 지하 깊숙이 첩첩이 쌓인 진흙을 퍼내는 와중에도 말이다. 물론 자신들은 결코 포기할 수 없었던 동행이라고 표현한다. 이는 국민기업이라고 불리던 포스코가 민영화되면서, 이제는 기업시민이라 자처하다 보니 거창하게 '국가'나 '국민'이라는 말 대신 그저 '고객사가 낭패 보지 않게'라는 말로 그친 것 아닌가 싶다. 고객사가 낭패 보지 않도록 하겠다던 포스코의 행동지침으로 정작 포스코의 구성원들은 수없이 낭패를 겪고, 이를 악물고 감내하는 그 이상을 겪었지만 말이다. 박남식 부소장의 이야기다.

또 기억나는 게 우리 수출하는 거 있잖아요? 수출. 다 저기 필요하면 내수로 다 전환했습니다. 예, 이거 뭐 전기강판이나 이런 거는 수출이 훨씬 더 가격 좋습니다. 그렇죠. 근데 우선은 내수로 무조건 전환한다. 전환 다 시켰고요. 마찬가지로 스테인리스는 들고 있는 제품 중에서 해외 나갈 거 있잖아요? 그 고객사한테 통보해 가지고, 죄송하다 이거, 우리가 내수해 줘야 되겠다. 그쪽 끊고, 내수로 공급해 …. 〔페널티는 먹었을 거 아니에요?〕 또 저도 그럴 줄 알았는데, 이게 수출은 그게 가능하답니다. 그 저기 포스마주어force majeure[4]가 가능하답니다. 불가항력이. 근데 우리 내부에서 그런 얘기하는 것이 나왔어요. 아니 지금 이거, 천재지변 아니냐? 그래서 국내 고객사도 그냥 불가항력 선언하자, 이런 얘기도 나왔어요. 사실 그래서 제가 그랬죠. 아니 우리가 지금 그렇게 해서 될 일이 아니다. 이거 잘못하면은 우리 회사가 존재하는 이유가 뭔데? 원래 우리 회사는 사기업입니다. 〔그렇죠.〕 예, 사기업인데 아직도 국민들이 보는 시각은 국민기업이라고 본다. 우리가 잘못해서, 예를 들면 국내 산업에 타격을 줬으면 우리가, 엄청난, 진짜 국민으로부터 질타를 받게 돼 있다. 그리고 그거는 우리 회사, 아니 기본 정신이 기업시민정신 아닙니까? 경영이념이, 예, 기업시민정신에도 어긋나는 거다. 그냥 뭐, 아유, 나 손 들을게, 이런 거는 없

---

4 불가항력에 기인한 계약불이행 또는 지연에 대해 매도인이 면책된다는 조항이나, 이를 고려하여 면책조항을 계약서에 넣을 필요가 있다. 폭풍우, 낙뢰, 지진, 태풍, 홍수 등과 같은 자연적인 불가항력 외에 기계고장, 동맹파업, 공장폐쇄, 원자재 부족, 화재, 선박징발, 운송기관의 우발사고나 내란, 전쟁, 정부의 간섭 등에 의한 비상위험 등은 어느 것도 매도인이 통제할 수 없는 불가항력이다. 이로 인한 계약불이행은 불가항력 조항에 의해서 면책된다.

다. 그렇게 하면 안 된다. 그러는 그 얘기도 사실 내부에 있었습니다. 뭐 있는 그대로 말씀드리면.

포기할 수 없었던 동행,
고객사를 넘어 저 건너편까지

매년 국내외 정세는 변화하기 마련이라 늘 경제적으로 중요하지 않은 해란 없었다. 하지만 2022년은 특히 철강업계에 의미 있는 움직임이 꿈틀거리던 터라 포스코의 조기 정상화는 국가 경제 차원에서도 큰 가치를 지닌다. 2022년 3월 21일 〈조선비즈〉는 "철강업계는 'K-Steel' 캠페인도 적극적으로 추진할 계획이다. K-Steel 캠페인은 안전, 환경, 경제성 측면에서 국산 철강재의 우수성을 알리고 부적합 철강재 근절을 위해 제도를 개선하는 것이 골자다. 최정우 철강협회장(현 포스코그룹 회장)은 올해 신년사에서 'K-스틸 등 국산 철강재의 우수성을 알리고, 인식을 제고하는 활동을 지속해서 추진해 내수 시장에서 리더십을 강화해 나가자'라고 말했다"고 전하였다.[5] 그로부터 수개월 뒤 포스코는 최악의 재난을 맞이하였다. 최정우 회장이 내수시장에서 리더십을 강화해 나가자고 말한 그대로 이번 재해 복구 과정에서 포스코는 말이 아닌 행동으로 실천하였다. 포스코

---

5 〈조선비즈〉(2022. 3. 21), "국산 철강재, 수입산 밀어내고 국내 시장 점유율 굳히기".

가 수많은 비용, 시간 등 손해를 감내할 수 있었던 데에는 조직의 수장으로서 그의 발언이 허언에 그치지 않고 강력한 의지로서 뒷받침했음을 증명한 셈이다.

포스코의 이번 행동은 설사 개별 기업 차원의 의사결정에서 시작되었다고 하더라도 좁게는 포항 지역경제, 좀 더 넓히면 대한민국의 국제경쟁력으로 이어지는 국가 백년대계와도 밀접한 상관관계가 있었다. 지난 50년간 혁신에 혁신을 거듭해 온 도전정신으로 '산업의 쌀' 자급화를 위해 1세대 포항제철소의 역군들은 사명감 하나로 불철주야 노력했다. 그것이 이번에는 침수피해라는 어려운 여건 속에서 국민을 향한 '우향우 정신'으로 계승되었다. 이번 피해복구 과정에서 나타난 모든 모습은 앞으로도 100년 이상 '혁신의 용광로'를 지켜 가겠다는 절박함, 포스코가 대한민국 산업의 최후의 보루라는 자부심과 그들 뼛속에 녹아 있던 DNA가 부지불식간에 겉으로 표출된 것이다.

2023년 초 최정우 회장은 "경제, 안보, 사회의 각종 불안 요인 또한 심화되며 그 어느 때보다 불확실한 미래가 펼쳐지고 있습니다"라고 말했다.[6] 이 말은 포스코의 지속가능성을 핵심으로 하는 경영 패러다임의 변화를 표현한 현실 진단이었을 것이다. 하지만, 국가 경제적 차원에서 포스코라는 국가 기간산업基幹産業의 중심축이 흔들린다면 대한민국 경제, 안보, 사회의 각종 질서와 생태계 또한 불확실

---

6 2023년 최정우 포스코그룹 회장 신년사 중에서.

해진다는 것으로 해석해도 틀린 말은 전혀 아니다.

'100일'이라는 숫자 자체가 지닌 마력도 있겠지만 그 수치가 나오게 된 과정은 결단코 쉽지만은 않았을 것이다. 흔히 공장에 피해 상황이 발생하면 쉽게 손댈 수 있는 부분부터, 그리고 수리나 교체가 가능한 부분부터 복구하는 것이 상식일 것이다. 적어도 멀쩡했던 공장이 처참하게 망가진 그 순간만큼은 먼저 망막에 잡히는 눈앞의 문제부터 즉시 해결해야겠다는 생각에 빠져들기 마련이다. 하지만 포스코의 상황은 다르다. 생산과 판매 양측을 조율하여 판매 속도가 빠르면 생산을 부채질하고 속도가 느슨해지면 원재료의 조달부터 생산 공정에 이르는 전 공정이 완만하게 흐르도록 조정해야만 한다. 그러한 역할을 마케팅 부서라고 부르는 판매생산조정실이 맡고 있다. 포항제철소의 모든 공정은 고로의 상공정에서 출발하여 연속주조를 거쳐 슬래브, 블룸, 빌릿[7] 등을 만들고 다시 그것을 강판으로 눌러 펴거나 다른 제품으로 만들 수 있는 반제품을 생산하는 하공정으로 물 흐르듯 이어져야만 한다. 용광로의 쇳물이 식는 순간 모든 공장이 마비되기 때문이다. 때문에, 고로에 직접 피해가 없어도 순

---

7   고로에서 이어지는 연속주조로 생산되는 철강 반제품은 판재, 봉강, 선재 등 다양한 제품으로 가공되는 압연 중간소재로서 형태와 크기에 따라 슬래브(slab), 블룸(bloom), 빌릿(billet)으로 구분된다. 슬래브는 판상형 반제품으로 연속주조에 의해 직접 주조하거나 강괴 또는 블룸을 압연 제조하며, 후판, 강판 등 판재류의 압연소재로, 블룸은 단면이 장방형인 반제품으로 주로 중대형 봉형강, 빌릿 등 압연소재로, 빌릿은 단면이 정방형인 반제품으로 소형 봉형강, 선재 등의 압연소재로 각각 사용된다(한국철강협회).

차적인 하공정 어느 한 곳만 고장 나도 결국 고로까지 영향을 미치게 된다.

바로 이 부분에서 포스코 간부들은 절대불변의 대원칙부터 세웠다. 포항제철소 중심의 복구가 아니라 작게는 고객사, 좀 더 시야를 넓혀 보면 국가 경제에 영향을 최소화하기 위해 고객사의 주요 생산 일정, 그들의 재고 보유상황을 철저하게 파악하여 적어도 포스코로 인해 낭패를 겪는 일만은 없도록 하겠다는 그야말로 '고객중심주의', 아니 '국민우선주의'를 내세운 것이다.

거기 복구 점검회의에서는 이 제철소 이게 어떻게 돼 있냐면요, 예를 들면, 후판 제품이 만들어지기 위해서는 쭉 공정을 타요. 뭐 제강에서부터 연주, 뭐 후판, 압연, 그다음에 열처리, 교정 이렇게 모든 다양한 제품이 있다, 제가 그랬잖아요? 타는 라인도 엄청 복잡하게 돼 있어요. 이게, 라인도 길고요. 제품 수도 많고 프로세스도 상당히 복잡하게 돼 있어요. 포항소가요. … 그러면 예를 들면, 10개 라인을 탄다면 제품 하나를 만들어 놓기 위해서요. 앞에 있는 공정부터 차근차근 살려야 되잖아요, 그죠? 이 제품 라인을 살리느냐 마느냐, 우선순위는 어디에 있냐면 고객사에 있었던 거예요. … 자, 지금 후판 제품 먼저 살린다. 딱 그러면 후판 제품 중에서도 1, 2, 3후판이 있어요. 그런데 고객사가 가장 지금 크리티컬한 건 3후판에서 나오는 제품이다. 그러면, 3후판 라인을 쭉 타고 가서 제품이 나오는 거를 우선순위를 지정해서, 날짜를 다 지정해 이렇게 살려야 된다. 이렇게 순위를 지정해 준 거예요. 그러면 거기에 인력을 먼저 투입하잖아요. 그죠? 생산 현장에 있는 사람들은 이렇게 본 거예요. 나는 이 라인을 못 구한다고 봤는데, 그게 아니고 복구의 우선순위, 그다음에 '어느 라인을 살릴 것이냐? 어떻게 인력을 투입할 것이냐?'라는 거는 쉽게 얘기하면 고객사가 정한 거예요.

그러한 대원칙이 세워지자 나머지 포스코의 각 공장별, 공정별 복구 일정은 고객사의 상황에 따라 역으로 산출할 수밖에 없다. 결국 고객사로부터 주어진 최대의 마지노선은 약 100일. 적어도 12월은 넘기지 말아야 한다는 결론이 나왔다. 자잘한 복구가 진행되더라도 결국 국내 경제에 파급력이 큰 자동차나 건설업계 등으로 이어지는 핵심 철강재를 생산하기 위해서는 무엇보다도 2열연공장만큼은 100일 안에 정상화해야만 한다는 목표가 나온 것이다. 100일의 기적은 사실 열심히 하다 보니 요행으로 만들어졌거나 하늘이 내린 기적이 아니었다. 철저하게 0.01퍼센트부터 99.99퍼센트까지 포스코 명장들의 일사불란한 지휘하에 직원들 각자의 손으로 한 땀 한 땀, 한 치의 어긋남이 없이 차곡차곡 쌓아 올린 결실이었다. 이 100일의 바쁜 일정 동안 고객들에게 마냥 기다려 달라고만 하지도 않았다. 포스코의 자존심이 용납하지 않았기 때문이다.

인터뷰를 통해 몇 가지 사례를 들어 보니 고객이나 국민을 위해서라는 대원칙하에서는 '비용', '손해' 같은 단어는 전혀 고려 대상이 아니었다. 물론 모든 일을 다 마치고 인터뷰하는 시점에서야 돌이켜 생각해 보니 헛웃음도 나오고, 손해도 많이 보았다고 평가하기도 하였지만. 실제로 이와 같이 비용을 생각하지 않고 고객사, 국가 경제를 우선하였음을 증명하는 그들 행동의 결과는 2023년 1월 20일 자 언론보도를 통해 명확한 수치로 나타났다.

작년 9월 태풍 힌남노 침수피해로 포항제철소 생산 중단에 따른 영업손실과 일회성 비용으로 영업이익이 약 1조 3천억 원 줄어든 것으로 추정됐다. 생산 중단이 이어졌던 4분기에는 영업손실 3,760억 원을 기록했다. 포스코가 연결기준 분기 적자를 낸 것은 이번이 처음이다.[8]

박남식 부소장과의 인터뷰에서 실제 고객사가 낭패 보지 않게 모든 비용을 들여서라도 대응한 사례 가운데에는 '그렇게까지?' 하고 감탄한 사례들도 적지 않았다.

사례 1 — 선재 고객사에는 비싼 비용을 들여 수입해서 공급

사실은 선재가 우리가 좀 복구가 늦었어요, 선재가요. 그래서 이게 선재를 어떻게 했냐면 일본 ○○○에서 참 창피한 얘기지만, 선재를 샀어요. 근데 얘네들 제일 처음에는 뭐 말이 거창하잖아요. 이제 어려운 상황에 처했는데 뭐, 당연히 도와줘야지. 이러면서 이게 좀 조금 톤당 30만 원인가 50만 원인가 이렇게 비싸게 사실 샀어요. 그니까 이게 조금

---

8 〈조선일보〉(2023. 1. 20), "포스코 '어닝쇼크'".

여러 고객사와 포항 지역사회에서 한마음 한뜻으로
포스코를 응원해 주었다.

진짜 얄밉더라고요. 선재가 뭐 말은 그렇게 하면서, 가격은 받을 거 다
받고. 근데 나중에 이거 ○○○○○라고 고객사 중에 제일 큰 데가 여
기 접촉해 선재를 또 많이 샀는데요. 바가지 다 썼습니다. 비용 다 지
불하고요. 나중에 선재를 좀 정상적으로 빨리 복구하는 바람에 수입
안 해도 되는 거를 사가지고 … . 조금 뭐 공급하긴 했는데, 하여간 뭐
그렇다 하더라도 일단, 고객사 문제 되면 안 된다. 특히 이게 자동차였
어요, 다. 그래서 참 손해를 많이 봤죠. 그래도 뭐 우선 고객사 문제
되면 안 되니까. 이제 그렇게 해서 공급도 다 이제 해드렸고요.

사례 2 ― 스테인리스 고객사에는 포스코만 가능한 글로벌 대응으로 공급

이게 스테인리스 하나를 예를 들어 드리면, 스테인리스는 …. 포항에서 슬래브를 생산하고, 포항에 열연공장이 죽었잖아요? 그래서 광양의 열연에서 밉니다. 광양소에서 밀어 가지고는 태국으로 보냅니다. 〔태국이요?〕 태국의 타이녹스Thainox 9로 보내요. 그들은 그것으로 냉간압연 하는 거예요. 냉간압연 해가지고는 다시 한국으로 가지고 들어와요. 예, 이거 돈 엄청 듭니다. 포항에서 슬래브 생산했지, 이걸 광양으로 가져가서 밀었지, 이놈을 저기 태국으로 다시 보냈지. 이 태국으로 가고 오는 시간이 배로 왔다 갔다 하는데, 이거 꽤 시간 걸렸습니다. 한 달 이상 걸렸나? 그렇죠, 최종적으로 그래서 그냥 긴급하게 뭐 컨테이너로도 보냈고요.

'혁신의 용광로'에서 '불멸의 용광로'로

비록 포스코의 손익계산서에 붉은 숫자가 나타나긴 했으나 단순 수치로 표현할 수 없는 무형의 자산가치도 분명히 얻었을 것이다. 그동안 혁신에 혁신을 거듭하면서 철강산업, 나아가 국내 산업에 소재를 공급해 왔던 포스코가 이번 피해복구 과정에서 새롭게 발굴한 생산 방식이 정착되기 시작한 것도 긍정적인 신호라고 본다. 과거에는

---

9 포스코가 2011년 7월 인수한 스테인리스 냉연강판 생산기업.

포항제철소의 경우 다품종 소량생산 체제로, 광양제칠소는 소품종 대량생산 체제로 운영이 이원화되어 있었다. 기업 전체로 보면 매우 효율적인 배치였고 그만큼 양 제철소 직원들도 전문화가 강화되었을 것이다. 그런데 이번 복구 과정에서 자연스럽게 양 제철소의 공통 생산 부문이 크게 확대되었다. 포항에서만, 혹은 광양에서만 생산되었던 품종이 줄어들고 상호 공통 생산되는 분모가 커진 것이다.

그다음에 또 하나, 또 예를 들어 드리면, 아까 이제 구동모터용 전기강판 말씀드렸잖아요? 이게 포항에 제강-열연-전기강판 이렇게 3개 공정을 거쳐서 생산해야 하는데, 이게 뒤에 전기강판은 살았는데, 포항의 제강, 열연이 아직 안 산 거예요. 그래서 광양에서 너가 해! 이러니까 광양에서는, 전기강판은 사실 광양에서 안 했거든요, 지금 근데 갑자기 이걸 하라 그러니까 멘붕에 빠진 거죠. 그래서 광양에서 제강도 이번에 처음 해봤어요. 열간압연도 처음 해봤어요. 그다음에 다시 포항으로 가지고 와요, 열연 코일을. 포항에 가지고 와서 포항은 소둔[10]만 살았어, 이게. 다시 광양으로 가져가. 광양에서 냉간압연을 하라면은 또 해요. 또 포항으로 가져가. 이게 왔다리 갔다리, 왔다리 갔다리 한 두어 번 왔다 갔다 해요. 제품 하나 만들기 위해서. 〔아이고 뭐

---

10 철강재의 열처리는 공정과 요구되는 강재 속성에 따라 소둔(annealing), 소준(normalizing), 소입(quenching), 소려(tempering), 특수열처리의 5가지 방법이 있다. 그중 소둔은 강의 연화를 위해 변태점 이상으로 가열 냉각하는 조작으로 필요한 기계적, 물리적 성질을 얻도록 하는 열처리 방법이다.

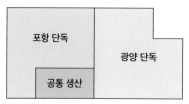

복구 전 양 제철소 특화 생산체제

| 포항 단독 | 광양 단독 |
| 공통 생산 | |

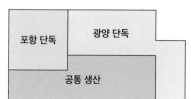

복구 과정에서 진화한 듀얼 생산체제

| 포항 단독 | 광양 단독 |
| 공통 생산 | |

출처: 포스코, 〈생산기술전략실 냉천범람 피해복구 및 대응현황〉(22. 12. 16)에서 발췌.

진짜 지금 보니까, 계속 복구는 복구대로 하는 과정에서도 살리는 것만큼 시간 줄일라고, 이제 광양으로 왔다 갔다 했다는 얘기네요.] 그걸 두 번 왔다 갔다 한 거죠, 두 번. 뭐 나중에 가면은 광양은 인제 뭐 우리가 못 할 것 같다, 이렇게 나오겠는데, 지금 금방 말씀하신 대로 그렇게 됐어요. 광양도 찍소리 못 하고 이제 다 했고요.

이렇게 어디서든 생산을 할 수 있게 되면서, 앞으로 포스코의 생산관리담당 입장에서는 어쩌면 '포항이냐, 광양이냐'를 놓고 물량을 배정할 때마다 고민거리가 될지도 모르겠다.

하지만 대한민국 산업 전반을 생각한다면 이 또한 '신의 한 수'임에 틀림없다. 괜히 IT 기업들이 백업센터 구축에 열을 올리는 것이 아니다. 이제는 유사시 광양에 무슨 일이 생기건, 포항에 무슨 일이 생기건, 양 제철소에 동시에 문제가 생기지 않는 한 포스코의 용광로는 절대 꺼지거나 멈추지 않는 안전장치가 만들어졌다. 그야말로 '불멸의 용광로'가 탄생했다고 할 수 있다. 이것은 우리나라 경제산업의 철강 수급체제의 안정성은 물론 국가의 경제 안보까지 높이는 효과를 발휘하게 될 것이다.

지난 50년 동안 대한민국의 고도성장을 이끈 한국 산업 역사의 국보인 1고로는 은퇴하였다. 하지만 이번 위기를 계기로 포스코 DNA에 잠자고 있던 국가산업 파수꾼의 인자가 활성화되면서 '혁신의 용광로'는 '불멸의 용광로'로 진화하기 시작했다. 앞으로도 포스코는 대한민국 산업을 뜨겁게 달구고, 포항과 광양 경제의 아궁이가 식지 않도록 불을 지피는 '따뜻한 용광로'로서 포항과 광양의 시민들과 함께할 것이다.

김 진 홍

14장
위기 극복의 병참기지 135일

병참의 최전선 설비자재구매실

냉천이 범람한 후 135일 기적의 과정, 누가 발 벗고 현장에 나와서 구슬땀을 흘렸는지는 익히 알려져 있었다. 영상을 통해 사진을 통해 포스코 구성원들은 기회가 날 때마다 현장의 영웅들을 이야기할 것이다. 그러나 발 벗고 현장에 뛰어든 임직원들만으로 복구작업이 해결되는 것은 아니다. 맨손으로는 기적을 만들어 낼 수 없다. 모든 생산의 흐름이 전자화된 센서로 속속들이 파악되고 장비가 '작동'되어 움직이는 곳이 현대 포스코의 최첨단 공장 아닌가? 장비가 작동하기 위해서는 전기, 물, 다양한 원자재가 적재적소에 공급되어야 한다. 전기가 끊어지고 탁류가 휩쓸어 버린 현장의 복구작업을 위해서도 다양한 종류의 설비, 공구, 자재의 공급이 원활하게 이뤄져야 한다.

군에 관련된 격언들은 하나같이 병참의 중요성을 언급한다. 이미 누구나 쓰는 단어 중 하나인 '배수진'이라는 말을 곱씹어 보자. 부대의 뒤에 물이 있다는 것은 후방에서 아무런 지원을 받을 수 없다는 말이다. 하루 동안의 배수진 전투는 부대원들의 기지와 용맹함으로 돌파할 수 있을지언정, 몇 날 며칠 이어지는 전쟁에서 안정적인 후방의 병참 지원 없이 이길 수는 없다. '영일만 우향우 정신'처럼 처음부터 절박하게 배수진을 치면서 제철소 건설과 강재 생산을 전쟁처럼 수행해 온 포스코 임직원들에게, 구매 부문의 중요성을 병참이라는 군사적 개념에 빗대는 것은 전혀 무리가 없을 것이다.

전기자동차 배터리를 이용해 공장에 전기를 공급하고, 헤어드라이어를 가지고 모터를 말리던 직원들의 135일간 노력 뒤에는, 위기 상황에서 파트너사와의 후방 연대를 단단히 하고 복구 현장에 필요한 설비와 자재를 적재적소에 지원하려던 설비자재구매실의 노력이 있었다.

후방을 단단히 하라: 공급사들에 대한 지원

공급망 관리를 하는 조직 부문은 위기 상황에서 이중의 목표를 갖게 된다. 한편에서는 장비, 설비, 기자재를 공급해 주는 파트너사와 긴밀한 결속을 해야 한다. '뒤'가 불안하지 않아야 현업에서 긴급하게 요청하는 모든 것을 공급할 수가 있다. 6개월은 족히 걸릴 것이라던 복구 과정을 135일로 단축할 수 있었던 바탕에는 무엇이든 적기에 적재적소에 공급할 수 있게끔 파트너사와 소통해 온 설비자재 구매실의 노력이 있었다.

다른 한편에서는 현업의 요구에 기민하게 대응해야 한다. "개떡같이 말해도 찰떡같이 알아듣는" '듣는 귀'까지도 있어야 한다. 실제적으로 시급한 것을 공급하기도 해야 하지만, 필요하다면 현업의 긴급한 요구 뒤에 숨겨진 좀 더 중요한 지원의 우선순위를 정리하는 것이 중요하다.

먼저 파트너사와의 긴밀한 결속은 파트너사들의 '어려움'을 풀어주고자 노력했기에 가능했다. 예컨대 상시적으로 기자재를 공급하던 회사들에게는 위기 상황에 매출이 줄어들어 경영상의 어려움에 처하지 않게 하게끔 미리 대금을 결제해 주는 것을 생각해 볼 수 있다. 그러나 대금을 그냥 지급해 주는 것은 지속가능하지 않은 방법이다. 포스코 원청의 전체 생산을 고려하여, 포항이 아니더라도 광양이나 해외의 생산 사이트에 물량을 공급하는 방식을 통해 실제 공급된 기자재를 활용할 수 있는 방안을 마련하는 것이 근본적으로 옳은 방향이다. 총량 관점에서 포스코 전사의 생산량 손실을 최소한에서 방어하고, 동시에 공급사들에서 공급하는 각종 기자재의 쓸모를 찾을 수 있기 때문이다. 필요 이상으로 과다하게 쌓여 있는 자재는 결과적으로 복구작업에, 향후의 생산 공정 자체에 또 다른 종류의 차질을 빚을 수 있는 위험 요인이다.

내가 근무했던 조선소에서 빈번하게 일던 분쟁의 화제는 '자재 적치'였다. 생산에 차질이 벌어져 선행 공정에서 충분히 자재를 활용

포항제철소 내 자재지원센터에서 직원들이 분주하게 자재를 정리하고 있다.

하지 않아 공장의 적치 공간과 바깥의 빈터를 채우고, 나중에는 물류 동선까지 간섭하는 경우가 많았다. 각 공장장들은 자신들의 공터를 침범하는 것을 방어하고, 다른 공장의 유휴공간을 확보하기 위해 혈안이 되었다. 결국 분쟁이 터지고 만다. 생산이 꼬이고 다시 물류 흐름이 꼬여, 생산체제에 리스크가 발생하는 악순환에 봉착하는 경우가 조선산업에서는 드물지 않았다.

포스코는 정석대로 광양과 해외의 생산 사이트를 최대한 활용할 수 있는 길을 찾으려 했다. 이를 위해서는 포스코의 생산계획 전체를 검토해서 생산물량 배분allocation of production에 기민하게 대응할 수 있어야 한다. 구매부서가 구매 업무에만 갇혀서 생각해서는 답이 안 나오는 상황인 것이다.

일단 포스코에 원료, 기자재 및 설비를 공급하는 404개사를 대상으로 Zoom 영상회의를 통해 설명회를 진행했다. 공급사들 중에는 대기업도 있지만, 많은 경우가 중소기업이다. 대개 대기업은 해외 기업들인 경우가 많고, 중소기업은 모두 국내 회사라고 한다. 당장 어려움에 처하기 쉬운 이들도 중소기업, 즉 국내 기업들이다. 촌각을 다투는 상황이 올 수도 있는 국면이었다. 포스코는 당장 시급한 37개 사의 애로사항에 대해서 유형별 지원 방안을 세워 곧바로 실행했다.

'동반성장', '상생협력'이라면 이미 국내에서 가장 빨리 시작한 포스코다. 2002년부터 공정거래 자율준수 프로그램을 운영하면서 '갑질'을 구조적으로 차단해 왔다. 국가대표 기업으로서, 또 국민의 기업으로서 모범을 보이기 위한 제도화에 앞장서 온 터다. 포스코는 매년 '포스코 컴플라이언스 아카데미PCA: POSCO Compliance Academy'를 운영하면서 전사적으로 동반성장과 상생협력을 위해 무엇을 준수해야 할지 임직원들의 학습을 독려하고 있다.

포스코에는 이러한 배경에서 위기가 닥쳤을 때의 상생협력을 위해 마련해 둔 철강 ESG 펀드, 이름하여 '상생협력펀드'가 있다. 이를 통하여 1,700억 원의 기금을 활용할 수 있었다. 설명회를 열고 후속 연락을 취하여 경영 상태가 열악한 25개 사를 확인한 뒤 급한 불을 끄기로 했다. 437억 원의 유동성을 저리로 대출해 주었다. 스테인리스 스크랩(고철)도 가능한 한 포스코가 매입해 주었다. 늘 지급되던 자금이 융통되고, 꼭 필요한 사항을 의논하면 바로바로 지원하니 공급사들이 위기 극복을 두고 확실한 보급을 약속하는 것도 자연스러운 일이었다. 위기 상황에서 경영이 쪼들리는 원청사들이 하청사들에 대금 결제를 현금 대신 어음으로 해온 일 역시 드문 일이 아니나, 포스코는 2004년부터 현금 결제를 고수해 온 전통이 있다. 이번 위기에서도 포스코는 그 전통을 따랐다.

2019년 제정된 '포스코 기업시민헌장' 역시 첫 번째 원칙에 "비즈니스 파트너와 함께 강건한 산업 생태계를 조성한다"고 써 놓았다. 기업시민의 5대 브랜드 중 'Together with POSCO' 역시 성과 공유, 스마트화 역량 강화, 1∼2차 대금직불 체제, 철강 ESG 상생펀드 구축, 기업시민 프렌즈, 포유드림 잡매칭, 동반성장 지원단, GEM 매칭펀드 등 8개 항목의 제도를 명시했다.

자신 있게 동반성장을 추진하다 보니 포스코는 공급사들에게 '갑질' 대신 준수해야 할 '행동규범'을 만들어 배포하고 있다. 공급사 행동규범은 노동 인권, 안전 보건, 환경, 윤리 및 공정거래, 경영 시스템 등 5개 항목을 포괄하며, 아동근로 금지부터 유해물질 규제까지 세세한 내용을 빼놓지 않고 준칙으로서 규정해 두었다. 공급사를 확실하게 지원하고, 확실한 근거와 규범이 있을 때 공급사에게 정확하게 요청하는 것이야말로 선진적인 클라이언트-공급사 관계를 드러낸다고 말할 수 있지 않을까.

용강국밥 구상,
기민한 적재적소 기자재 지원

후방의 전열을 가다듬었으니 이제 전방의 어려움을 풀어 주어야 한다. 현업의 긴급한 요청을 '제대로' 풀어 주기 위해서는 현업 조직들과의 상시적인 소통과 '조직 간 장벽silo'을 넘어선 전사적 관점을 고려하면서 논의하는 채널이 필요하다.

9월 6일 김태억 설비자재구매실장은 이른 아침부터 제철소와 본사 진입을 시도했으나 경찰의 진입 통제로 형산강 다리마저 건널 수 없어서 대기하던 중, 함께 출근을 시도하던 직원과 제철소 근처의 침수가 되지 않았던 '용강국밥'에서 식사를 했는데, 당시 시급했던 LPG, 경유 등에 대한 보급 문제를 어떻게 할지 논의하며 '전사적인 조달 지원반'으로서의 역할을 하자고 다짐했단다. 김태억 실장은 무엇이든 전사적인 시급성에 따라서 수단과 방법을 가리지 않고 최우선으로 공급할 수 있게 하자는 구상과 계획을 세웠던 그때를 '용강국밥 구상'이라고 이름 붙였다.

기자재를 적재적소에 보급하기 위해서는 공정 순서에 맞춰서 기동력을 발휘해야 한다. 용강국밥 구상을 마치고 처음 설비자재구매실이 맡은 과업은 바로 사철沙鐵 처리를 위해 25톤 트럭 150여 대 분의 모래를 조달하는 일이었다. 원래 모래에 섞인 철광석을 사철이라 부른다. 그런데 이번에는 흐르는 쇳물을 바깥의 모래에 뿌려 사철을 만드는 작업을 했다. 멈춰 있던 고로를 작동시키기 위해 7일의 사투를 벌였지만, 당장 고로를 제외한 후공정의 복구가 완료되지 못해 쇳물을 쓸 수 없게 된 것이다. 당장 쓸 수 없으니 생산된 쇳물을 모래에 뿌려서 사철 형태로 만들어야 했다. 사철 작업을 위해 필요한 모래가 4천 톤가량. 25톤 트럭을 기준으로 150여 대를 조달해야 하는 상황이었다. 문제는 추석이라 기사들을 섭외할 수 없었던 것. 구매실 전 직원은 비상을 걸고 트럭을 섭외하는 데 총력전을 했다. 누군가는 전화통을 붙들었고, 또 누군가는 골재 회사의 모래더미 여기저기를 뛰어다녔다.

앞서 언급한 대로 현장의 복구작업이 잘 이루어지기 위해서는, 현장 작업자들의 결연함만으로는 충분하지 않다. 외려 설비와 기자재를 보급하는 구매-조달조직의 결연함이 더 필요할 수 있다. 전사적 관점에서 '태스크 포스task force'를 만들어 내고 기민하게 대응한 '용강국밥 구상'의 멤버들이 기울인 노력 역시나 어딘가 한편에 기록되어야 함이 분명하다.

티마이크의 드라이브를 확보하라

설비자재구매실이 이번 위기 극복 과정에서 공급사와의 협력을 통해 풀어 낸 가장 큰 에피소드 중 하나는 바로 'TMEIC사'의 AC 드라이브와 '지멘스·ABB'의 PLC를 조달한 일이다.

AC 드라이브는 현장에서 사용하는 AC 모터의 회전속도와 방향,

전달되는 힘을 제어하는 장치이고, PLC는 운전자의 명령에 따라 모터 등 설비 전반을 동작시키는 제어장치다. AC 드라이브는 주로 일본의 TMEIC에서 조달하고, PLC는 독일의 '지멘스'나 스위스의 'ABB' 사를 통해 공급된다. 국내 공급사들은 주로 중소기업이고 포스코 맞춤형으로 제품을 만들어 우선적으로 공급하는 데 익숙하지만, TMEIC나 지멘스, ABB 등은 이미 글로벌 대기업으로서 다양한 고객을 보유하고 있다. 따라서 그들에게 무엇인가를 요청하는 것은 훨씬 더 어려운 협상을 요구한다. 그럼에도 설비자재구매실은 해내야 했고, 결과적으로 해낼 수 있었다.

TMEIC는 AC 모터 외에도 첨단 전장품(전기전자 장비)으로 업계에서 주요한 위치를 점하고 있는 회사다. 애초 TMEIC의 AC 드라이브는 인도의 JSW스틸사로 향하기로 되어 있었다. 이들은 연 20~30조 원의 매출을 일으키는 거대한 인도 철강사다. 당연히 글로벌 시장에서 경쟁관계에 있다고 볼 수 있고, 필요한 자재를 경쟁사에게 전용해 주는 것은 쉬운 일이 아니다. 다행히 최정우 회장과 JSW스틸 사의 긴밀한 네트워킹이 활로를 열었다.

AC 드라이브를 만드는 TMEIC 사와의 관계 역시 오히려 아무 문제가 없었다고 한다. 비즈니스 바깥에서는 한일관계와 다양한 분쟁이 산업계에 미칠 영향을 걱정하지만, 실무선에서 오랫동안 축적해온 신뢰는 누군가가 쉽게 흔들 수 있는 것이 아니다. 당장 JSW스틸, TMEIC, 포스코 간의 3자협상이 시작되었다.

협상장에서 구매 전담팀은 '필요하면 빌려 가라. 그런데 포스코

너희 할 수 있겠냐?'라는 뉘앙스를 읽었다고 한다. 실제로 복구 과정에서 드라이브를 공급한 TMEIC에서는 서비스 엔지니어(정비를 위한 엔지니어)들을 대거 파견했는데, 이들은 복구 과정을 매일 모니터링해서 본사에 보고했다고 한다. 하지만 초기의 우려와는 달리 매일 누적되는 보고 속에서 당초 계획보다 빨라지는 복구 과정을 보면서 "포스코가 기적을 이루었다. 대단하다"는 인식이 TMEIC에 퍼지는 계기가 되었다고도 한다. 그 와중에 다른 공급사들에 소문이 파다하게 퍼진 것도 자연스러운 일이다.

PLC를 구하는 일 역시 지금까지 포스코가 거래 과정에서 쌓아 둔 신뢰가 과업의 밑천이 되었다. 압연공장의 정상화 기일이 다가오는 상황에서 설비자재구매실은 지멘스코리아와 ABB코리아 영업담당을 모두 불러 모았다. 요청은 단순했다. 전 세계에 있는 자재를 수단과 방법을 가리지 말고 총동원해서 PLC를 포스코에 최우선으로 납품하라는 것이었다. 다른 나라에 납품할 제품이라도 가능하면 포스코부터 보내 달라는 것. 공급사인 ABB나 지멘스의 관점에서는 모험인 일이다. 다른 고객과의 신뢰를 해칠 수도 있는 일이었다. 그러나 ABB나 지멘스는 포스코에 대한 신뢰를 바탕으로 PLC 공급을 앞당겨 주었다. 이 과정에서 협조를 요청하는 김학동 부회장의 친서가 큰 영향을 미쳤다. 결국 애초 포스코가 계획한 압연공장 재가동 일정은 준수될 수 있었다. 그 과정에서 직원들은 독일과 스위스 외에도 PLC 공급을 앞당길 수 있다면 어디든 갔다. 17개 공장이 정상화된 1월 20일, 설비자재구매실 직원들은 최종적으로 가동에 필요했던 표면 홈 탐상기^{Surface Defect Detector}까지 납품하면서 장장 135일의 글로벌 여정을 마쳤다.

해외 공급사와의 협상은 또 한 번 선순환을 만들어 냈다. TMEIC의 경우 빠른 복구가 포스코에 대한 찬사를 만들었고, 그 찬사를 밑천으로 다시금 신뢰관계를 굳건하게 했다. ABB와 지멘스의 사례는 외부 공급사들이 다른 발주처보다 포스코를 최우선으로 고려하게 만드는 높은 수준의 협상력을 지녔음을 드러낸다. AC 드라이브와 PLC의 사례 모두는 오랫동안 축적된 포스코와 글로벌 공급사들의 신뢰를 드러낸다는 점에서 포스코 공급망 관리의 평판을 확인하는 계기였다고 말할 수 있을 것이다.

위기 상황에서 빛을 발하는 조직문화 다양성의 힘

웹툰과 드라마로 제작된 〈미생〉을 보면 실무 담당자들의 능동적인 역량이 얼마나 중요한지를 느낄 수 있는 대목이 참 많다. 철강팀만 해도 두 명의 담당자는 성향이 다르다. 탁월한 분석력으로 기획안을 잘 쓰는 '장백기' 사원, 전체 밸류체인을 안정적으로 관리할 수 있는 운영 체계에 밝은 '강해준' 대리는 완전히 다른 역량을 가졌다.

주요 의사결정이야 경영진과 임원들이 수행하겠지만, 세세한 사항들은 결국 담당자들이 결정한다. 과단성, 꼼꼼함, 책임감이라는 업무 자질을 생각해 보자. 한 명의 담당자가 과단성과 꼼꼼함과 책임감을 모두 갖추기는 어렵다. '왕년의 선배'를 회고하는 이야기에는 마치 야구의 5툴(타격, 장타, 수비, 주루, 송구) 모두를 갖춘 천재 야수 같은 누군가가 등장하지만, 권한이 분권화되고 복잡한 요소들을 고려해야 하는 현대 철강산업에서 이는 참 쉽지 않은 일이다.

같은 부서에 있으니 같은 자질을 갖춰야 한다는 말은 산업화 초기에 해외에서 기술을 익혀 온 뒤 표준화시키던 시절의 이야기다. 이미 완성된 다른 나라의 기술을 빠르게 반영하려면 오차가 적어야 하고 모두가 혼연일체가 되어 한 몸으로 똑같은 방식에 따라 일하는 것이 가장 안전했다. 그러나 고유한 기술을 발전시켜야 하고, 세상에 없는 공법과 제품을 만들어야 하는 포스코의 상황에서 점차 요구되는 것은 담당자들의 다양성일 수 있다.

그래서 많은 현대 조직들은 '다양성 관리'를 중요시하는 경우가 많다. 과단성을 갖춘 직원에게는 과감함을 발휘할 수 있는 직무를 주고, 꼼꼼한 직원에게는 세밀함이 필요한 일을 맡기고, 무한한 책임감을 헌신으로 보여 주는 직원에게는 물러서서는 안 되는 악조건이 따르는 업무의 책임을 맡기게 된다. 물론 이러한 상황을 관리자들이 온전히 이해하기는 어렵다. 대개는 업무를 수행해 가며 그러한 조직원들의 특징을 파악하게 되기 일쑤다. 조직원들의 특징은 낭중지추囊中之錐처럼 특정한 상황 속에서 발휘되는 경우가 많기 때문이다.

김태억 실장은 3명의 직원 이야기를 쉬지 않고 한다. 설비자재구매실의 한 직원은 현장 복구작업에 드는 공구를 당장 100개 주문하라고 지시했더니 500개를 사야 한다고 한사코 버티면서 설득을 하

자재창고 내 각종 자재들이 토사와 뒤엉켜 있다.

더란다. 실제로 작업을 해보니 전체 소요량은 1천 개. 하루가 다르게 소모되는 공구 공급 상황에서 주문을 100개씩 10번 했다면 현장에 제때 공급하지 못할 뻔했다. 괜히 한 소리 해서 그때 직원을 주눅들게 했으면 큰일이 났으리라고, 그는 안도한다.

또 냉천범람 초기의 단전된 상황에서는 지하작업이나 야간작업을 할 때 랜턴이 필요했는데, 랜턴 공급사는 등산용 최고급 랜턴을 납품하려 했다고 한다. 시일이 급해 그냥 주문할 수도 있었는데, 눈이 밝은 직원 한 명이 시급한 와중에도 시장을 조사해서 10분의 1 가격 정도의 적합한 랜턴으로 품목을 바꿔서 발주를 냈다고 한다. "빨리 주문해!" 하고 직원을 닦달하면서 이야기를 들어주지 않았다면 그 직원은 주눅이 들어 다음부터는 꼼꼼하게 챙기는 일이 없었을지도 모른다.

마지막으로 창고에서 비상근무를 섰던 직원의 책임감 이야기도 빠지지 않는다. 냉천이 범람해서 난리가 났을 당시 창고를 지키던 직원에게 계속 전화가 왔다고 한다. 그 직원은 창고에 있는 자재를 지켜 내려고 어떻게든 버티고자 했다. 키가 170센티미터였던 그는 나중에는 물이 자기 키를 넘도록 들어와서 자재를 지키지 못하고 스스로도 위험해질 게 분명해지자, 간신히 비상계단으로 대피하고는 분하고 억울하다며 김태억 실장에게 울먹거리면서 전화한 것이다.

위기 상황에서 조직원들이 능동적으로 기지를 발휘할 수 있으려면, 그전까지 충분히 누적된 조직 리더와의 신뢰관계가 있어야만 한다. 위기 상황에서 리더십 스타일과 조직문화는 극적인 효과를 내기도 한다. 그렇게 위기를 겪고, 이겨 내고 긍정적 피드백이 누적될 때 조직원들과 조직의 리더 모두 성장한다. 김태억 실장은 지금까지 '다양성' 관점에서 조직원들을 대해 온 것에 다시금 확신을 가질 수 있었고, 조직원들 역시 리더에 대한 신뢰, 그리고 조직에 대한 확신을 더욱 키울 수 있었으리라. 이러한 과정이 누적될 때 우리는 이른바 '조직의 DNA'가 확보되었다고 이야기할 수 있다.

비 온 후에 더욱 단단해지는
포스코의 동반성장 비전

다시 돌아와 〈미생〉 이야기를 해보려 한다. 미생의 '장그래' 사원은 '한석율'과의 인턴 평가 프레젠테이션 시간에 자신의 상사였던 '오상식' 과장의 실내화를 들고 와 그 땀을 팔겠다고 한다. 현장을 강조하는 한석율은 생산 현장의 노고가 얼마나 중요한지 강변하지만, 결국 실내화를 신는 사무직의 노고 역시 중요하다는 메시지를 전하며 에피소드는 끝난다. 물론 육체적인 고통과 정신적인 스트레스를 꼭 같은 기준으로 비교하기는 힘들다.

수많은 임직원들이 현장에서 안전화와 장화를 신고 작업을 하던 시기, 그 후방을 담당하며 공급사들과의 파트너십을 유지하고 안정적인 파트너십을 기반으로 현장에서 필요로 하는 기자재를 공급한 설비자재구매실의 노력이 있었다. 장화를 신고 흙탕물과 오물에 노출되는 사람들이 조금이라도 원활하게 작업할 수 있도록, 필요한 기자재를 적재적소에 공급하기 위해 발바닥에 땀이 나도록 사무실에서 전화를 걸고 메일을 쓰고 출장을 다니던 사람들이 포스코 포항제철소 안에 함께 있었던 것이다.

그리고 설비와 자재를 시급하게 구매하고 조달했던 과정 속에서 공급사와의 관계는 더 나빠지기는커녕 오히려 '비 온 후 굳은 땅'같이 굳건해졌다. 빠르고 정확한 복구에 대해 반신반의하던 공급사들은 포스코의 135일 기적을 보면서 무한한 신뢰를 보냈다. 지금까지 기업시민 경영이념 아래 지속되어 온 동반성장의 기조는 위기 상황 속에서 포스코의 철저한 준비 정신을 보여 주었다. 무엇이든 필요하면 빠르게 보급해 달라고 채근했지만, 그렇다고 정당하고 공정한 거래 관행에 흠이 가는 일은 없었다. 이번 위기 극복 과정이 공급사도 살고 포스코도 사는 동반성장의 계기였음을 확실하게 각인시켰다. 위기 극복을 위한 '135일 병참기지'는, 위기에서 벗어난 지금도 여전히 든든하다.

양승훈

15장
돈으로 살 수 없는 것들

"이것으로 회의를 모두 마치겠습니다. 정말 수고 많으셨습니다."

9월 7일부터 매일 아침 8시, 오후 5시에 반복해 온 복구 점검회의를 드디어 마치는 순간이었다. 마지막 소회를 듣는 동안 모든 참석자는 숙연해졌다. 복구팀장의 눈가에 이슬이 맺혔다. 설비부소장도 눈시울을 붉히기는 마찬가지였다. 지난 시간들이 꿈만 같았다. 밤잠도 거르고 오직 복구에만 전념한 직원들이 한없이 고마웠고, 복구를 마치고 시운전을 할 때의 초조함 그리고 마침내 '탕, 탕, 탕' 하는 익숙한 기계음과 '치익~' 하고 후끈한 수증기가 뿜어져 나올 때 모두 부둥켜안았던 감격의 순간들이 아직도 가슴을 벅차게 하였다. 마지막 회의를 주재한 부회장도 울컥했다. '드디어 이루었다.' '1973년 6월 9일, 첫 쇳물을 맞이한 날 감격의 눈물을 흘렸을 때 이런 기분이었겠구나.' 50년 만에 재현된 영일만迎日灣의 기적이었다.

냉천이 범람하여 포스코를 덮친 후 매일같이 해온 대책회의였다.

353

포스코는 2023년 1월 20일 포항제철소에서 김학동 부회장 주재로
'냉천범람 피해복구단' 마지막 회의를 개최하고, 그동안 복구작업에 헌신적으로
참여한 임직원들과 관계자들에게 감사를 전했다.

부회장 주재하에 임원과 일부 부장들 30~40명이 참석하였다. 때론
회장이 주재를 하기도 하였고 생산기술본부장과 포항제철소장이 주
재를 하기도 하면서 매일 진척되는 포스코의 복구 상황을 파악하고
계획을 논의하는 자리였다. 회의 내내 참석자들 간에 갈등이라고는
전혀 없었다. 서로 무엇을 도와줘야 하는지 들어주는 문화가 우선인
까닭이다. 추석 연휴를 반납한 채 136일 하루도 빠짐없이 이루어진
회의가 설 연휴 하루 전인 2023년 1월 20일 오후 2시 회의를 끝으로
마무리되었다. 전날 언론에는 "포스코 포항제철소 135일 만에 완전
복구 … 내일부터 全 공장 가동"[1]이라고 일제히 보도되었다.

냉천범람 침수 극복은 제 2의 창업,
"너희도 이제 창립멤버다!"

"나는 괜찮아. 당분간 집에 못 갈 것 같아. 추석에도 못 갈 것 같아. 제
사도 혼자서 좀 지내." 아내는 아무 말이 없었다. 복구작업은 밀려들
어 온 쓰레기와 진흙탕과의 싸움이었다. 누구 하나 불평이 없었다. 또
한 누구 한 사람 대충 도와주러 왔다고 생각하고 어슬렁거리는 사람이
없었다. 마치 내 일처럼 우리 집 일처럼 너무나 열심히 도와주셨다.[2]

— 현재하 실장, 포웰 선강조업실

침수 초기에는 제철소를 다시 지어야 하는 것 아니냐는 우려도 있
었다. 산업통상자원부에서도 2023년 6월에나 복구가 가능하다는
평가가 나올 정도였다. 창사 이래 처음으로 전 공장이 멈춰 섰고 지
상 1.5미터까지 물이 차올랐으니 지하 시설의 침수피해는 말할 것
도 없었다. 무에서 유를 이루어 낸 선배들의 창업이 다시 무가 된 순
간이었다.

첨단과학이 발전한 시대에 삽을 들고 초를 켰다. 또다시 유를 이
루어 내는 과업은 청소가 우선이었다. 고압수를 뿌려 설비 깊숙한

---

1 〈연합뉴스〉(2023.1.19), "포스코 포항제철소 135일 만에 완전복구 … 내일부터
  全 공장 가동".
2 포항제철소 냉천범람 수해복구 수기 "물의 역습" 중에서.

곳에 켜켜이 쌓인 진흙을 씻어 냈다. 한 삽 한 삽 뜨는 손길마다 인격과 인성을 담아냈다. '살릴 수 있을까'는 '살려야 한다'로 바뀌고 있었다. 물에 잠겼던 기계 시설들은 제 모습을 찾아갔고, 50년 축적된 기술들은 기적적으로 기계들을 살려 냈다. 누가 먼저랄 것도 없었다. 기계가 멈춰 선 시점에서 다시 기계를 살려 내는 데에는. 각자 맡은 역할이 다를 뿐, 오죽하면 기계들을 자기 자식이라고 여겨 오던 이들이 아닌가.

그만큼 피해가 컸다. 온통 뒤엉킨 진흙 뻘은 50년 전 태초의 영일만 모래 뻘과 다를 바 없었다. 그러나 그때는 제철소를 구경해 본 직원도 거의 없었다면, 지금은 경험 많은 베테랑 선배들이 있다는 점이 달랐다.

"선배님, 되겠어요?"

"날 믿어!"

태연히 대답하는 선배들이 믿음직스럽다. 진흙과 오물을 함께 뒤집어쓴 채 한마디 툭 던져 준다.

"너희도 이제 창립 멤버다!"

지난 50년을 경험한 선배의 말 한마디는 후배들에게 앞으로 50년을 지탱해 갈 힘을 주었다. 선배들과 함께한 복구 경험은 후배들에게는 기술 역량을 키울 수 있는 현장학습의 장이 되었다. 뿐만 아니라 설비를 학습할 기회가 되었으며, 시운전에 참여하면서 운전 및 정비 학습에 집중할 수 있었다. 무에서 유가 만들어지는 과정에서 경험과 노하우를 전수받을 수 있었다. 냉천범람을 극복하고 멈춘 공장을 다시 돌아가게 하는 일을 '복구'라기보다 '재창업'이라고 하는 이유다.

복구 과정에서 철강 수급의 안정화도 놓치지 않았다. 자동차 부품에 주로 들어가는 코일을 생산하는 선재공장은 광양제철소에는 없고 포항제철소에만 있다. 포항제철소가 멈추면 우리나라 자동차 산업이 위태로워진다. 1979년에 준공한 1선재공장을 43일 만에 복구하였다. 직경 4.5밀리미터에서 7밀리미터까지의 코일을 생산하는 공장이 이곳이다. 하지만 2선재, 3선재, 4선재공장은 아직 재가동할 수 없었다. 냉천 가까이에 있다 보니 냉천범람으로 직격탄을 맞았기 때문이다.

고객사인 자동차 회사도 비상이 걸렸다. 여러 크기의 코일이 필요한데 당장 생산 가능한 공장은 그나마 복구를 마친 1선재공장뿐이었다. 나머지 선재공장을 복구하는 동시에 1선재공장의 조업 조건을 새로이 하고 설비개조를 하기로 했다. 선수가 한 체급 올려서 출전하는 격이다. 토론이 이루어졌고, 여러 아이디어들이 나왔다. 표면결함 깊이를 머리카락보다 가는 0.03밀리미터의 오차범위 이내로 하는 직경 13밀리미터의 코일까지 1선재공장에서 생산되었다. 한 체급 올려서 우승까지 한 셈이다. 3선재, 4선재에 이어 드디어 100일째 되는 날 마지막 2선재공장까지 재가동되었다.

먼저 복구가 완료된 공장을 활용하여 다른 공장에서 생산되던 필수재를 전환 생산한 사례는 1선재공장 외에도 1열연공장도 마찬가지였다. 침수에 더해 전기실 화재 피해도 입은 2열연공장이 복구될 때까지 1열연공장에서 제품을 생산하는 식이었다. 이처럼 포항제철소 내의 공장에서 전환 생산한 경우 외에 광양제철소에서 제품을 함께 생산하도록 시스템도 새로이 설정했다. 포항제철소에서만 생산되는 고탄소강을 비롯한 18건의 아이템을 광양에서도 생산할 수 있도록 듀얼 생산체계를 구축하여 위기 시에도 국가에 필수적인 철강을 공급할 수 있도록 하였다.

조직이 하나가 되는 문화의 정착,
"존경스러운 선배, 대견한 후배"

누가 그랬다. 선배님들은 하는 것도 없는데 왜 자리만 차지하고 있냐고. 또 누가 그랬다. 저근속 사원은 회사를 위한 헌신이 없고 이기적이라고. 하지만 이제 와서 정상에 가까울 정도로 복구 완료된 제철소를 보면 피해 때 느꼈던 무거운 마음은 지워지고, 여전히 보이지 않게 묵묵히 열일하시는 저력이 있는 선배님들과 철모르고 이기적이라는 오해를 받고 있는 저근속 사원들의 헌신과 역량을 깨닫는 시간이 되었던 것 같다.[3]

— 박광희 계장, 안전방재그룹 공정안전섹션

7,500명 포항제철소 직원의 약 50퍼센트가 MZ세대이다. 상황 인

---

3 포항제철소 냉천범람 수해복구 수기 중에서.

식이 빠르고 합리적으로 판단하는 그들이지만 오래 근무한 선배들이 보기에는 자기 손해 보는 일은 절대로 하지 않는 단점이 있다고 여겨지는 세대였다. 한편 MZ세대들의 눈에는 오래 근무한 선배들이 때로는 비효율적으로 보였다. 같은 일을 하는데도 뭔가 느리고, 게다가 자기들보다 더 많은 급여를 받는 선배들이 미웠다. 기회만 되면 서울로 직장을 옮기고 싶어 하는 MZ세대들이었기에 조직구성원들의 화합은 회사 전체 차원에서도 무엇보다 중요한 숙제였다.

냉천의 흙탕물이 온 공장을 뒤덮었을 때, 어디서부터 무엇을 해야 할지 알 수 없었을 때 느리고 비효율적이라고만 여기던 고근속자들이 달리 보이기 시작했다. 그들은 누구보다도 포스코를 자기 회사처럼 여기며 솔선수범하여 공장복구에 나섰다. 자기 가족만큼이나 아끼고 오래 보아 온 공장 기계들이었기에 물에 잠겨 멈춰 버린 자식 같은 기계들을 지극정성으로 살려 내었다. 그들에겐 그동안 축적된 노하우가 있었던 것이다. 공장이 잘 돌아갈 때에는 보이지 않던 그들만의 노하우가 암흑천지가 된 제철소에서 빛을 발하기 시작하였다.

MZ세대에 대한 선입견이 사라진 것도 복구를 함께하면서였다. 수마가 할퀴고 간 포항제철소는 상황이 너무나 열악하였다. 공장은 토사로 뒤덮였고 편의시설은 제 기능을 잃어버렸다. 혈기 넘치는 그들인지라 공장복구에도 발 빨랐다. 하지만 이재민 신세가 되어 바닥에 앉아 처량히 점심을 먹는 자식 같은 후배들을 보면서 선배들은 눈물이 났다. 속 썩이는 자식이어도 고생하는 걸 보면 마음이 아픈 그런 심정일까. 함께라는 느낌이 말없이도 전달되었다.

냉천범람 피해를 극복하는 과정은 세대 계층 간의 화합뿐만 아니라 조직 간, 회사 간에 하나 되는 문화도 만들었다고 평가할 수 있다. 포스코는 직원이 1만 8천 명이나 되는 대기업이다. 포항제철소에만 약 7,500명의 직원이 있다. 이들은 평소 4조 2교대로 근무하기 때문에 같은 제철소에 근무한다고 하더라도 누가 누구인지 알 수가 없다. 거기다가 비슷한 일을 한다지만 광양제철소에 있는 6,600명의 직원까지 놓고 본다면 같은 직장에 다닌다는 생각도 옅어지기 마련이다. 하지만 포항제철소가 멈췄을 때 모든 포스코인은 하나가 되었다. 서로 무관심하던 이들이 서로의 세대에게 자기의 진가를 보여 줄 기회가 생긴 셈이다. 4조 2교대로 서로 볼 일도 없던 직원들이 함께 모여 복구에 땀을 흘리는 모습은 나 아닌 타인에게 관심을 갖게 만들기에 충분하였다. 포항제철소의 위기였음에도 광양에서, 또 서울에서 한걸음에 달려왔다. 서울사무소에서 6시에 출발해서 포항에서 복구작업을 하고 서울에 다시 도착하면 밤 10시가 되었다. 고단한 일정이었지만 복구작업 중에서도 더 고되고 힘든 일을 해야만 마음의 빚이 덜하겠다는 직원들이 많아, 일을 배정하는 부서에게는 오히려 행복한 고민이었다. 포스코가 이렇게 하나가 될 때가 있었던가. 위기에 결속력이 강해진다고 했던가. 냉천범람은 포스코 조직이 하나가 되는 문화를 만들어 주었다.

포스코에서 빼놓을 수 없는 식구가 또 있다. 바로 47개의 포항제철소 협력사들[4]이다. 포항제철소 복구에는 제철소 직원이나 협력사 직원이나 구별이 없었다. 협력사 전체 인원은 포항제철소 인원을 조

포항제철소 2냉연공장에서 포스코와 협력사 직원이 함께 뻘 제거작업을 하고 있다.
협력사 직원들은 포스코 직원들과 혼연일체가 되어 수해복구를 이루어 냈다.

금 넘는 9천 명 정도이다. 제철소 복구가 처음 예상보다 훨씬 빠르
게 이루어질 수 있었던 것은 이들이 한몸이 되어 포항제철소 복구에
힘쓴 덕분이다.

　포항제철소 총 4만 4천 개의 모터 중 1만 3,500개가 침수피해를
입었다. 어느 부서든 기계를 돌리려면 모터가 필수였다. 당장 제강,
연주 쪽이 문제였다. 고로를 살리려면 시간이 촉박하였다. 포스코
모터 수리는 협력사인 '동성계전'에서 맡았다. 동성계전 박영경 대
표는 포스코 EIC기술부장 출신으로 베테랑 엔지니어이다. 당장 포

4　광양제철소는 38개의 협력사가 있다. 이들 또한 포항제철소 냉천범람 피해복구에
　지원을 와주었다.

포항제철소 전기정비 협력사 동성계전 직원들이 모터 수리에 두 팔을 걷어붙이고 있다.
냉천범람으로 침수된 모터 3천여 대가 한꺼번에 접수되어 눈코 뜰 새 없이 바쁘지만
포항제철소를 살리려는 일념으로 뭉친 동성계전 직원들의 손길은 분주하기만 하다.

스코 후배들과 복구 계획 논의에 들어갔다. 다행히 침수 전 모터 가
동을 중단시켜 코일의 누전은 막았다. 침수된 모터를 분해하고 진흙
을 세척한 후 건조시키는 작업이 이루어졌다. 직원들은 2교대로 작
업하였고 주 64시간의 특별 연장근무를 하였다. 현장에는 파스 냄
새가 진동하였다. 불만이 나올 법한데도 직원협의회 대표가 더욱 솔
선수범하는 것이 고마웠다. 선배들의 솔선수범에 저근속 직원들의
기술력이 단기간에 올라가는 효과는 덤이었다. 집중 훈련, 원 포인
트 레슨이 따로 없었다.

임원들의 격려 방문도 큰 힘이 되었다. 포스코 복구반장은 빵을 사왔고 EIC기술부 모터정비파트장은 통닭을 사왔다. 최정우 회장, 김학동 부회장, 이시우 생산기술본부장, 이백희 포항제철소장 등 임원들의 잇단 격려 방문은 협력사 직원들의 사기를 북돋아 주었다. 최고경영진과의 소통 기회는 '내가 중요한 일을 하고 있구나' 하는 자부심을 주었고 불가능한 일을 가능하게 만드는 힘이 되었다. 평소 한 달에 많으면 200개의 모터를 수리하던 것을 하루에 200대에서 많게는 400대까지 수리를 했으니, 정말 포항제철소 복원에 중요한 일을 해낸 셈이다.

안전을 최우선시하는 문화의 정착,
"빠르게보다는 안전하게"

9월 6일의 여명黎明. 전 공장 정전으로 제철소는 암흑천지가 되었다. 정전으로 인한 사고는 없는지 직원들의 안전이 걱정되었다. 냉천에 가까워 피해가 가장 컸던 3선재공장, 냉각운전실을 열자 정전으로 어두운 공간 안에서 플래시 불빛 여러 개가 얼굴을 향한다. 어두워서 볼 수 없었고, 눈이 부셔 누군지도 알 수 없었다. 문을 연 이가 누군지 확인한 순간 저쪽에서 떨리는 소리가 들려온다.

"부장님, 우리 다 살아 있어요!"

"우리 어떡해요? 이제?"

살아 있음에 감사한 순간이었다.

"우리 다 살아 있는데 다시 시작하면 되지!"

포스코에는 '사고 나면 내가 끝까지 지킨다'라는 신조가 있다. '항상 내가 끝까지 책임지고 문제를 해결하겠다'라는 책임감이다. 물이 들어오던 그날도 3선재공장 유실에서는 밀려오는 물을 막아 보겠다고 계속 모래주머니를 쌓는 직원이 있었다. 정전 후 자동으로 가동된 비상발전기가 침수 후에도 꺼지지 않자, 물에 전류가 흐르지 않는 것을 확인한 후 1.5m 깊이의 물속을 헤치고 발전기 가동을 중지한 직원도 있었다. 또 한 직원은 이미 차오르는 물에 멈춰 선 펌프를 고치려고 계속 자리를 지켰다. 이미 주변은 물바다였다. 다른 직원이 지하로 내려가 억지로 데리고 나오자 금세 물이 차올랐다. 아찔한 순간이었다. 누가 어디 있는지 제일 잘 아는 직원들이 서로의 안전을 걱정하는 분위기 덕분에 인명사고가 발생할 뻔한 위험한 상황을 막을 수 있었다. 미리 전원을 끄고 가스를 차단하고 소화 작업을 결정한 것도 안전을 우선시하는 회사 철학에서 나온 결단이었다. 대형 폭발사고나 중대재해 한 건 없었던 것은 그러한 '신의 한 수' 덕분이었다.

안전을 최우선시한다는 철학은 복구 과정에서도 예외가 없었다. 전 공장이 멈춰선 상태에서 복구는 촌음을 다투는 일이었다. 압연 과정도 말할 것 없지만 선강 쪽은 고로에 냉입이라도 발생하면 피해는 눈덩이처럼 불어나는 상황이었다. 시간에 쫓기면서도 포스코가 정한 원칙은 명료했다. "빠르게보다는 안전하게", 그리고 "어제보다

김학동 부회장이 피해복구 마지막 이메일 보고에 회신한 최정우 회장의 "임직원의 노고에 감사한다"는 메시지를 읽다가 목이 멘 듯 더 이상 못 읽고 눈물을 훔치고 있다.
메시지 전문은 다음과 같다.

"With POSCO, We're the POSCO. 위대한 포스코의 재탄생입니다.
135일의 기적을 이룬 포스코 모든 임직원들의 노고를 역사에 기리며
100년 기업으로 지속 성장해 나가리라 확신합니다.
현장 설비복구팀과 냉천범람 피해복구단을 이끌어 준 김학동 부회장 이하
전 리더들의 솔선수범 리더십은 훌륭한 귀감이 되었으며
더 강건한 포스코를 만들어 가는 원동력이 될 것이라 생각합니다.
안전 최우선 경영활동을 정착시켜 모두가 안전해서 행복한 포스코를
만들어 가도록 합시다.
정말 수고 많으셨습니다. 새해 복 많이 받으십시오!"
— 2023. 1. 20. 최정우 회장

오늘 더 안전하게".

작업복과 마스크는 9월의 날씨에도 땀이 줄줄 흐르게 했다. 지하에 그대로 쌓인 진흙은 일일이 삽과 손으로 제거해야 했는데, 이때 암흑과 유해가스는 작업에 커다란 장애물이었다. 경영진은 안전한 작업환경 마련에 더욱 힘을 썼다. 최정우 회장은 복구 과정에서 일주일 중 하루는 꼭 쉬도록 했다. 복구에 참여한 인원은 140만 명에 달한다. 우려와 달리 복구가 빨리 이루어진 것도 놀라운 일이지만, 큰 사고 한 건 없이 복구가 이루어졌다는 점은 무엇보다도 높이 평가할 대목이다.

당연한 것에 대한 고마움,
"재발견된 포스코의 중요성"

제철공장에 필요한 에너지원을 '유틸리티^{utility}'라고 한다. 전기, 용수, 산소, 질소, 스팀 등이 그것들이다. 냉천의 흙탕물이 덮치고 3일 동안 유틸리티 공급이 끊어졌다. 평소 너무나 당연해서 그 존재를 잊고 지냈지만, 잃고 나니 너무나 소중한 존재들이었다. 사람이 숨 쉬는 데 필요한 공기처럼 이런 유틸리티가 없으면 공장은 죽은 거나 마찬가지이다.

돌아가지 않은 것은 공장만이 아니었다. 포스코의 불빛이 사라진 날, 즉 포스코에 정전이 일어나고 전 공장이 가동을 멈춘 날 포항제철소는 문명의 혜택이 전혀 미치지 않는 하나의 고립된 섬이 되었다. 전기가 들어오지 않는 것은 물론 통신마저 두절되어 그 흔한 문자나 전화도 되지 않았다. 수돗물이 공급되지 않고 화장실마저 쓸 수 없게 되었다. 복구를 하면서 진흙과 땀에 젖은 작업복 씻을 곳도 없었다. 일상에 당연히 있었던, 또 있어야 한다고 생각했던 편의시설이 한꺼번에 사라졌다. 구내식당도 문을 달았다. 복구인력에 대한 음식물 공급이 급선무였지만, 음식을 사람들이 먹지 않았다. 나중에 간이 화장실을 설치한 후에야 음식물 소비가 늘었다.

어둡고 적막한 공장은 낯설었다. 해가 지면 암흑천지 깊은 숲속에서 길을 잃은 것 같았다. 밤을 대낮처럼 밝히던 공장 불빛이 그리웠다. 늘 뛰는 심장처럼 24시간 곁에서 돌아가는 기계 소리가 들리지 않았을 때, 찾아든 감정은 고요함이 아니라 불안감이었다. 공장이 정상으로 가동되고서야 불안감은 감사함으로 바뀌었다.

불이 꺼진 고로에서는 다시 붉은 쇳물이 나오고, 공허한 굴뚝에서는 수증기가 뿜어지며, 압연공장 곳곳에서는 쾅쾅쾅 슬래브 두드리는 소리가 나고 있습니다. 이제는 이렇게 흔한 일들이 너무나 감사한 순간 순간이라는 생각이 듭니다.[5] 　— 김채봉 선임, 행정섭외그룹 Park1538섹션

---

5 포항제철소 냉천범람 수해복구 수기 "이 정도까지인 줄 몰랐어요⋯. 마음이 너무 아프네요⋯." 중에서.

흔히 말하듯이, 있을 때는 잘 모른다. 없어졌을 때 불편함을 알고 소중했던 만큼 빈자리가 커진다. 50년 동안 곁에 있어 온 포스코도 당연히 그 자리에 있는 것이라고 여겨졌다. 포스코와 관계된 공급사, 고객사 또한 멈춰 서버린 포항제철소를 경험하면서 포스코와의 관계를 새삼 느꼈으리라 본다. 포스코도 신뢰를 바탕으로 공급사의 피해가 최소화되도록 지원센터를 운영하였고 473개 고객사를 전수 인터뷰하여 수급에 차질이 없도록 노력을 기울였다. 위기는 어떻게 대응하느냐에 따라 기회가 될 수도 있다. 포스코의 중요성과 고객사 및 협력사와의 결속력은 이번 냉천범람 위기를 계기로 더욱 강화되었다.

재난 상황은 미래의 새싹인 어린이들에게는 교육의 현장이 되기도 했다. 직원 자녀들의 보육을 담당하는 동촌어린이집은 침수피해에도 불구하고 정상 운영하였다. 현장복구에 여념이 없을 직원들에게 자녀 보육이 지원되지 않는다면 출근도 복구도 불가능하기 때문이다. 일반 어린이집과는 다른 직장어린이집만의 사명감이다. 포항제철소의 복구는 보이는 곳에서, 또 보이지 않는 곳에서 자기 자리를 지키는 여러 사람들의 힘으로 이루어졌음을 새삼 깨닫게 하는 대목이다. 어린이집 입구에 설치한 비상 발전기를 신기한 눈으로 바라보는 어린이들, 그리고 이어지는 "우리 아이가 달라졌어요"라는 증언들.

점심시간 식당 갈 때마다 "선생님, 교실 불 끄셨어요?"라고 하는 아이들, 용변 후 조그마한 변기에 물을 퍼두는 게 너무 신기한 아이들, "'엄마, 전기 아껴야지. 엄마, 물을 그렇게 많이 틀면 어떡해?' 잔소리가 아주 끝이 없어요"라며 학부모들의 이야기 웃음꽃이 끊이질 않았다.[6]

— 백정선 과장, 행정섭외그룹 후생섹션

포항시민과 각계각층 기업시민의 응원, "눈에 보이는 모든 국가 재산을 보호하라"

멈춰 선 포항제철을 바라보는 시민들은 어땠을까? 그동안 포항제철 앞을 지나며 연기를 뿜는 굴뚝을 보면 매연을 만들어 내는 주범으로만 생각했다. 환경오염이란 단어를 떠올리며 바라보는 시선이 고울 리가 없었다. 태풍이 지나가고 굴뚝에서 연기가 사라진 날, 왠지 모를 허전함은 곧 공포로 바뀌고 있었다. 그러던 어느 날, 마침내 제철소 굴뚝 위로 다시 연기가 올랐다. 연기가 이렇게 반갑다니 …. 그제야 시민들은 알았다. 포항제철 없는 포항은 너무나 이상하다는 것을.

영일만해수욕장은 포항의 대표 관광명소이다. 특히 이곳에서 바라보는 포스코의 밤 풍경은 화려한 불빛 그 자체이다. '제주올레' 서

6　포항제철소 냉천범람 수해복구 수기 "22년 9월 1일, 더운 8월의 여름날이 지나고" 중에서.

명숙 이사장은 일찍이 영일만해수욕장에서 바라보는 포스코의 야경을 거대한 설치미술 같다고 평한 적 있다. '치맥'으로 유명한 송도해수욕장은 포스코와 더 가깝다. 낮보다 밤이 아름다운 곳, 적어도 포항시민의 눈에 비치는 포항제철은 그런 곳이었다.

포항운하관에서 출발해서 동빈내항을 따라 영일만 바다로 나온 뒤 송도해수욕장을 거쳐 형산강 하구의 포항운하관에 다시 도착하는 포항크루즈가 있다. 탑승시간은 약 40분가량이다. 탑승객에게 가장 인기 있는 시간대는 포스코에 야간 조명이 켜지는 일몰 때이다. "포스코 야경이 보일 때에는 크루즈 운항을 잠시 멈추어 관광객들이 사진도 찍게끔 배려도 해줍니다." 포항크루즈 선장의 말이다.

포스코 야경은 관광객을 끌어들이는 효과도 톡톡히 내고 있었다. 태풍이 지나가고 영일만 밤바다를 밝혀 주는 포스코의 불빛이 사라지자 포항크루즈 선장은 그렇게 허전할 수가 없었단다. "관광객들이 예약할 때 포스코 야경을 볼 수 있는지 많이 물어봅니다. 도시가 생기가 있고 활발해야 하는데 포스코 불빛이 꺼지니 암흑천지였습니다. 탑승객들에게 마이크를 잡고 말해 줍니다. 저 불이 꼭 다시 밝아질 거라고."

물이 휩쓸고 간 공장은 온갖 쓰레기와 나뭇가지들이 뒤엉킨 진흙밭이었다. 고인 물은 악취를 풍길 뿐만 아니라 모기마저 들끓어서 복구에 어려움이 이만저만이 아니었다. 포항시는 새마을지도자포항시협의회에 방역을 부탁하였다. 시민단체인 새마을지도자포항시협의회는 고민에 빠졌다. 당시는 포항시의 여러 단체들이 포스코 본사 서울 이전 건으로 포스코와 관계가 좋지 않을 때였다. 포스코에 협조하였다가 다른 시민단체들에게 밉상으로 보이지는 않을까 우려가 되었다. 포항 시내에는 포스코와 관련한 현수막이 빽빽이 나붙어 있기도 하였다. 하지만 심정섭 협의회장은 포스코에서 방역 봉사를 하자고 회원들을 설득했다. 어려울 때 돕는 것이 봉사 본연의 목적인 데다, 지역경제에 미치는 포스코의 영향을 생각하면 방역 봉사로 복구에 참여하는 것이 당연히 옳다고 생각했다. 봉사를 하되 모임의 성격이 드러나지 않게 단체 조끼를 입지 말고 깃발도 들지 말자는 의견을 내놓는 일부 회원들도 있었지만, 좋은 일을 하는데 떳떳하지 않을 이유가 없었다. 결국 100여 명의 회원들이 새마을 조끼를 입고 포항제철소 안에서 방역에 참여했다.

막상 제철소 안에 들어가 보니까 너무 처참했습니다. 큰 도로 주변만 방역을 할 작정이었는데 안으로 들어갈수록 상황은 정말 심각했습니다.
— 새마을지도자포항시협의회 회장 심정섭

"회장님! 시간 나면 무조건 도와야겠습니다. 적극적으로 도와 드려야겠습니다"라는 회원들의 말에 심 회장도 뭉클했다. 제철소가 처한 현장을 직접 목격하면서 모든 회원들의 생각이 바뀌었다. 열흘쯤 뒤에 방역 봉사는 한 차례 더 이루어졌다. 지난번과 달라진 것은 회원들이었다. 미리 방역 복장도 더 철저히 준비하고 정말 자기 일처럼 적극적으로 참여하였다. 마스크를 벗었을 때 얼굴은 땀으로 범

위기 속에서 포스코를 생각해 주신 분들이 보내온 건강음료,
엑기스, 팥죽 등의 격려 물품

벅이 되어 있었지만 가슴은 감동으로 벅차올랐다.

위기 속에서 포스코를 생각해 주신 고마운 분들과의 인연도 빛났
다. 천신일 세중그룹 회장은 9월 신문을 통해 포항제철소 침수 소식
을 듣고 깜짝 놀라서 무엇이라도 도와야겠다며 사비를 털어 비타민
음료 2만 개를 보내왔다. 또 12월에는 송호근 교수가 신문에 기고한
"포스코 100일의 시련, 100일의 기적"을 보고 나이 많은 명장들의
노고에 감동하여 고가의 건강기능식품 100세트를 다시 보내 주었
다. 천 회장은 1985년 7월 문교부로부터 설립 인가를 받은 포스텍의

건설부지 6만 3천 평을 조건 없이 기부하는 등 포스코와 깊은 인연을 이어오고 있다.

포항의 곡영산 자락에 있는 원법사는 포항제철소 침수 소식을 듣고 신도들과 함께 직접 빚은 떡 2천 인분과 직접 쑨 팥죽 2,300인분을 갖고 방문하여 복구에 지친 직원들을 위로하였다. 직접 정성 들여 만든 음식에 감동한 직원이 그 후 원법사에 찾아가 감사 인사를 전했다는 일화도 전해 들을 수 있었다. 각계각층의 응원은 이처럼 곳곳에서 감사의 선순환을 만들어 냈다.

해병대와 소방관 등 공공 인력이 복구에 속히 투입되는 것을 보면서 포항제철소가 우리나라에 필수적인 존재임을 다시 느꼈다는 근속 4년 차 제철소 직원들도 있었다.[7] 침투와 살상이 목적인 해병대와 인명 구조가 목적인 소방관들이 포스코 재난극복이라는 하나의 목적으로 참여하였다. 침수 당일, 포항제철소는 물이 차오를 뿐만 아니라 화재까지 발생하였다. 2열연공장 전기실에서는 붉은 불기둥과 함께 검은 연기가 하늘로 치솟았다. 하지만 불어난 물길로 포항제철소는 건너갈 수 없는 고립된 섬이 되어 있었다. 나무가 많아 '숲 속 제철소'라 불리던 곳이 황토 물에 잠겼다. 쓰러지고 떠밀려오는 나무를 헤치며 소방대원들은 보트를 타고 때론 헤엄을 쳐서 현장에 도착하였다. 이들은 재난 상황뿐만 아니라 이후 복구 과정에서도 포

---

7 인사노무그룹 교육노무섹션 이우영 사원의 포항제철소 냉천범람 수해복구 수기 "100일의 기적, 100할의 자신감" 중에서.

포스코 임직원들이 2023년 1월 20일 냉천범람 피해복구단 해단식을 갖고,
피해복구 과정에서 얻은 결속력을 굳건히 하고 축적한 기술을 더욱 발전시켜
100년 기업으로 지속 성장해 나갈 것을 다짐하고 있다.

항제철소에 지대한 도움을 주었다. 경상북도지사의 요청으로 울산
119화학구조센터에 있는 대용량 방사포를 배수작업에 지원해서 복
구의 속도가 빨라졌다. 물이 빠진 후 진흙을 씻어 내는 세척 작업에
서도 소방관들의 역할은 매우 컸다. 당시 보트를 타고 재난 현장에
직접 뛰어들었던 119특수대응단장은 "포스코는 국가기간망입니다.
철이 안 움직이면 나라 경제가 큰 타격을 받기 때문입니다. 결국 기
업이 잘되어야 시민들도 밥 먹고 살기 편할 것 아니겠습니까" 하며
포스코의 중요성을 강조했다. 빠른 조업 재개를 위해 당시 도내 소
방시설의 60퍼센트 이상을 포스코 복구 과정에 투입했다.

침수 당일 장갑차를 타고 출동한 해병대는 얼마나 큰 힘이 되었나. 망설임 없이 현장으로 달려가는 해병들. '눈에 보이는 모든 국가 재산을 보호하라.' 해병대의 신조는 이번 포스코의 재난 상황에서도 어김없이 발휘되었다. 재난 현장에 도착한 해병대원들은 포스코라는 거대한 시설의 규모에 우선 놀랐다.

"이만한 시설이 멈춘다면 우리나라 산업이 타격을 받겠다는 생각과 지켜야겠다는 사명감이 들었습니다."

당시 현장 지휘관 송윤석 중령을 비롯해 현장에 갔던 모든 해병들이 같은 마음이었다.

"우리의 작은 응원이 재난극복에 미약하나마 도움이 되었다니 감사하고, 다시 한번 포스코가 모든 어려움을 극복하고 일어섰음에 고맙다는 말을 전하고 싶습니다."

정말 많은 사람들의 염원과 노력으로 복구가 마무리되었다. 인터뷰를 마친 이백희 포항제철소장은 이렇게 소중하게 얻은 문화를 어떻게 유지하고 발전시킬 것인가가 남은 과제가 되었다고 한다. 그의 말처럼 이번 교훈이 일상 속에서도 잊히지 않는 새로운 포스코 DNA로 남아 있기를 염원한다.

이재원

에필로그

하늘은 스스로 돕는 자를 돕는다

생지옥 속의 기적

포스코 본사 사거리, 인터뷰를 마치고 나선 길은 매우 붐볐다. 맞은편 포항제철소 정문에 걸린 '자원은 유한 창의는 무한'이라는 표어가 멈춰 선 차들의 후미등 위로 선명했다. 오후 5시 25분, 퇴근하는 포스코 직원들의 차량이 한꺼번에 몰려 불과 1킬로미터 남짓한 형산대교까지 가는 데 꽤 긴 시간이 걸렸다.

하지만 전혀 지루하지 않았다. 가슴 벅찬 생각거리가 소용돌이치고 있었다. 지난 135일의 기적 같은 일이 없었다면 지금 이 길이 얼마나 한산했을까. 이 빡빡한 정체를 이루고 있는 사람들이 그 기적이 없었다면 지금 이 순간, 여기 아닌 어디서 어떤 절망에 빠져 있었을까. 이런 생각이 들끓고 있었다. 해서, 길 위를 뒤덮은 차들의 정체 현상에 감사했다. 그러면서 정체를 즐겼다. 지금 여기 제철소를 벗어나는 도로를 가득 채운 이 차들이 없다면, 제철소를 드나들 일이 없어 이 도로가 썰렁하다면 그야말로 지옥이리라 하는 생각이 또렷했다. 그에 따라 방금 전에 들은 지옥 이야기가 다시 떠올랐다. 135일 전 방석주 부소장이 겪었던 지옥 말이다.

포항제철소의 설비담당 부소장인 방 상무는 태풍 힌남노의 피해를 극복하는 일을 실질적으로 지휘하는 복구반장이었다. 여의도 면적의 3배나 되는 드넓은 포항제철소가 침수되었을 때 그는 열흘 치의 속옷을 사 들고 복구반에 들어섰다. 10일간의 철야기간 새로 산 속옷을 하나씩 버렸다는 전설 같은 이야기의 주인공이 바로 그였다. 처음 그 이야기를 들었을 때는 '집에 들어가지 못하니까 열흘 치의 속옷을 준비했구나' 하는 생각뿐이었다. 여행 갈 때 일정에 맞춰 속옷을 챙기는 식으로. 그런데 그게 아니었다. 침수피해를 극복해야 한다는 책임을 안고 속옷 열흘 치를 챙기는 일은 지옥으로 들어가기 위한 비장한 준비였다.

역사상 유례가 없는 냉천범람의 습격을 받은 포항제철소의 초기 상황은 침수와 단전, 단수로 요약된다. 공정의 상당 부분이 자동화되어 있는 제철소 현장에는 평소 사람이 없다. 하지만 멈춰 선 공장을 새로 돌리기 위해서는 곳곳에 사람이 들어가 있어야 한다. 그런데 전기가 없고 물이 없다. 플래시 불빛을 비추며 빵과 생수를 먹는 수밖에 없다. 그게 비상근무이고 철야다. 먹는 건 그렇다 쳐도 화장실은? 단수 상황이니 쓸 수 없다. 그러면 어떻게 한다? 덜 먹는 수밖에! 방 부소장은 배설을 줄이기 위해 전기가 복구되는 3~4일간 하루에 한 끼만 먹으며 지냈다. 사방은 고인 물이 뿜는 악취뿐. 자신도 모르게 그는 뇌었다. "지옥이다!"라고. 생지옥이 다른 게 아니었다. 침수피해를 극복하기 위해 포스코 직원들이 겪은 초기의 며칠이바로 생지옥이었다.

의식주 무엇 하나 제대로 챙길 수 없던 그런 생지옥을 원상복구하여 출퇴근하는 차가 편도 4차선 도로를 꽉꽉 메우는 일상적인 상황을 다시 연출해 낸 것, 이것이 바로 지난 135일간 범포스코 식구들이 이루어 낸 기적이다. 기적은 별다른 게 아니다. 1만 5천여 명 포항제철소와 협력사 직원들의 일상을 되돌린 것이 기적이다. 이것이정말 기적이라는 점은, 복구작업이 비단 포스코 임직원들의 밥줄이끊어지지 않게 한 데 그치지 않고 대한민국 경제를 망하지 않게 한일이라는 데서 실감할 수 있다.

천우신조와 경험의 힘

방석주 포항제철소 설비담당 부소장은 포항 새내기다. 30년을 광양제철소에서 근무하다가 2022년 포항으로 옮겼다. 포항에 온 지 1년도 안 되어 공장 침수라는 재난을 맞았을 때 그는 속으로 참 재수도없다고 생각했다. 그럴 만도 했다. 2013년 광양제철소에 화재가 났을 때 4개월에 걸쳐 복구반장을 했던 그다. 그랬는데 이제는 포항제철소의 복구반장이 되어 생지옥에 들어섰으니 얄궂은 운명에 그렇게 생각할 수도 있었다.

그러나 그의 '재수 없음'은 포항제철소에는 행운이었다. 그는 재난 극복의 경험자였다. 광양에 계속 있었더라도 포항으로 차출되었을 것이다. 그런 그가 진작 포항제철소 설비 부소장으로 와 있었으니, 천우신조天佑神助란 이럴 때 쓰는 말이다. 역사상 유례가 없는 냉천범람으로 피해를 입은 제철소 상황을 두고 하늘의 도움을 말하니 이상하게 들리겠지만, 그렇게 말할 수 있는 몇 가지 이유가 더 있다.

'신의 한 수'라고 불리는 휴풍 결정도 그렇다. 이시우 생산기술본부장의 제안에 따라 태풍이 오기 전에 휴풍이 결정되었다는 말을 처음 들었을 때 나는 그 이유가 몹시 궁금했다. 사고가 터지기 전에 고로를 멈춰 세웠다니! 고로가 돌아가고 있었다면 쇳물이 흘러드는 침수된 생산 라인마다 대폭발이 일어나 엄청난 피해가 났을 텐데 그것을 사전에 막았다니, 어떻게 그럴 수 있었는지 매우 놀라웠다.

답은 간단했다. 휴풍을 제안한 이시우 본부장이 유경험자였던 것. 2019년 7월 작업자의 실수로 광양제철소 전체가 30분간 정전되었을 당시 광양제철소 소장이 바로 이시우 본부장이었다. 그때 그는 단 30분간의 예상치 못한 정전으로도 공정상의 문제와 환경 문제가 심각하게 벌어진다는 것을 알게 되었다. 그 경험에 기대어, 초강력 태풍 힌남노로 인해 혹시라도 그러한 사태가 재발할 수 있다는 점을 들어 휴풍을 제안한 것이다. 광양의 작은(?) 경험이 포항의 대참사를 막게 했으니 이것이 천우신조가 아니고 무엇일까.

어쨌든 물은 들어왔고 공장은 잠겼다. 직원들은 망연자실했다.

억수로 쏟아붓는 비에 자동차가 침수될까 봐 다시 주차를 하던 그들의 일상의 감각은, 순식간에 공장을 집어삼키며 쏟아져 들어오는 냉천의 물 앞에서 흔적도 없이 사라져 버렸다. 상상도 못 했던 아찔한 상황에 그들은 아무것도 할 수 없었다. 이대로 직장을 잃는구나, 절망했다.

대형 방사포로 물을 빼내니 바닥은 뻘에 덮여 있었다. 절망은 쉽게 사라지지 않는 법이다. 제철소를 돌리는 각종 모터 4만 4천여 개 중 1만 3,500개의 수리가 필요한 상황이다. 기대감이 좀처럼 살아나기 어렵다. 그런 초조함이 질문으로 쏟아진다. "명장님, 되겠습니까?" 답이 돌아온다. "안 되면 내가 하겠나?" 그렇게, 기적 같은 복구작업을 진두지휘할 수 있는 명장이 존재했다. 이 또한 하늘의 도움이었다. 국내외 전문가들 모두가 안 된다 하는 일을 되도록 만드는 명장들이 포항제철소에 있었으니 말이다.

내가 만난 손병락 명장은 포스코 전체 23인의 명장 중에서도 최고의 명장이다. 1977년에 입사해서 무려 46년을 포스코인으로 살고 있다. 2015년 명장 제도 시행과 더불어 초대 명장 4인 중 한 명이 되었고, 2018년에는 포스코명장 최초로 임원급인 상무보로 선임되었다. 제철소의 명장은 기술과 인성 양면에서 까다로운 선정 절차를 밟는다. 손 명장의 기술력은 대형 회전기와 전동기의 진단과 수리, 수명 예측 및 연장 기술에서 최고라고 인정받는다. 한 대 가격이 100억 원이 넘는 기계를 한두 해 더 쓸 수 있게 만드는 것은 그만큼 큰돈을 버는 일이다. 이런 기술력을 갖춘 손병락 명장이 포항제철소 전기기기 중앙수리 분야를 지휘하고 있었으니 이 또한 천우신조라 하지 않을 수 없다. 한 대의 무게가 170톤에까지 이르는 거대한 주기 모터 47대가 손 명장의 지휘하에 100퍼센트 현장에서 수리되었다.

포스코의 재난극복에 천우신조가 있었다고 말하는 마지막 이유는, 인도 JSW스틸로부터 모터 드라이브를 도입해 온 일이다. 모터 드라이브는 말 그대로 모터를 제어하는 컴퓨터 장치로서 모터에 공급하는 전기를 조절하여 정밀한 작업을 가능케 하는 필수 부품이다. 모터 드라이브가 없으면 모터가 무용지물이 되고, 핵심적인 주기 모터 한 대가 돌아가지 않으면 공장 하나가 멈춰 선다. 전체 생산 공정이 쭉 이어지는 일관제철소인 포항제철의 경우 한 대의 핵심적인 모터 드라이브가 망가지면 전체 공장이 돌아가는 데 심각한 문제를 안게 되니, 주기 모터를 돌리는 모터 드라이브는 고로와 주기 모터 못지않게 중요한 부품이다. 그런데 2열연공장의 경우, 2차 압연용 모터를 돌리는 R2 드라이브가 지표면에 설치되어 있는 바람에 침수피해를 입은 것이다. 모터와 달리 모터 드라이브는 수리할 수도 없다.

이 난국을 돌파한 이는 최정우 회장이다. 최 회장의 부탁에 따라 인도 JSW스틸의 사잔 진달 회장이 자신의 공장에 쓰려고 제작 중이던 모터 드라이브를 포스코에 건네준 것이다. 이렇게 신제품을 주문해서 인도받으려면 1년도 더 걸릴 수 있는 문제가 해결되었다. 마침 JSW스틸이 한국에 건네줄 수 있는 모터 드라이브를 가지고 있던 것, 이는 명백한 우연이다. 그만큼 천우신조라 하지 않을 수 없다. 물론 물건이 있다고 그냥 얻을 수 있는 것은 전혀 아니다. 최정우 회장의 교섭력이 큰 역할을 했음은 백번 확실하다.

그런데 놀라운 점은, 최 회장의 리더십이 발휘되는 데도 하늘이 준 두 가지 우연이 작동했다는 사실이다. 양국 회장의 교섭이 잘 이루어진 데는 최정우 회장과 진달 회장이 각각 세계철강협회의 회장과 부회장이라는 사실이 작용했을 것이고, 최 회장이 세계철강협회 회장이 될 수 있었던 것은 정권 교체에도 불구하고 포스코 회장직을 연임한 까닭이라고 할 수 있는데, 이러한 사실들 모두가 천우신조를 가능케 한 우연적인 상황에 해당한다.

다른 하나는 진달 회장 자신이 우리나라와 맺고 있는 인연이다. 진달 회장은 부친인 선대 회장을 따라 포항제철소를 방문한 적이 있는데, 그때 크게 감명을 받아서 자신도 포항제철소와 같은 제철소를 짓겠다는 포부를 갖게 되었다고 한다. 한국과 포항제철소에 관심과 애정을 가진 그가 마침 건네줄 만한 모터 드라이브를 보유한 JSW스틸의 회장이었으니 이 또한 천우신조를 가능케 한 커다란 우연이라 하지 않을 수 없다.

지금까지 살펴본 대로 포항제철소 135일의 기적을 만든 데는 천우신조라 할 만한 여러 가지 우연들이 작용했다. 휴풍 결정을 할 수 있는 경험이 최고경영진에 있었고, 제철소 복구 경험을 가진 책임자가 마침 포항에 부임했으며, 고칠 수 있는 것은 모두 고치는 명장과 그를 따르는 기술 인력이 갖춰져 있었던 데다, 교체가 불가피한 장비를 해외에서 들여올 수 있는 귀한 인연이 마련되어 있었던 것이다.

말은 이렇게 했지만 사태를 찬찬히 다시 생각해 보면, 정작 강조할

제강부 2연주공장 오창석 명장이 정상화된 설비를 지켜보고 있다.

것은 따로 있겠다는 생각이 든다. 이 모두가 그냥 하늘이 돕고 신이 도와서 된 것은 아니다. 최정우 회장을 위시하여 이시우 본부장, 방석주 부소장, 손병락 명장 등이 철강인으로서 수십 년간 쌓아 온 경험이 없었다면 이 모든 우연들도 효과를 발휘하지 못했을 것이다. 준비된 자만이 기회를 포착하듯이, 천우신조 또한 그것을 받을 수 있는 능력을 갖춘 자, 귀한 경험을 갖춘 이들에게만 작동한다. 창사 55주년을 맞는 포항제철소가 끊임없이 축적해 온 인적·기술적·사회관계적 경험과 자본의 총체가 이러한 천우신조를 실현해 낸 장본인이다.

135일 만의 복구, 기적을 확인하다

포항제철소의 침수피해는 막대한 것이었다. 제품군 전체 생산 라인이 110여 일간 정지되었다. 재산상 피해만 따져도 매출 2조 원, 설비 복구비용 1조 원 정도의 피해를 입었다. 3조 원의 피해라니, 이것이 얼마나 큰지 도무지 실감할 수 없다. 방석주 설비부소장은 이렇게 설명한다. 단군 이래 5천 년 동안 매년 2억 원씩 적립해야 1조 원이라고. 계산해 보니 그렇다. 그렇다면, 포항제철소가 힌남노로 입은 재산상 손실 3조 원을 모으려면? 매년 6억 원씩 5천 년이다!

이 엄청난 피해를 135일 만에 완전히 극복했다니, 사실이라면 말 그대로 기적 같은 일이다. 피해 초기 뉴스에서는 포항제철소가 정상화되는 데에 최소 2년은 걸린다는 진단도 있었다. 아무리 빨라야 6개월이었다. 그런데, 제일 큰 피해를 입었던 2열연공장을 정상 가동한 것은 딱 100일 만이었고, 모든 공장을 정상적으로 가동하는 데는 135일이 걸렸다. 정말 기적 같은 일이 아닐 수 없다. 이 놀라운 업적이 기적 같다는 것은, 여전히 많은 사람들이 믿지 못한다는 데서 단적으로 확인된다. 포항에 사는 사람들 또한 잘 믿지 않는다. 아니, 믿지 못한다. 기적이 기적인 이유는 믿기지 않아서라는 점이 새삼 떠오른다.

사실 필자도 100퍼센트 믿지는 못했다. '포항제철소가 벌써 정상화되었다고?'라는 생각을 지울 수 없었다. 지난 1월 6일 이 책의 집필진들과 함께 포항제철소를 방문해서 브리핑을 받고 현장을 답사

포항제철소 핵심 라인인 열연부 2열연공장이 침수피해 100일 만에 복구되자
김학동 부회장과 임직원들이 기뻐하고 있다.

했다. 그때도 나는 전체 공정이 다 돌아가는 것인지, 제품이 제대로
생산된다는 것인지, 거듭 질문했다. 이 글을 쓰기 위해 만난 방석주
부소장과 손병락 명장 두 분께도 이 점을 계속 확인했다. 내가 생각
하는 태풍피해 극복이란, 단순히 제철소의 생산 라인을 돌리기 시작
하는 것이 아니라 그렇게 생산한 제품이 예전과 똑같이 고객사에 공
급되는 '사업의 정상화'였다. 국내외 공급사, 협력사, 고객사와의
물류 이동, 밸류 체인value chain이 태풍 이전과 똑같이 작동하는 포스
코 사업의 정상화가 바로 말뜻 그대로의 복구이다. 이러한 복구가

정말 이루어졌냐고, 1월 19일의 인터뷰에서 나는 계속 확인했다. 무언가를, 누군가를 의심해서가 아니다. 기적을 믿기 어려운 마음에서였을 뿐이다. 그렇게 나는 기적을 확인했다.

2022년 9월 6일 힌남노가 급습한 당일 포스코는 4개의 복구 팀으로 구성된 복구반을 신속하게 결성했다. 복구반장 방석주 부소장은 처음부터 석 달을 예상했다. 광양제철소의 화재와 달리 포항제철소에는 물자가 남아 있는 상황이라 그 정도 기간이면 된다고 판단했기 때문이다. 경험지와 상황 판단력이 결합한 셈이다. 필자와 인터뷰한 1월 19일 당일, 전체 24개 공정으로 짜인 스테인리스 생산 라인의 마지막 3개 공정 복구가 마무리되면서 포항제철소의 모든 공장이 정상화된다고 말했다. 그의 목소리에는 이룰 것을 이룬 자의 평온함이 배어 있었고 표정은 담담했다. 과장할 이유가 전혀 없었던 까닭이다.

포항제철소의 피해 극복이 곧 포스코의 사업 정상화라는 점을 방 부소장의 말로 요약해 본다. 포항제철소가 생산하는 제품의 품질이 피해 전과 비교해서 동일하며 수율상으로도 문제가 없느냐는 나의 질문에 대한 답이다.

동일합니다. 왜 이렇게 말할 수 있냐면, 품질이 떨어지면 사갈 고객은 없기 때문입니다. 품질은 동일한 품질이 다 나오고 있습니다. 수율이 예를 들어 옛날에는 100프로 돌리던 걸 200은 돌려야지 그 물건을 뽑아내는 것 아니냐, 예를 들어 버릴 건 버리고[라며 질문할 수 있는데]

그건 전혀 없습니다. 지금 현시점에 가동 시점으로 봤을 때, 100프로 가동률 확보됐고 100프로 품질 확보됐습니다. 다만 트러블은 있습니다, 설비장애는. 왜 그러냐면, 옛날 일본도 쓰나미가 와서 제철소가 물에 잠겼다가 제철소를 지금같이 복원을 다 해 놓고 하더라도, 장애는 생깁니다. 왜 그러냐면 내 컴퓨터가 물에 들어갔다 나오면 옛날처럼 〔작동하지 않고〕, 아닌 게 아니라, 가끔 버벅거릴 수 있듯이, 설비 장애라 그래서 공장이 돌아가다가 설비가 덜컥덜컥하는 것은 있습니다. 그것은 전과 대비해서 대략 두 배나 세 배가 날 수 있습니다. 실제로 그건 납니다. 근데 그것도 공장 가동하고 6주 안에 다 안정화가 됩니다. 그래서 설비 가동률, 수율, 품질 자체가 다 전하고 똑같이 돼 있습니다.

이러한 답변에도 불구하고 필자는 인터뷰어의 의무라고 생각해서 한 번 더 물었다. 그건 방 부소장의 말이고 포스코의 판단인데, 제품을 받는 고객사의 판단도 동일하냐고, 포항제철소의 제품을 구입하는 고객사로부터 클레임은 없느냐고 재차 질문을 던진 것이다.

방 부소장의 답변은 하나도 켕길 것이 없는 사람의 친절함과 여유로움을 띠며 이어졌다. 포스코가 독점적으로 제품을 공급하던 옛날과도 달라 그런 일은 없다고. 지금은 50퍼센트 이상이 수출재여서 완벽한 품질보증 체계에 따라 회사 밖으로 나가며, 받아 쓰는 외국회사가 제품의 질에 대해서 더 엄격한 상황이라고도 말했다. 결론은, 품질이 떨어지는 제품이 나가고 있지 않다는 것이었다. 손병락 명장도 똑같은 말을 했다. 생산 라인이 정상적으로 가동된다는 말은, 제품의 품질이 이전과 100퍼센트 같다는 의미라고.

이제 나는 믿는다. 135일 만에 포항제철소의 전 공정이 완전히 정상화되었으며 이는 곧 포스코의 사업이 태풍 힌남노 이전으로 복귀했음을 뜻한다는 사실을. 워낙 기적 같은 일이라 좀처럼 믿기 어려웠지만, 제품의 생산과 구매에 작동하는 자본주의의 기본 논리와 전세계 수출입 시장의 엄혹한 논리를 생각하면 믿지 못할 이유가 전혀 없다. 해서 나는, 포스코 재난극복 135일의 기적을 믿는다.

기적을 만든 두 힘,
기술력과 국민기업-기업시민

최소 2년이라고도 예상되었던 재난극복 기간을 단 135일로 줄일 수 있었던 힘은 무엇일까. 그동안 보고 들은 바를 통해 두 가지로 압축할 수 있었다. 포항제철소가 50여 년 동안 갈고닦아 온 기술력이 하나고, 국민의 기업이자 사회의 기업이라는 포스코 안팎의 의식이 다른 하나다.

포항제철소 임직원들은 기술력에 대한 자부심이 대단하다. 아이러니한 것은 이들이 자랑하는 기술력이 애초에 우리에게 기술이 없었기 때문에 생겨났다는 사실이다. 무슨 말인가. 포항제철소의 침수피해를 극복한 힘으로 '그동안 직원들이 쌓아 온 유지관리 능력'을 강조하는 방석주 설비담당 부소장의 설명을 통해 이해해 보자.

포항제철소의 기계와 전기장비 등 공장의 설비는 모두 외국산이다. 따라서 정비하는 입장에서는 'made in Korea'가 하나도 없는 상황에서 설비를 유지하는 것이 관건이 된다. 가격이 어마어마하기 때문에 예비품을 따로 쟁여 둘 수도 없고 급한 일이 생겼을 때 곧장 지원받을 곳도 없다. 그러면 어떻게 하나. 직원들 스스로 기술을 쌓는 방법밖에 없다! 그렇게 포항제철소 임직원들의 기술력이 발전해 왔다. 이러한 기술력이 없었다면 중요 설비 하나를 외국에 요청하여 받는 데만 3~5개월이 걸렸을 것이므로, 정비사들의 기술력이 피해 복구의 돌파력이라고 방 부소장은 확신한다.

손병락 명장의 생각도 다르지 않다. 그가 강조하는 것은 포스코만의 기술이다. 포스코 고유의 기술이란 기술 자체가 새롭다는 뜻이 아니다. 기술이 기능하고 발전하는 방식에서 고유성이 확보된다는 의미다. 그 핵심은 '기술 공유'다. 포항제철소에는 '마이 머신'이라는 제도가 있는데, 이 제도의 취지는 이름이 주는 인상과는 정반대다. 전체 공장이 가동되기 위해서는 내가 맡은 기계가 반드시 돌아가야 한다는 의식을 함양하는 것이 마이 머신 제도의 취지다. 이러한 의식을 수많은 직원들이 다 함께 공유한다. 따라서 포항제철소에서 기술이란 한 개인이 갖는 게 아니라 모두가 공유하는 것이 된다. 이를 강화하기 위해 근래에는, 플랫폼을 활용하여 공장 각 곳에 일어난 고장 사례를 설비 직원 모두가 실시간으로 공유하면서 관련 지식을 증진한다고 한다. 이렇게 전 직원에 걸쳐 발전해 온 포스코의 기술력이 바로 침수피해를 극복한 원동력이다.

이러한 기술력이 발휘되는 메커니즘을 방석주 부소장은 '주인의식'으로 설명한다. 최고의 기술력에서 주인의식이 나온다고 그는 믿는다. 나도 동의한다. 어떤 분야에서든 최고는 그 분야에 위험이 닥칠 때 그 문제를 자기 자신의 일로 생각하고 대처하기 마련이다. 그것이 바로 최고의 전문지식을 갖춘 자들이 지닌 주인의식이다. 포항제철소에서도 마찬가지였다. 설비를 담당하고 관리하는 직원들이 모두 주인의식을 가지고 수해 극복에 나섰다. "몸 상해 가면서 왜 이리하냐?"라는 질문에, "내 일이 정비잖아요, 정비하는 사람이 해야지요"라고 답하는 게 이상하지 않은 상황의 밑바탕에는 포스코만의 기술력이 있었다. 물에 잠긴 수많은 모터들을 두고 일본의 제작사에서 '수리 불가'라는 의견을 제시했을 때, 어떻게 돌릴 것인가는 우리가 고민할 일이라는 생각으로 손병락 명장이 경영진의 동의와 지지를 이끌어 낸 것은 그렇게 축적된 기술력에 대한 자신감 덕분이었다.

포스코 재난극복의 기적을 가능케 한 또 다른 힘은, 포스코에 대한 범국민적인 의식이다. 언론을 통해서도 잘 알려져 있듯이 포항제철소 피해복구에 참여한 연인원은 무려 140만여 명이나 된다. 포항과 광양 두 제철소의 전·현직 직원과 국내외에 걸친 포스코의 전체 협력사, 고객사는 물론이요, 포항과 경북 지역사회에 더해 대한민국 전역에서 수많은 사람들이 유형무형의 지원을 아끼지 않았다. 공무원과 해병대, 소방대 등도 힘껏 가세했다. 산업계라고 다르지 않았다. 광양제철소야 같은 포스코 기업이니 제외한다 해도 경쟁업체인 현대제철이 긴요한 도움을 준 것에서부터, 앞에서 말한 1만 3,500개의 모터를 수리하는 일에 건조기가 있는 전국의 공장들이 모두 팔을 걷어붙였다는 사실만 생각해 보아도 충분하다. 요컨대 포항제철소의 수해 피해 극복에 대한민국 전체가 나선 형국이었다.

어떻게 이런 일이 가능했을까. 방석주 부소장이 잊히지 않는다고 한 전화 통화가 답을 알려 준다. 제철소의 물을 퍼낸 지 10일쯤 후 그는 방사포 작업을 진행한 울산시 119 대응단장의 전화를 받았다. 숙식을 책임져 준 데 대한 감사 인사를 하면서 단장은, '포스코는 대한민국 경제의 기둥'이라며 자기들은 포스코의 복구작업을 계속 응원하겠다고 했단다. '포스코는 대한민국 경제의 기둥'이라는 사실, 이것이 바로 포항제철소의 재난극복에 거국적인 관심과 응원, 지원이 이루어진 이유이다. 이 통화 이야기를 하면서 방 부소장은 자기들이 해온 일이 하나의 공장을 살리는 것을 넘어 대한민국 경제를 살리는 일이었음을 깨닫게 되었다고 힘껏 강조했다.

포항제철소가 멈추면 대한민국 제조업 상당수가 멈춘다. 해외로부터 필요한 물품을 수입하면서 다시 돌긴 하겠지만 이미 엄청난 충격을 받은 이후다. 그 결과로 대한민국 경제도 심각한 타격을 입을 수밖에 없다. 해서 '포스코는 대한민국 경제의 기둥'이라는 말은 결코 과장이 아니다.

이러한 점을 범포스코 식구들은 창사 이래로 잘 알고 있다. 대일청구권 자금으로 포항제철소를 세울 때 박태준 소장이 내세운 '제철

포스코 경영진이 현장 직원 격려활동에 솔선수범하고 있다.

보국' 정신이 면면히 이어져 내려와 현재는 새로운 상황에 맞춰 '기업시민' 경영이념으로 갱신되고 있는 까닭이다. 철을 만들어 국가에 보답하자는 것이나, 국가와 사회에 도움이 되는 기업으로 발전하자는 것 모두 포항제철소나 포스코만을 생각하지 말고 대한민국 전체를 생각하자는 말이다. '제철보국'과 '기업시민', 둘은 다를 바가 없다.

똑같은 사실을 대한민국 국민들 또한 알고 있다. 평소에는 의식하지 않고 있었지만, 포항제철소가 역사상 유례가 없는 피해를 입자 다들 새삼 의식하게 되었다. 그렇지 않았다면, 기적을 현실로 만드는 데 대한민국 전체가 떠받치고 나선 일이 있을 수 없다. 이러한 점에서도 포스코가 국민기업이며 기업시민이라는 사실이 재차 또렷해진다.

복구의 끝에서 포스코가 얻은 것

2023년 1월 20일부로 포항제철소는 완전히 정상적으로 가동되기 시작했다. 태풍 힌남노의 습격 이후 135일 만의 일이다. 짧은 기간에 이룬 제철소의 정상 가동과 포스코 사업의 정상화, 이것이 재난 피해복구의 기적 같은 결과이다. 그런데 이 기적은 홀로 오지 않았다. 그 과정에서 개개인들의 의식을 바꾸고 회사의 문화를 발전시켰다. 이 또한 복구의 결과로 포스코가 얻은 것이다.

　2022년 추석 휴가와 주말을 반납해 가며 공장복구에 힘을 쏟은 포항제철소 임직원들이 공통적으로 느낀 것은 '포스코인이라는 자부심'이었다. 이 점에서는 P직군(경영엔지니어)과 E직군(생산기술), 본사 직원과 협력사 직원, 고근속 선배와 저근속 MZ세대 간에 차이가 없었다. 공장을 복구하는 과정에서 이들은 서로 소통하며 상호 이해를 높였고, 설비를 재가동하면서 자신의 업무에 대해 한층 발전된 지식을 갖추게 되었다. 이렇게 제철소와 동료들에 대한 이해를 넓히면서 기적 같은 복구를 직접 체험한 데 더해 전 국가적인 지원을 접하면서, 그들의 자부심은 한층 더 커졌다. '포항제철소 냉천범람 수해복구 수기'들 곳곳에서 이러한 사실이 금방 확인된다.

　재난극복 과정을 통해 포스코인들이 얻게 된 것을, 방석주 부소장은 '팀워크의 활성화'라는 한마디로 정리했다. 모두 달려들어 협업하는 4개월의 복구 과정에서 사일로를 무너뜨렸다면서, 이것이 향후 포스코의 가장 큰 장점이 될 것이라고 강조했다. 여기에 더

완전 정상 가동에 들어간 포항제철소가 약 5개월 만인 2월 10일,
소통보드의 불을 다시 밝히고 포항시민에게 희망의 메시지를 전달하고 있다.

해 그는 조직과 회사, 사회에 대한 헌신을 포스코인의 특징으로 꼽
았다. 배울 것이 많다며 겸손해할 때 가능해지는 '헌신하는 문화'가
이번 사태로 다시 확인되었다는 것이다. 손병락 명장의 진단도 동일
하다. 복구 과정 내내 회장부터 말단 직원까지 기어의 톱니처럼 잘
맞물려 돌아갔다는 점을 강조하면서 그는 그럴 수 있었던 요인으로
'일사불란한, 군대 같은 정신, 포스코 직원들의 DNA'를 강조했다.

회사의 문화에서도 기존의 관념을 깨는 변화가 확인되었다. 무엇
보다 주목되는 지점은 복구 과정 내내 안전을 최우선으로 했다는 점

이다. '빠르게'가 아니라 '안전하게'가 변치 않는 기준이었다. 그 결과 생산 공정 전체가 신속하게 복구되는 동안 단 한 건의 중대재해도 없었다. 역사적인 재난 속에서 직원을 존중하는 안전 문화가 다시 확인되고 한층 강화된 것이다.

복구 과정을 앞당기라는 식의 지시가 전혀 없었다는 점은 방석주 부소장과 손병락 명장의 인터뷰에서 공히 확인된다. 복구 공정과 예산은 복구반장인 방 부소장이 정한 대로 진행되었고, 회장은 안전을 최우선으로 하여 쉬어 가며 작업하도록 지시했을 뿐이다. 해서 복구 작업은 하루 24시간 진행되었어도 직원들 개인은 주 1일꼴로 쉴 수 있었다. 주기 모터 같은 중요 설비를 수리한다는 결정은 손 명장 스스로 내린 것이지 누가 시킨 일이 아니었다. 수리 일정 또한 그의 손길에 달린 것이어서, 윗선에서는 믿고 기다릴 뿐이었지 재촉하지 않았다. 복구 기간 내내 실질적인 임파워먼트empowerment와 안전 중시 문화가 빛났다.

'포항제철' 하면 즉각 떠오르는 이미지 중 하나가 바로 '우향우 정신'이다. 제철소를 짓는 데 실패하면 모두 동해에 빠져 죽어야 한다는, 생각해 보면 정말 무시무시한 각오를 강조하는 말이다. 전체만을 앞세우는 그러한 슬로건은 이제 통하지 않는다. 시대가 바뀌었고 세상이 바뀌었다. '제철보국'이라는 목적은 여전해도 그것을 성취하는 정신은 글로벌 스탠더드에 맞아야 하고 전 세계 기업문화를 선도해야 한다. 이를 위해 포스코는 지난 5년간 '기업시민'을 표방하고 실천해 왔다. 유례없는 재난을 기적같이 극복하면서 속도가 아니라 안전을 앞세울 수 있었던 것은, 기업시민 경영이념이 발현된 결과이다. 이러한 면에서도 '재난극복 135일의 기적'이 준비된 자만이 성취할 수 있는 천우신조였음을 알겠다. 역시 하늘은 스스로 돕는 자를 돕는다.

박 상 준

인터뷰

추천사

부록

포스코의 재난극복은
세계 철강회사들의 모범 사례

세계철강협회 사무총장 에드윈 바손●

남아프리카공화국 출신의 경제학자인 바손 박사는 학문적 명성과 더불어 1967년에 설립된 세계철강협회 사무총장으로서 협회 발전에 탁월한 리더십을 발휘하는 것으로 평가된다. 바손 박사는 전 세계 철강산업의 성장을 도모하면서, 철강회사들의 글로벌 전략 수립과 회원사 간 정보 공유에 도움을 주는 등 세계철강협회의 막중한 업무를 수행하고 있다.

2023년 2월 3일 필자와 서면으로 진행한 인터뷰에서 바손 박사는

● 에드윈 바손(Dr. Edwin Basson)은 남아프리카공화국 프리토리아대(Pretoria University)에서 경제학 박사 학위를 취득했으며, 1984~1990년 동 대학 경제학 강의교수를 역임했다. 2004년 미탈스틸(Mittal Steel, 현재 아르셀로미탈(Arcelor Mittal)〕 마케팅전략 총괄 책임과 시장분석 연구 책임을 역임했고, 2006년 아르셀로미탈 부사장을 지냈다. 2011년 이래 현재까지 세계철강협회(World Steel Association) 사무총장직을 맡고 있다.

먼저 "포스코가 태풍 힌남노로 인한 재난에 슬기롭게 대응"하고 "성공적으로 복구한 과정을 기록하고 평가하는 역사적인 작업"에 참여할 기회를 준 것에 대한 감사를 표했다. 또한 그는 "철강산업이나 특정 철강회사에 대한 국민적 자부심은 지난 수십 년 동안 크게 감소한 것이 사실이다"라고 진단하고, 금번 태풍 힌남노로 인한 재난과 복구 과정에서 확인된 한국인들의 지대한 관심과 적극적인 참여는 "향후 동아시아의 일본과 중국, 그리고 유럽과 미국 등 다른 지역의 국가들에게 귀감이 될 것"이라고 평가했다. 《함께 만든 기적, 꺼지지 않는 불꽃: 불가능을 가능케 한 포스코 재난극복 135일의 이야기》 출판 프로젝트의 성공을 기원하면서, 바손 박사는 필자가 준비한 총 10개의 질문에 대하여 다음과 같이 답했다.

김춘식　현재 전 인류가 공통으로 겪고 있는 기후변화는 다양한 자연재해를 야기하고 있습니다. 이러한 자연재해에 직면해 철강산업과 같은 대형 산업시설들의 피해 또한 적지 않습니다. 전문가들은 기후변화의 영향이 세계 각국의 다양한 장소에서 가시화됨으로써 향후 자연재해로 인한 인명과 재산 손실이 더욱 커질 것으로 예상하고 있습니다. 이러한 자연재해 및 재난상황에 대처하기 위하여 세계철강협회 차원에서 회원사들에게 제공하는 일반화된 재난대응 교육프로그램 혹은 매뉴얼 등이 있는지요?

에드윈 바손(이하 바손)　통계에 의하면 2022년 한 해 동안 전 세계에서 자연재해 보험 손해액이 1천억 달러를 돌파했습니다. 미국 플로리다를 강타한 허리케인의 손해액은 600억 달러로 '사상 최대'의 자연재해 손해액으로 기록되었습니다. 앞으로 기후변화로 인해 잠재적으로 발생 가능한 자연재해의 규모와 범위는 더욱 커질 것입니다. 세계철강협회는 아직 자연재해와 관련하여 일반적인 재해대응 훈련 프로그램을 제공하고 있지는 않습니다. 그렇지만 우리 협회는 해수면 상승에 따른 침수피해에 초점을 맞춘 〈기후변화 위험평가 보고서〉를 2020년 5월에 배포한 바 있습니다.

김춘식 　포스코는 2022년 9월 초 한국을 덮친 태풍 힌남노로 인해 9월 6일 제조공장 전체가 침수됨으로써 1968년 4월 1일 회사 창립 이래 가장 큰 위기를 겪었습니다. 그러나 비상상황에서 1만 8천여 명에 달하는 회사의 구성원들은 창사 이래 40여 년 이상 전승된 근무경험(암묵지)과 위기대응 매뉴얼을 토대로 신속하고 안전하게 대처함으로써 보다 큰 위기를 피하고, 결국 135일 만에 재난을 극복하는 '기적'을 이루어 냈습니다. 경제적 손실에도 불구하고 포스코가 인명피해가 없고, 경제적 손실을 최소화한 대응에 대한 사무총장님의 평가는 어떤가요?

바손 　태풍 힌남노와 같은 커다란 재난에 대응하고 이를 끝내 극복해 낸 포스코의 경험은 전 세계 모든 조직의 지속가능성에 중대한 영향을 미칠 것입니다. 위기에 직면해 신속하고 종합적인 대응을 한 포스코의 사례는 크게 칭찬받아 마땅합니다. 또한 태풍 힌남노로 인해 발생한 재난과 손실 등 위기상황을 포스코가 성공적으로 극복해낼 수 있었던 것은 분명 포스코의 의지에 지역사회의 지원이 더해졌기 때문일 것입니다. 한국, 특히 포항지역을 방문한 거의 대부분의 외국인들은 한국인의 중요 기관들에 대한 국가적 자부심이 매우 크다는 것을 쉽게 경험할 수 있습니다. 이런 측면에서 볼 때, 포스코는 한국에서 하나의 철강회사를 넘어 단연코 자긍심의 원천이 되는 중요한 기관입니다. 나아가 포스코 구성원들이 보유하고 있는, 시간을 아끼지 않고 일하려는 자세와 디테일에 집중하고 수립된 계획을 효과적으로 실행하려는 의지가 힌남노로 인한 재난에 효과적으로 대응하고 나아가 효율적인 복구를 가능하게 한 결정적인 요소라고 생각합니다. 이러한 역량과 의지는 포스코와 한국인들이 가진 독특한 문화적 요소입니다. 때문에 금번 포스코의 재난극복 경험은 모두에게 자랑할 만한 사건이며, 향후 유사한 재난을 경험할 수 있는 전 세계 철강회사들에도 중요한 모범사례가 될 것이라 평가합니다.

김춘식　포스코는 기업시민 경영이념을 모든 의사결정의 기준으로 삼아 업무와 일상생활에서, 배려와 나눔의식을 기반으로 더 나은 사회를 만드는 데 자발적으로 참여하고 있습니다.[1] 포스코가 보유한

1　포스코는 '기업시민'으로서 사회문제 해결에 동참하고 더 나은 사회를 만들기 위해 다양한 사업을 펼쳐 왔다. 이런 활동들을 더 많은 사람들이 좀 더 쉽게 이해하고 공

이러한 기업시민 의식은 금번 포스코의 재난극복에 어떤 역할을 했다고 생각하는지요?

바손   기업시민의 기본 원칙은 이미 전체 포스코 구성원들의 중심에 깊이 자리하고 있으며, 나아가 이 원칙은 포스코를 둘러싼 공동사회에 영향을 미치고 있습니다. 포스코가 기업시민을 중심으로 내외부에 형성하고 있는 이러한 관계는 한국 사회에 광범위하게 퍼져 있는, 포스코에 대한 자부심을 형성하는 기본 요소입니다. 이러한 기업시민에 대한 자부심은 포스코가 위기에 처했을 때 포스코 구성원들과 포스코가 소속된 공동사회의 강력한 지원 의지를 불러일으킬 것입니다. 역사적으로 철강산업이 특정 사회에서 지속가능한 발전에 중요한 역할을 수행했으며, 철강산업이 위기를 맞이했을 때 반대로 공동사회가 철강산업을 지원하는 데에 적극적 역할을 수행했던 사례가 적지 않습니다. 저는 금번 포스코의 경험이 공동사회로 하여금 철강산업 지원에 대한 책무의식을 불러일으켰으며, 나아가

감할 수 있도록 2019년 '6대 대표사업'을 선정·운영하였으며, 2021년에는 대표사업의 규모와 내용을 더욱 확대하여 '5대 브랜드'로 발전시켰다.

 기업시민 5대 브랜드는 ① 2050 탄소중립 실천에 앞장서는 시그니처 브랜드인 'Green With POSCO', ② 협력·공급사, 고객사와 동반성장하는 'Together With POSCO', ③ 벤처생태계를 활성화하고 신성장산업을 육성하는 'Challenge With POSCO', ④ 저출산·취업 등 사회문제 해결에 앞장서며 직원들의 안전하고 행복한 삶을 위해 노력하는 'Life With POSCO', ⑤ 지역사회 명소화 사업 등 지역과 상생을 위한 모델을 제시하는 'Community With POSCO'로 이루어진다.

포스코가 공동사회의 광범위한 지지를 얻는 계기가 되었다고 믿습니다. 이러한 상징적인 관계는 필수적이며, 철강산업과 공동사회가 상호신뢰와 공존공생 의식, 나아가 공정한 선의의 경쟁을 통해 형성되고, 더 깊은 차원으로 발전할 수 있을 것입니다.

김춘식   다수의 포스코 구성원들은 이러한 위기와 고난을 극복하는 과정에서 오히려 기존 포스코 구성원들 간에 존재했던 세대 간, 직위 간 간극을 줄일 수 있었다고 증언하고 있습니다. 사무총장님이 포스코 구성원들과의 다양한 공적·사적 만남을 통해 발견한 포스코맨들만의 특이점은 무엇이었는지요? 또한 다른 국가의 철강회사 구성원들과 달리 포스코 구성원만이 가진 독특한 문화 — 예컨대 특별한 '팀 가이스트Team Geist = Team Spirit' — 가 있다고 생각하시는지요? 만일 있다면 어떤 점인지 사무총장님의 구체적인 경험을 들려주시기 바랍니다.

바손   먼저 철강산업의 역사와 발전은 지역과 시기에 따라 매우 다르다는 점을 말씀드리고 싶습니다. 오래되고 보다 발전된 철강 생산지에서 지난 30년 동안 철강산업은 대부분 다국적 생산기반과 노동력을 갖춘 독립적인 생산단위로 발전해 왔습니다. 그 결과 대규모 생산자와 거기에 고용된 노동자 그리고 생산자를 지원하는 사회의 셋 사이에 동질적인 지원 네트워크를 개발하는 것이 어려운 상황입니다. 그렇다고 불가능하다는 것은 아닙니다. 포스코가 지난해 가을 이래 겪은 사례는 이러한 상호 지원구조가 하나의 강력한 프로세스가 될 수 있다는 점과 또한 경영진이 이러한 지원 네트워크의 중요성을 과소평가해서는 안 된다는 것을 잘 보여 주었습니다. 따라서 훌륭한 상호 지원 네트워크 체계를 구축하는 데 투자하는 것이 회사의 중요하고도 효과적인 목표가 될 수 있다는 점에 주목할 필요가 있습니다. 이번 포스코의 경험은 서로를 지탱하는 지원 네트워크가 가능하다는 것을 보여 줌과 동시에 그러한 지원구조 형성을 위한 투자가 매우 의미 있는 사업이라는 것을 잘 알려 주었습니다.

김춘식 포스코는 한국이 일본의 35년 식민지 지배에 대한 국가적 보상인 '대일청구권'의 일환으로 받은 자본금(9천만 달러)을 토대로 설립되어 민족기업이라는 정체성을 가졌습니다. 즉, 한국 민족의 희생과 고통의 대가로 생긴 기업이기에 단순히 국가의 중요 기간산업이라는 의미를 넘어 전 국민의 공동재산이라는 성격이 있는데, 이러한 기업의 전통이 포스코의 성장에 어느 정도 기여하고 있다고 생각하시는지요? 혹은 이러한 기업정체성이 오히려 포스코의 글로벌화에 장애요소라고 생각하지는 않는지요?

바손 포스코가 보유한 다양한 시설을 매개로 지역사회와 포스코 사이에 매우 특별하고, 또한 서로를 지탱하는 소중한 관계가 형성되어 있음을 잘 알 수 있습니다. 특히 태풍 힌남노가 동반한 위기를 극복하는 데에 포스코와 지역사회 간의 특별한 관계가 큰 도움이 될 수 있다는 것을 잘 알게 되었습니다.

한국인의 민족주의적 시각에 바탕을 둔 이 특수한 관계가 포스코의 글로벌화를 어렵게 만들지는 않는가 하는 질문은 매우 흥미롭습니다. 그러나 제 경험상 포스코가 누리는 이런 독특한 환경은 오히려 포스코의 글로벌 사업계획 수립에 견고한 기반을 제공하는 이점이라고 생각합니다. 포스코가 세계시장에서 보다 확장함에 따라 한국 이외의 새로운 요인들이 포스코의 '사업방식'에 영향을 미칠 것입니다. 포스코 문화의 긍정적인 요소는 보호되어야 하며, 경영진은 포스코 문화를 보장할 방법을 찾아야 한다는 사실을 인지하는 것이 중요합니다. 다른 지역의 철강산업에서는, 회사의 조직이 다국적화되고 기업문화를 위해 민족주의에 지나치게 의존하지 않는 새롭고 대안적인 요인들이 개발됨에 따라서 이러한 민족주의적 태도가 감소했습니다.

김춘식　포스코는 태풍 힌남노가 지나가자 곧바로 포항제철소 시설의 복구작업에 들어갔습니다. 동시에 포항제철소 생산 물량을 납품받는 고객사 473곳을 대상으로 전수조사를 진행했습니다. 그리고 포스코 본부에서는 납기 지연으로 문제가 발생할 것으로 예상되는 고객사 81곳은 직접 방문해 의견을 듣고 일일이 구체적인 대응책을 제시하였습니다. 자연재해로 막대한 피해를 겪는 기업이 공급망에 있는 기업들의 경제적, 사회적 손실까지 찾아내 해법을 제시해 준 것입니다. 전문가들은 이번 포스코의 대응이 재난이 빈번해진 시대에 '기업의 사회적 책임'에 대한 영역을 확대한 의미 있는 사례라고 평가하고 있습니다. 이러한 전문가들의 의견에 대한 사무총장님의 평가는 어떤가요?

바손   포스코와 같은 제조사가 위기 상황에서 고객사에 신속히 고지하고 적극적인 지원방안을 모색하는 것은 일반적인 방법이나 쉽지 않습니다. 그럼에도 포스코가 재난이 발생하자마자 제일 먼저 고객사에 대한 '적극적인 서비스'를 시행한 사례는 글로벌 산업과 경제에서 모범사례입니다. 어느 사회에서나 철강산업은 항상 전체 산업에 포괄적인 영향을 미치고 있기에 항상 다른 산업 부문에 무관한 태도를 갖기보다 협력하는 것에 목표를 두어야 합니다. 태풍 힌남노로 인한 재난에 포스코가 이러한 협력적 과정을 매우 잘 수행해 냈다는 평가는 인정받을 만하며, 다른 국가나 지역의 철강산업에 훌륭한 벤치마킹 사례가 되었습니다.

김춘식   포스코는 태풍 힌남노로 인해 지옥과 같은 몰락의 위기에 처했지만, 포스코 전제 구성원들의 불굴의 의지와 일체감을 토대로 기적처럼 135일 만에 위기를 극복했습니다. 이러한 사례에 대한 사무총장의 견해는 어떤지요?

바손   앞선 질문에 대해서도 비슷한 의견을 개진했지만, 이러한 위기에 대한 범국민적 관심과 더불어 포스코의 위기 극복 사례는 국제사회와 공유할 필요가 있으며, 태풍 힌남노로 인한 재난에 직면해 포스코가 수행한 신속한 대응은 다른 철강회사들에게도 귀감이 되는 학습사례가 될 것입니다.

김춘식　태풍 힌남노로 인한 포스코 제철소의 몰락 위기를 극복해 낸 과정은 포스코 구성원, 포스코 경영진, 포항시와 시민들, 소방 공무원, 인근 군부대 등의 자발적인 지원이 이루어 낸 기적이라는 평가가 있습니다. 이에 대한 사무총장님의 평가와 더불어 세계철강 역사에서 유사한 재난 사례가 있었는지요?

바손　포스코의 재난극복 사례와 그 과정에서 포스코가 받은 지원에 대한 당신의 평가에 더 보탤 것은 없습니다. 최근 역사에서 이와 비슷한 사례는 없었다는 점을 지적해 두고 싶습니다.

김춘식　포스코의 기적은 단순히 포스코만의 재난극복 신화를 넘어 전체 대한민국 경제의 위기를 극복한 국가적인 성공 신화라는 의견이 많습니다. 이에 대한 사무총장님의 평가는 어떤가요?

바손　앞의 질문들에 대해서 답변 드렸듯이, 저는 당신이 말하는 그러한 의견에 동의합니다.

김춘식　앞서 질문을 드린 바와 같이 포스코는 태풍 힌남노로 제철

412

소가 완전히 침수되어 제품 생산이 중단되자 신속하게 고객사 관리를 우선순위 중 하나로 두었습니다. 포스코의 고객관리 및 고객중심의 기업정신은 "재난이 경쟁사의 이익이 되는 구조가 아니라 세계 철강업계의 제품 수급의 안정성에 기여했다"는 평가도 있는데, 이에 대한 사무총장님의 평가는 어떤가요?

바손　　저는 포스코가 실천하고 있는 고객 중심의 기업가 정신에 대해 세세한 지식을 갖고 있지 않아 이를 평가할 만한 위치에 있지 않습니다만, 포스코가 재난이 일어나자마자 바로 고객사 지원이 중요하다는 사실에 초점을 맞추고 고객사 지원사업을 성공적으로 수행했다는 당신의 판단과 평가에 동의합니다.

김춘식

추천사

임성근 **포항특정경비지역 사령관 겸 해병대 제1사단장**

대한민국 해병대는 언제 어디서든, 어떤 위협에도 불구하고 신속히 현장에 투입되어 임무를 수행하는 국가전략기동부대로서, 오직 국가에 충성하고 국민만을 섬기는 군軍이다. 공장 침수로 인한 가동중단이라는 사상 초유의 사태에도 불구하고, 붉은 쇠를 생산하는 용광로의 열기처럼 포스코 임직원의 땀과 열정으로 135일의 기적 같은 스토리를 완성하는 데 미약하나마 해병대가 도움이 되었다면 무한한 영광이며, 이번 복구작업은 해병대에게도 소중한 경험이었다.

이영팔 **경상북도 소방본부장**

기적은 그냥 오지 않는다! 2022년 9월 6일 힌남노라는 거대한 태풍이 포항 남부지역을 강타했을 때 대한민국 산업의 심장이자 국가의 강철기둥인 포항제철소는 심장이 멈추고 기둥이 무너지는 절체절명의 위기에 처했다. 이 책에는 제철소의 심장인 고로를 되살리기 위해 당시 추석 연휴였음에도 6일 밤낮으로 대용량 방사포로 물을 뽑아내며 시간과 사투를 벌인 소방대원을 비롯한 민관군과 포스코 직원들의 노고가 고스란히 담겨 있다.

한영석   현대중공업 부회장

지난 50여 년간 포스코는 늘 대한민국 조선산업뿐만 아니라 현대중공업의 든든한 파트너였다. 포스코의 후판 없이 배를 만드는 것을 상상해 본 적이 없다. 뿐만 아니라 포스코는 우리나라 경제발전을 위해 오랫동안 함께해 온 동료이기도 하다. 지난해 안타까운 태풍 피해로 잠시 걸음을 멈췄던 포스코가 이제 다시 대한민국의 산업발전을 위해 달릴 준비가 되었다는 소식을 들으니 몹시 기쁘다. 위기를 극복하고 더욱 굳건해진 모습으로 돌아온 오랜 동료에게 축하와 응원의 마음을 담아 큰 박수를 보내고 싶다.

공윤식   포스코 포항제철소 협력사협회 회장

포스코의 재난은 '또 다른 절반'을 차지하는 협력사의 위기이다. 제철소 수해현장을 바라보면서 나의 삶의 터전이 무너져 내린 것과 같은 절망감을 느꼈다. 협력사 직원 모두가 포스코 직원과 함께 제철소 가동중단에 가슴 아파하고, 포스코와 혼연일체가 되어 위기를 극복할 수 있었던 건 오랜 기간 협력사와의 상생을 위해 노력한 포스코의 진심이 있었기에 가능했다. 이 책을 통해 공존·공생의 기업시민 정신이 위기 속에서 어떻게 발현되었는가를 다시 한번 확인할 수 있었다.

또 한 번의 기적을 위하여

포항제철소 냉천범람 피해복구 수기 공모전 최우수작

오늘도 나는 희망찬 발걸음으로 회사에 간다. 시내를 벗어나 영일만의 젖줄인 형산강의 다리를 지날 때 이른 아침부터 하늘을 찌를 듯한 용광로의 불꽃은 항상 희망이 되어 나를 반겨 준다. 저 불꽃은 우리 민족의 가난을 저 멀리 밀어내고 오늘의 우리를 있게 해준 원동력이 아닌가.

태풍 힌남노의 위력 앞에 하루아침에 쑥대밭이 되어 버린 우리 가족의 삶이자 터전인 포항제철소. 이곳 생산현장 피해복구 작업에 뼈를 묻겠다는 각오를 말보다는 행동으로 실천한 지도 어느덧 4개월이 넘어간다. 그동안 땀과 눈물로 얼룩진 시간을 쉬이 지워 버릴 수 없어 잠시 되돌아본다.

2022년 9월 5일 오후 8시, 초강력 태풍 힌남노가 한반도에 상륙하면서 우리 지역 포항도 태풍의 영향권에 접어들어 비가 내리기 시작했다. 회사에서는 비상관리 체계에 돌입했다. 6일 새벽 5시가 넘어서면서 앞이 보이지 않을 만큼 쏟아지는 빗줄기에 속수무책이 되어 버린 시내와 포항제철소 도로는 순식간에 물바다로 변했다. 엎친데 덮친 격으로 화재까지 발생해 순식간에 포항제철소는 아수라장이 되었다. 시간당 100밀리미터의 폭우로 물바다도 모자라 불바다가 되어버린 포항제철소. 도로가 마비되고 통신이 두절된 상태에서 이렇다 할 힘 한번 써보지 못한 채 속만 까맣게 타들어 갔다. 밤새도록 허기진 배를 붙들고 공장을 지키고 있을 동료들. 그리고 18년을 함께 해오고 또 함께할, 내 가족과도 같은 포항제철소 생산현장에 비치된 3천여 대의 변압기. 어떻게 되었을까! 눈앞이 캄캄했고 심장이 오그라들다 못해 바싹바싹 말라 부서지는 것만 같았다.

6일 7시가 넘어서자 빗줄기는 그쳤고, 언제 물폭탄을 퍼부었냐는 듯 오후가 되니 햇빛이 나기 시작했다. 길고 긴 기다림 끝에 도로에 수위가 낮아지면서 차량 통행을 할 수 있었다. 수돗물 공급마저 중단된 상태에서 허기진 동료들에게 제공할 뼈다귀해장국 20그릇을 포장해 줄 식당부터 찾았다. 이곳저곳을 찾아다닌 끝에, 시내 외곽 지역 한 식당에서 나의 절박한 사정을 들은 식당 주인이 흔쾌히 주문을 받아 주었다. 포장된 뼈다귀해장국을 가지고 통신, 전기는 물론 물 공급마저 끊어져 불안감과 굶주림에 허덕이고 있을 동료들에게 달려갔다. 동료들과 마주하는 순간 뜨거운 눈물이 왈칵 솟아났다. 뼈다귀해장국을 받아 든 동료들의 눈에서도 어느새 소리 없는 눈물이 흘러내렸다.

우리 일상을 바꿔 버린 태풍 힌남노가 할퀴고 간 상처는 너무나 참혹했다. 모든 공장이 침수되어 전기, 기계 설비가 흙탕물에 잠겼고 제철소 전체가 거대한 쓰레기장으로 변해 버렸다. 국민들의 시선은 포항제철소로 집중되었고 경영층은 1열연공장을 1순위 정상화 공장으로 선정했다. 열연제품은 산업계 수요도 크지만, 냉연, 전기강판 등 제철소 내 다른 제품을 생산하는 데 필요한 소재이기도 하기 때문이었다. 설비를 가동하기 위해서는 변압기가 작동해 전기를 사용할 수 있어야 하기에 나는 1열연공장 지하에 설치된 67대의 변압기로 달려갔다. 진흙탕 속에 각종 쓰레기와 함께 뒤엉킨 변압기를 보는 순간, 일순간에 맥이 풀리면서 온몸의 힘이 땅속으로 빨려 들어가는 것만 같았다.

67대의 변압기를 주문 제작하면 6개월 이상이 소요되기에 공장 설비가 가동되기까지는 수개월이 지연될 수밖에 없다. 회사는 천문학적인 금전적인 손실을 입을 것이고, 산업계에 미칠 여파도 어마어마할 것이다. 그러니 공장 가동이 지연되는 것만은 막고 피해를 최소화해야겠다는 독기 어린 결심을 했다. 변압기 재사용을 위한 현상 파악을 끝내고 추진 계획을 수립한 후 본격적인 활동에 들어갔다. 변압기에 뒤엉킨 흙더미에서 코를 찌르는 악취가 진동했다. 변압기에서 흘러나온 기름과 오물을 걸어 낼 때면 땀과 뒤범벅이 된 얼굴은 군인들이 야간 전투 시 위장한 모습을 방불케 했고 땀으로 흠뻑 젖은 작업복은 소금 물감으로 그린 듯 얼룩무늬 투성이였다. 뼈를 깎는 고통을 인내하며 변압기 재사용을 위해 전심전력을 다했다. 어려움을 각오하기는 했지만, 시험결과 지하에 침수된 변압기는 현장에서는 조치가 불가능하다는 진단 결과가 나왔다. 하늘이 무너지는 듯한 실망감을 느꼈다.

하루가 지나고 새로운 하루가 시작되는 것이 겁이 났다. 그만큼 변압기 정상 가동으로 공장을 조기에 다시 가동시켜야 한다는 현실의 짐이 나를 무겁게 내리누르고 있었기 때문이다.

그러던 어느 날, 밤이 깊도록 변압기 가동 장애요인 데이터 분석을 하다가 누적된 피로를 견디지 못하고 책상에 엎드려 잠이 들었다. 코피를 쏟은 채 잠든 나를 발견한 아내가 깜짝 놀라 깨웠다.

"건강은 생각하지도 않고 코피까지 쏟으면서 회사 일밖에 모르는 사람이 어디 있느냐!"

이렇게 늘어놓는 불만은 한 맺힌 절규에 가까웠다. 그러나 포항제철소 생산현장 복구작업에 뼈를 묻겠다는 굳은 각오를 실천하기 위해서는 남다른 생활을 해야 했다. 그날 밤 아내의 손을 잡고 설득을 했다. 내 뜻을 이해하고 나의 활동에 밑거름이 되어 주겠다는 아내의 말에 나는 새로운 힘이 솟아났다.

몇 주간 포항제철소 압연라인 12개 공장 지상에 분산되어 설치된 200여 대의 변압기만큼은 기필코 내 손으로 정상 가동시키고 말겠다는 굳은 의지 속에 살았다. 출퇴근에 연연하지 않고 포항제철소 이 공장 저 공장 돌면서 변압기 불합격 판정 장애요인을 체크해 요점만 적어 두었다가 퇴근 후 혼자 남아서 수집해 둔 요점을 분석하고 활동 내용을 정리하기도 했다. 언젠가 장애요인을 찾기 위해 공장 구석구석을 다닐 때면 "저 친구 죽으려고 하나. 퇴근도 하지 않고 …!"라는 눈총을 받기도 했다. 그러나 목표에 전념하다 보니 잠도 마음 놓고 잘 수 없었고 잠자는 시간조차 아깝게 느껴졌다. 그렇기에 가족과 함께 외출을 한다는 것은 감히 꿈도 꾸지 못했다.

한편 나는 계속되는 복구작업으로 지쳐 가는 동료들을 찾아다니면서 변압기 정상 가동을 위한 활동에 동참해 달라고 말했다. 그러나 그때마다 일부 동료들의 불만도 따라왔다.

"여보시오 안효현 씨, 그렇게 열심히 해도 알아주는 사람 하나 없을 거요!"

"변압기를 다시 살린다니 … 어차피 해봤자 안 될 겁니다!"

"노력으로 될 일이 있고 안 될 일이 있어. 그냥 주문 제작될 때까지 기다립시다!"

이러한 말을 들을 때마다 내 마음을 몰라주는 동료들을 붙잡고 울분을 터뜨리고 싶기도 했고, 나 역시 가동이고 뭐고 집어치우자는 생각도 들었다. 그러나 동료들의 손을 붙잡고 설득을 쉬지 않았다. 나의 간절함은 굳게 닫혔던 동료들의 마음을 활짝 여는 계기가 되어 너와 나를 우리라는 하나의 공동체로 만들었으며, 지쳐 가는 동료들을 일으켜 세우는 원동력이 되었다.

해결방안을 찾기에 고심하던 어느 날, 나는 번개처럼 스치는 생각에 무릎을 쳤다. '그래! 침수되어 변압기 내부에 들어 있는 수분과 이물질을 제거하면서 동시에 신유新油로 세척하면 수분과 이물질이 제거된다. 수분과 이물질이 …!' 손 명장님을 찾아 조언을 듣고 원인 분석, 변압기 수리 공정, 성능 데이터 분석 등을 모두 원점부터 시작하는 피나는 노력 끝에, 정상 가동을 위한 합격 판정을 받았다. 포항제철소 압연라인 공장에 분산되어 지상에 설치된 200여 대의 변압기를 드디어 정상화할 수 있다는 확신을 얻어 얼마나 기뻤는지 모른다.

그런데 대량의 절연유 수급이 되지 않아 계획을 포기해야 할 상황에 부닥치기도 했다. 뜻이 있는 곳에 길이 있다고 했던가. 평소에 포항제철소 각 공장의 상황을 세밀하게 파악하고 있었던 나는 즉시 열연정비섹션 임 부리더님께 전화했다. 부리더님의 한 발 빠른 판단으로 사전에 확보해 두었던 절연유 4만 리터를 협업을 통해 전폭적으로 지원받았고, 현장 수리를 마치고 정상 가동을 이끌어 내 각 공장에 전원을 공급할 수 있게 되었다.

2022년 10월 7일, 대낮처럼 환하게 밝힌 조명 아래서 회사의 중역들이 지켜보는 가운데 한 달여 만에 1열연공장이 가동되었다. 숨죽이며 시범 압연 작동에 들어갔다. 그 결과를 기다리는 심정을 무엇과 비교할 수 있겠는가. 긴장된 마음이 그대로 손끝으로 전달되어 땀이 절로 배어났고, 기대감이 교차하며 긴장이 가슴을 죄어 왔다. 누군들 그렇지 않았겠는가. 다시금 긴장된 시간이 흘렀다. 가열로에서 빨갛게 달아오른 슬래브가 추출되고 자랑스럽게 압연기가 작동하는 순간, 또 한 번의 기적을 만들어낸 함성이 공장을 진동시켰다. 연이어 압연라인 10여 개의 공장도 가동되었다.

이러한 영광과 보람을 얻기까지, 뼈를 깎는 고통과 살을 뜯는 아픔을 오직 집념과 의지로 승화시키면서 달려왔다. 지난날의 사연들을 어떻게 글로 다 표현할 수 있겠는가. 때로는 꿈속에서도 '복구작업!'을 외치다가 아내를 당황하게 한 일도 한두 번이 아니었다. 내가 이렇게 정신없이 달려온 것은 나를 자랑할 결과를 얻기 위함이 아니었다. 다만, 아무리 어려운 일이 닥쳐도 선배와 후배가 한마음이 되어 집념과 목표를 가지고 뛴다면 반드시 영광스러운 정상에 도달할 수 있다는 사실을 젊은 세대들에게 행동으로 보여 주고 싶어서였다. 또한 그 많은 고통과 역경을 이겨 내고 태풍 힌남노 피해복구 작업을 실천한 내 작은 발자취를 포항제철소 생산현장에 남기고 싶었다.

그렇다. 방황의 외길에서 허덕일 때 나를 동반자로 맞아준 회사의 기대에 어긋나지 말아야지. 내가 있기 때문에 회사가 있는 것이 아니라 회사가 있기 때문에 내가 있음을 가슴속 깊이 새겨 내가 곧 이 회사의 주인이라는 생각을 가져야지. 어제도 그랬던 것처럼 여기서 자만하지 않고 이제부터 시작이라는 새로운 마음가짐으로 재무장해야지. 오늘도 나는 다음 세대의 행복과 다음 세기 우리 회사의 번영을 위해서 다시 한번 허리띠를 질끈 동여매고 구슬땀을 흘린다.

안효현 계장, EIC기술부 전기기술섹션

타임라인

포스코 재난극복 135일의 기록

8.31	D-6	• 태풍 예보에 따라 비상대책반 구성, 비상대응 실시간 전파
9.1~4	D-5~2	• 중점 점검항목 위주 부서별 대응 및 보완사항 조치 • 상황실 운영계획 및 행동요령 전파 • 전 직책자 주말 비상근무 및 시설물 점검
9.5	D-1	• 전 공장 가동중단 결정, 직책자 비상대기
9.6	D-day	• 07시 27분 제철소 전체 정전 및 침수 • CEO 침수피해 점검, 복구점검회의 가동 및 냉천범람 피해복구단 구성
9.7	D+1	• 산업 피해 최소화 및 수급 안정화 위한 종합상황반 발족 • 소방청 대형 방사포 투입(2대)
9.8	D+2	• 제철소 전력 공급 재개, 용수 공급설비 재가동 • 사처리장 조성 완료
9.10	D+4	• 선강지역 배수 완료 • 고로 조기 가동 위한 용선운반차 확보(광양 18대, 현대제철 5대) • 최초 사처리 작업 성공 • 3고로 재송풍

9.12	D+6	• 압연공장 단계적 재가동 위해 압연지역 전력 공급 재개 • 2, 4고로 재송풍
9.14	D+8	• 민관 합동 철강 수급조사단 발족
9.15	D+9	• 선강지역(고로, 제강) 전 공장 재가동 • 용선운반차 복원 전담 TF 결성 • 압연지역 복구목표(3개월 내) 발표
9.16	D+10	• 민관 합동 철강 수급조사단 1차 방문
9.19	D+13	• 압연지역 배수 완료(총 620만 톤) • 공장 및 지하 컬버트 뻘 제거작업 개시(~11.7 완료) * 컬버트 길이 총 66km, 지하 최대 18m
9.21	D+15	• 압연지역 공장별 가동계획 수립
9.23	D+17	• 민관 합동 철강 수급조사단 2차 방문

9.27	D+21	• 인도 JSW스틸사와 열연용 모터 드라이브
		  포스코 전용 협의 완료
		• 피해복구 참여 직원(협력사 포함)
		  주 1회 필수휴무제 시행

10.20	D+44	• 민관 합동 철강 수급조사단 3차 방문
10.24	D+48	• 탄소강 주요 제품 생산체계 복원 (1열연, 3후판, 1선재, 1냉연, 2 · 3전강)
11.14	D+69	• 민관 합동 철강 수급조사단 중간 조사결과 발표
11.19	D+74	• 인도 JSW스틸사 협조로 2열연공장용 모터 드라이브 입고
11.23	D+78	• 언론사 복구 현장 프레스투어 실시(60명 참석)

11.25	D+80	• 포스코 본사 정상 가동
12.15	D+100	• 2열연 재가동
12.25	D+110	• 송호근 교수 "100일의 시련, 100일의 기적" 〈매일경제〉 게재
12.27	D+112	• 민관 합동 철강 수급조사단 4차 방문
12.29	D+114	• 민관 합동 철강 수급조사단 최종 조사결과 발표
1.19	D+135	• STS 1냉연 재가동, 전 공장 복구 완료
1.20	D+136	• 마지막 복구점검회의 운영, 냉천범람 피해복구단 해단식

공장별 재가동 현황

2022년 9월	2022년 10월	2022년 11월	2022년 12월	2023년 1월
1. 3전강 (9.15)	3. 1냉연 (10.6)	7. 2후판 (11.14)	11. 2냉연 (12.12)	16. 도금CGL (1.19)
2. 2전강 (9.28)	4. 1열연 (10.7)	8. 3선재 (11.25)	12. 2선재 (12.14)	17. STS 1냉연 (1.19)
	5. 1선재 (10.20)	9. 4선재 (11.29)	13. 2열연 (12.15)	
	6. 3후판 (10.24)	10. 강 편 (11.30)	14. STS 2냉연 (12.24)	
			15. 1전강 (12.30)	

필자 소개

김기흥　　포스텍 인문사회학부 교수. 영국 에딘버러대에서 과학사회학으로 박사를 마친 후 영국 런던대 의학사연구소와 런던 임페리얼 칼리지 화학공학 과에서 연구원으로 활동했다. 주요 저서로 *Social Construction of Disease*, 《광우병 논쟁》이 있으며 공저로는 《호모메모리스》, 《로보스케이프》, 《포항지진 그 후》, 《관계와 경계》, 《동물의 품 안에서》, 《팬데믹 모빌리티 테크놀로지》 등이 있다.

김진홍　　포항지역학연구회 연구위원, 포스텍 융합문명연구원 환동해위원회 위원, 수필가, 향토사학자. 전 한국은행 부국장. 다수의 지역경제 연구보고서 외에 저서로 《일제의 특별한 식민지 포항》, 《포항 6·25》(공저), 《통계센스》가 있다.

김철식　　한국학중앙연구원 사회과학부 교수. 서울대 사회학 박사. 사회학, 사회정책, 산업 및 조직, 노동에 대한 연구 및 교육을 하고 있다. 주요 저서로 《대기업 성장과 노동의 불안정화》, 《모두를 위한 노동교과서》(공저), 《포항 지진 그 후》(공저) 등이 있다.

김춘식　동신대 에너지융합대학 교수, 에너지융합기술연구소 소장. 독일 함부르크대에서 역사학과 교육학·정치학으로 석사학위를, 독일과 중국관계 사로 철학박사학위(서양근현대사)를 취득한 후 동 대학 역사학부 초빙교수와 포스텍 인문사회학부 교수를 역임했다. 주요 저서로 《독일의 문화제국주의 와 중국》(*Deutscher Kulturimperialismus in China*), 《독일과 한국의 직업교 육과 고등직업교육》 등이 있다.

노승욱　한림대 도헌학술원 교수, 한국디지털문인협회 이사. 전 포스텍 인 문사회학부 교수, 전 〈경북매일신문〉 칼럼니스트. 주요 저서로 《황순원 문 학의 수사학과 서사학》, 《스피치와 프레젠테이션》, 《토의와 토론: 개념에 서 전략까지》, 《윤동주 시선》(편저), 《박목월 시선》(편저) 등이 있다.

박상준　포스텍 인문사회학부 교수, 포스텍 융합문명연구원 원장, 문학평 론가. 전문학술서로 《현대 한국인과 사회의 탄생》, 《1930년대 한국 모더니 즘과 이상, 최재서》, 《형성기 한국 근대소설 텍스트의 시학》 등이 있다. 그 외 문학비평집으로 《스토리 오브 스토리》, 《문학의 숲, 그 경계의 바리에 떼》, 인문 교양서로 《에세이 인문학》, 《꿈꾸는 리더의 인문학》 등이 있다.

배 영　포스텍 인문사회학부 교수, 포스텍 융합대학원 소셜데이터사이언 스 전공 책임교수, 포스텍 사회문화데이터사이언스 연구소 소장. 정보사회학 을 전공했으며 주요 저서로 《지금, 한국을 읽다》, 《지능정보사회의 이해》, 《포스트 코로나 시대: 데이터로 본 대한민국》, 《압축성장의 고고학》, 《위 기의 청년세대: 출구를 찾다》, 《인터넷 권력의 해부》 등이 있다.

백가흠　소설가, 계명대 문예창작학과 교수. 2001년 〈서울신문〉 신춘문예로 등단했다. 소설집 《귀뚜라미가 온다》, 《조대리의 트렁크》, 《힌트는 도련님》, 《사십사》, 《같았다》, 장편소설 《나프탈렌》, 《향》, 《마담뺑덕》과 여행소설집 《그리스는 달랐다》가 있다.

서숙희　시인. 1992년 〈매일신문〉, 〈부산일보〉 신춘문예, 1996년 〈월간문학〉 신인상 소설부문에 당선됐다. 〈중앙일보〉 시조대상, 백수문학상, 통영문학상, 이영도시조문학상, 열린시학상, 한국시조작품상, 경상북도문학상 등을 수상하였고 현재 포항문인협회 회장을 맡고 있다. 시집으로 《먼 길을 돌아왔네》, 《아득한 중심》, 《손이 작은 그 여자》, 《그대 아니라도 꽃은 피어》, 시선집 《물의 이빨》이 있다.

서 진　소설가. 대학에서 전자공학을 전공했고 오랫동안 문화잡지 〈보일라〉(Voila)의 편집장과 '한페이지 단편소설'을 운영하다 2007년 〈웰컴 투 더 언더그라운드〉로 한겨레문학상을 수상하며 등단했다. 제주에 살면서 아동과 청소년 소설 집필에 전념하고 있다. 주요 저서로 《아토믹스, 지구를 지키는 소년》, 《아빠를 주문했다》, 《하트브레이크 호텔》, 《마리안느의 마지막 멤버》 등이 있다.

송성수　부산대 교양교육원 교수. 서울대 무기재료공학과를 졸업한 뒤 과학사 및 과학철학 협동과정에서 석사학위와 박사학위를 받았다. 현재 부산대 교수로 재직 중이며, 과학기술혁신전공과 과학기술인문학협동과정에도 관여하고 있다. 한국과학기술학회 회장, 부산대 교양교육원 원장 등을 역임했으며, 한국혁신학회와 한국과학사학회의 부회장을 맡고 있다. 저서로는 《소리 없이 세상을 움직인다, 철강》, 《한국의 산업화와 기술발전》, 《세상을 바꾼 발명과 혁신》 등이 있다.

송호근　한림대 석좌교수, 도헌학술원 원장. 전 서울대 및 포스텍 석좌교수. 한국의 대표적인 사회학자이자 칼럼니스트. 주요 저서로 한국 현대의 기원을 탐구한 《인민의 탄생》, 《시민의 탄생》, 《국민의 탄생》 3부작, 한국 사회를 다각도로 진단한 《열린 시장 닫힌 정치》, 《한국의 평등주의, 그 마음의 습관》, 《한국의 의료체제》, 《그들은 소리 내 울지 않는다》, 《나는 시민인가》, 《혁신의 용광로》 등과 소설 《강화도》, 《다시, 빛 속으로》, 《꽃이 문득 말을 걸었다》 등이 있다.

양승훈　경남대 사회학과 교수. 학부와 대학원에 걸쳐 정치학, 인류학, 과학기술정책을 전공했다. 주로 제조업 엔지니어와 산업도시를 연구한다. 조선산업, 자동차산업, 철강산업 등에 관심을 갖고 있다. 산업도시 거제와 조선산업을 현장에서 근무했던 경험을 통해 다룬 책 《중공업 가족의 유토피아》를 출간했고, 한국출판문화상(교양부문)과 한국사회학회 학술상(저서상)을 수상했다.

오수연　소설가. 〈한국일보〉 문학상, 거창평화인권문학상, 아름다운작가상, 신동엽문학상, 대한민국문화예술상을 수상했다. 소설 《빈집》, 《부엌》, 《황금지붕》, 《돌의 말》, 《건축가의 집》, 보고문집 《아부 알리, 죽지 마》 등을 썼고, 《팔레스타인의 눈물》, 《팔레스타인과 한국의 대화》, 팔레스타인 자카리아 무함마드 시인의 시선집 《우리는 새벽까지 말이 서성이는 소리를 들을 것이다》를 번역했다.

윤호영　이화여대 커뮤니케이션미디어학부 교수. 인문과학-사회과학-자연과학을 서로 연결하는 학자로 자리매김하고 있다. 주로 사회학의 관점을 커뮤니케이션학에 적용하면서 컴퓨터공학을 활용하는 전산사회과학자다. 기업과 관련하여서는 사회연결망 분석의 관점을 개별 기업조직 내부 소통에 적용하고, 기업 간 경쟁은 조직생태학을 적용하여 연구하고 있다.

이재원　포스텍 융합문명연구원 교수, 포항지역학연구회 대표. 의사, 칼럼니스트, 방송인 등 다양한 활동으로 포항의 숨은 가치를 찾아내 동시대를 살아가는 지역민과 나누는 일에 즐거움을 느낀다. 주요 저서로 《포항의 문화유산》 등이 있다.

이종식　포스텍 인문사회학부 교수. 포스텍 인문사회학부와 융합대학원에서 과학사, 기술사, 동아시아사, 과학기술학을 가르치고 연구하고 있다. 고려대 사학과에서 학사 및 석사학위를, 하버드대 과학사학과에서 박사학위를 취득했다.

정진호　포스텍 철강에너지소재대학원 교수, 유라시아 원이스트씨 포럼 회장. MIT에서 NASA 프로젝트를 수행했고, 연변과기대 교수, 평양과기대 설립부총장, 한동대 및 토론토 대학 객원교수를 역임했다. 주요 저서로는 역사소설 《여명과 혁명, 그리고 운명 (구례선과 리동휘, 그리고 손정도)》과 장편소설 《아바》, 《땅동 박부장입니다》 및 《떡의 전쟁》, 《예수는 평신도였다》, 《21세기 공학과 기독교 인문학이 만날 때》 등이 있다.

하창수　소설가, 번역가. 1987년 〈문예중앙〉 신인문학상으로 등단. 〈한국일보〉 문학상, 현진건문학상을 수상했다. 중단편집 《서른 개의 문을 지나온 사람》, 《달의 연대기》, 장편소설 《돌아서지 않는 사람들》, 《1987》, 《봄을 잃다》, 《미로》 등을 썼다. 헤밍웨이, 포크너, 피츠제럴드, 키플링 등 주요 영미 작가의 소설과 《과학의 망상》, 《명상의 기쁨》 등을 번역했다.